JUNG, UNBESORGT, UNABHÄNGIG

JUNG, UNBESORGT, UNABHÄNGIG

EINE GENERATION IN DER KRISE

RONJA EBELING

Inhalt

Vorwort: »Hepp!«

Kreismeisterschaften in der Leichtathletik, 2007: »Alle Staffelläuferinnen der U12 in Position!«, dröhnte es durch die Lautsprecher im Stadion. Die heiße Sommersonne knallte auf die Tartanbahn. Ich war in zweiter Position in dieser Staffel und strich noch mal über meine Startnummer, die an den Ecken mit vier Sicherheitsnadeln an meinem Vereinsshirt befestigt war. »Ihr schafft das, gebt Gas!«, riefen Zuschauer*innen uns vom Rand aus zu. Ich versuchte, nicht hinzugucken. Vorsichtig setzte ich meinen linken Fuß ein paar Zentimeter hinter der weißen Startlinie auf die Bahn, beugte die Knie, winkelte den rechten Arm nah an meinem Körper an und streckte den linken mit geöffneter Handfläche nach hinten aus. Blick nach vorn, bereit für die Übergabe. Im Kopf ging ich noch mal durch, was gleich passieren würde: Sobald der Startschuss ertönte, würde eine andere Läuferin mit dem Stab losrennen, um ihn mir nach fünfzig Metern in die Hand zu drücken. Ich würde sie bei dieser Übergabe nicht angucken, sondern nur auf ihr Signal warten. »Hepp!« – und ich wüsste, dass ich zupacken und losrennen müsste. Damit die Übergabe funktionierte, mussten wir beide konzentriert sein und einander vertrauen.

Warum ich das erzähle? Ich glaube, wir sind als Gesellschaft genau jetzt an diesem Punkt angekommen. Die jüngere Generation wartet darauf, dass die ältere »Hepp!« sagt und uns den Staffelstab übergibt. Ich bin jetzt 25 Jahre alt. Und genauso wie damals bei den Leichtathletik-Meisterschaften mache ich mir auch heute Sorgen, dass ich den Stab nicht richtig zu greifen bekomme, dass er mir aus der Hand fällt und ich die verlorene Zeit nicht mehr aufholen kann.

Außerdem habe ich das dumpfe Gefühl, dass die Person, die mir den Stab übergeben soll, sich schwer damit tut, ihn loszulassen. Manchmal glaube ich, sie würde am liebsten allein die vier mal fünfzig Meter über die Stadionbahn sprinten, im Adrenalinrausch und unter den Blicken der jubelnden Zuschauer*innen.

Dieses Buch beschreibt den Moment, in dem die Person, die den Stab übergeben soll, nicht »Hepp!« sagt. Stattdessen haut sie mir ihre spitzen Spikes in die Hacken, schubst mich weg und jagt an mir vorbei. Sie ruft noch so was wie: »Beim nächsten Mal! Ich zieh das jetzt erst mal allein durch!«, und ich liege da auf der heißen Tartanbahn, mit blutenden Hacken, und suche nach den richtigen Worten, die ich in dieser Situation hinterherrufen kann. »Ähm, das war so aber nicht ausgemacht ... Scheißegoist, das ist echt ... 'ne miese Aktion ...«, liegt es mir auf der Zunge, aber so richtig schlagkräftig fühlt sich das in dem Moment nicht an. Deshalb sage ich einfach gar nichts. Ich sitze nur da, völlig perplex, und schaue der immer noch sprintenden Person nach, während sich in mir langsam Wut und Angst breitmachen. Wut, weil diese Person mich ignoriert, weggeschubst und aus dem Teamsport einen Einzelwettkampf gemacht hat. Angst, weil ich von dieser Person abhängig bin und nicht weiß, ob sie es allein überhaupt bis zur Ziellinie schaffen wird. Tut sie das nicht, ist auch mein Lauf vorbei.

Weil ich das nicht möchte, habe ich dieses Buch geschrieben. Es soll bei der Staffelstabübergabe helfen und der älteren Generation zeigen, was uns Nachfolgenden auf der Tartanbahn durch den Kopf geht, während wir auf den Staffelstab warten. Warum es uns so wichtig ist, selbst zu laufen und nicht zurückzubleiben. Jungen Menschen soll dieses Buch demonstrieren, dass sie mit ihren Ängsten und Zweifeln, ob sie diesen Stab überhaupt tragen können, nicht allein sind. Ich schreibe auf den folgenden Seiten nicht nur über meine persönlichen Gefühle, sondern über die einer ganzen Generation. Zudem gibt es sicherlich genügend Menschen, die zwar schon älter sind, aber dieselben Ängste wie wir, die »Jungen«, haben. Manchmal hat das gar nichts mit dem Alter zu tun, sondern vielmehr mit der Perspektive. In diesem Buch kommen deswegen viele Stimmen zu Wort, nicht nur meine. Die Erzählungen sind inspiriert von echten Begegnungen, Gesprächen und Schicksalen, einige Personen und Dialoge sind direkt aus dem Leben übernommen, andere sind fiktionalisiert. Die Kapitel in diesem Buch sind in sich geschlossene Essays und lassen sich auch einzeln lesen, zusammen ergeben sie eine große Geschichte mit vielen, durchwachsenen Emotionen.

Manche von euch werden sich mit den in den einzelnen Kapiteln beschriebenen Ängsten und Gefühlen mehr, andere weniger identifizieren können, und ein paar können sie vielleicht überhaupt nicht nachvollziehen. Andere vermissen womöglich ein Thema, das ihnen persönlich Sorgen bereitet. Einige werden sich aufregen, weil dieses Buch viele Fragen aufwirft, aber längst nicht genauso viele Antworten liefert. In manchen Zeilen wüte ich, in anderen weine ich, weil ich die Lösung selbst nicht kenne. Damit mache ich mich angreifbar, das weiß ich. Vielleicht führe ich meinen Gedanken an einigen Stellen nicht zu Ende, aber welche Person tut das schon, wenn sie rotsieht? Auch verbrenne ich mich in diesem Buch an meinen eigenen Privilegien und tue mir dabei weh. Aber das geht nun mal nicht anders, wenn wir ein ehrliches Gespräch über Chancengleichheit führen wollen. Das alles ist nötig, damit die Übergabe des

Staffelstabs funktioniert – für alle. Nur so können wir junge Menschen endlich gehört werden.

Wie sehr wir aktuell noch missverstanden werden, hat zum Beispiel eine Kampagne der Bundesregierung gezeigt, die im Rahmen der Coronapandemie erschienen ist. »Ich glaube, das war im Winter 2020, als das ganze Land auf uns schaute«, sagt in dem Video ein älterer Herr namens Anton Lehmann. Er sitzt in einem breiten Ledersessel, am unteren Bildrand steht, er sei 2020 in Sachsen im Einsatz gewesen. Im Hintergrund ertönt dramatische Musik, während er fortfährt: »Ich war gerade 22 geworden und studierte Maschinenbau in Chemnitz, als die zweite Welle kam.« Im Video werden Explosionen gezeigt, die sich in den Brillengläsern eines jungen Mannes spiegeln. »Das Schicksal dieses Landes lag plötzlich in unseren Händen. Also fassten wir all unseren Mut zusammen und taten, was von uns erwartet wurde«, fährt Anton Lehmann fort. Die Musik steigert sich zu einem dramatischen Höhepunkt, dann kommt die Pointe: »Wir taten: nichts!« Der junge Mann, in dessen Brillengläsern sich kurz zuvor noch die Explosionen spiegelten, greift in eine Chipstüte – er verfolgt einen Actionfilm auf Netflix. Das Drama verpufft.

Die Kampagne der Bundesregierung sollte junge Leute dazu animieren, ihre Wohnung während der Pandemie möglichst nicht zu verlassen und soziale Kontakte zu meiden. Und obwohl diese Maßnahmen durchaus angebracht waren, war die Message des Videos etwas zu einfach formuliert: Netflix und chill eben. Dieser ganze Ansatz spiegelt wider, welchen Platz meine Generation in unserer Gesellschaft einnimmt, und darüber hinaus auch, wie mit unseren Emotionen und unserer psychischen Gesundheit umgegangen wird. Wir sind eben die

»Jungen«, was uns häufig entweder zu den Rücksichtslosen macht, manchmal aber auch zu den Naiven. Und dann sind wir hin und wieder auch die Sensiblen, die ein »Ihr haltet ja nichts mehr aus« an den Kopf geschmissen bekommen. Schließlich wurde von uns *nur* verlangt, dass wir allein auf der Couch sitzen, und nicht, dass wir wie andere Generationen in den Krieg ziehen sollten. Ich persönlich finde die Kriegsmetaphorik, deren sich die Bundesregierung in ihrer Kampagne und viele andere in dieser Diskussion bedient haben, absolut daneben. Die Coronapandemie ist nicht mit einem Krieg zu vergleichen, wie ihn die Menschheit zuvor erlebt hat. Das bedeutet aber nicht, dass ihre Auswirkungen schlimmer oder weniger schlimm sind. Beides, sowohl ein Krieg als auch eine Pandemie, kann für Einzelne tödlich sein. Jedoch ist die Herausforderung eine völlig andere, und die Menschen tragen am Ende andere Wunden davon. Es ist nicht der Schuss ins Bein, der sie später ein Leben lang humpeln lässt. Es sind seelische Wunden in Form von verpassten Chancen, nicht gemachten Erfahrungen und häufig auch Zukunftsängsten, die sie in vielen Fällen noch lange Zeit belasten werden. Ich kann nicht entspannt auf der Couch liegen, wenn ich mir die ganze Zeit Sorgen mache oder stinkwütend bin. Und ja, es macht mich wütend, wenn es so dargestellt wird, als hätte meine Generation während dieser Krise und auch darüber hinaus die einfachste und bequemste Position in unserer Gesellschaft.

Eine solche Pauschalisierung junger Menschen ist nicht nur übergriffig, sie verharmlost auch Probleme. Sie gibt einer ganzen Generation das Gefühl, dass ihre Sorgen nicht relevant seien. Ich glaube, es ist höchste Zeit, endlich über die Gefühle dieser vermeintlich unbesorgten, unabhängigen Generation zu sprechen. Auf den folgenden Seiten schreibe ich darum über die Rolle der Jungen im Bildungssystem und auf dem Arbeitsmarkt. Es geht um Chancengleichheit und unser Konsumverhalten, um die Angst vor Altersarmut und althergebrachte Genderrollen. Ich beschäftige mich mit den zunehmenden Fruchtbarkeitsproblemen in unserer Gesellschaft und der bewussten Entscheidung gegen das Kinderkriegen. Selbstoptimierung, Achtsamkeitswahn und Sorgen um unseren Planeten im Angesicht des Klimawandels – all das kommt zur Sprache. Und ganz am Ende gehe ich dann auf meine größte Angst ein: die Sorge darum, ob wir in unserer Gesellschaft sicher sind – vor sexistischen Übergriffen und rechtem Hass, vor Gewalt im analogen wie im digitalen Raum.

Das klingt heftig, und oftmals ist es das auch. Trotzdem möchte ich meinen Leser*innen mit diesem Buch nicht die Hoffnung nehmen. Ganz im Gegenteil. Ich habe dieses Buch geschrieben, weil ich will, dass wir jungen Menschen trotz aller Sorgen den Mut nicht verlieren. Ich möchte, dass wir den Willen bewahren, laut zu werden und es besser zu machen, startklar zu sein, wenn hinter uns – endlich – jemand »Hepp!« ruft. Es ist an der Zeit, dass wir gemeinsam den Staffelstab über diese verdammte Tartanbahn tragen.

Arbeit, Angst
und Chancen

Ich war 14 Jahre alt, als ich entschied, dass ich von nun an mein eigenes Geld verdienen wollte. Laut der Deutschen Bahn war ich ab diesem Zeitpunkt nämlich kein Kind mehr. Wenn ich mit meiner Freundin Pia nach Krefeld fahren wollte, um dort durch die kleinen Läden in der Nähe des Bahnhofs zu stöbern, kostete das plötzlich ein Vermögen. Pia und ich verbrachten regelmäßig unsere Nachmittage in den schlauchförmigen Shops, probierten High Heels an und kauften am Ende doch die gefälschten Converse-Verschnitte für zehn Euro. Zu Hause bemalte ich die lilafarbenen Schnürschuhe mit Edding und zog bunte Schnürsenkel durch die Ösen. Meine Eltern sahen es irgendwann nicht mehr ein, mir dafür Geld in die Hand zu drücken.

»Ihr müsst ja nicht ständig nach Krefeld fahren«, sagte meine Mutter und betonte, dass unsere katholische Kleinstadt ja auch ein paar schöne Läden habe. Sie stopfte gerade im Hauswirtschaftsraum die Waschmaschine voll, als ich sie nach Geld für das Bahnticket fragte.

»Hier? Hier gibt's nur Kerzengeschäfte oder Klamottenläden für Omas!« Ich verzog das Gesicht.

»Die Sachen aus den Oma-Läden halten wenigstens! Die Sohle von deinen komischen Schuhen ist schon wieder durch. Können die nicht mal in die Tonne?« Sie zeigte auf das Loch in meinen Fake-Converse, die vor dem Schuhschrank lagen.

»Sicher nicht!«, rief ich, schnappte die Schuhe und schlüpfte hinein. Die viel zu langen, neonpinken Schnürsenkel wickelte ich mir mehrfach um den Knöchel. »Dann suche ich mir jetzt eben 'nen Job!«

Mama schmunzelte. »Du bist 14, da findest du keinen Job ...«

»Du hast doch keine Ahnung, ich regle das schon«, antwortete ich ihr selbstsicher. Schließlich war ich laut der Deutschen Bahn jetzt erwachsen, da würde ich doch wohl auch einen Job finden!

An diesem Tag setzte ich mich mit dem typischen Trotz eines Teenagers auf mein grünes Holländerfahrrad namens Anton und fuhr in die Innenstadt unserer Kleinstadt. »Bitte nicht Prospekte austeilen oder so einen Mist!«, rief mir meine Mutter noch hinterher. Sie hatte Angst, dass das am Ende an ihr hängen bleiben würde. In unserem Wohngebiet liefen ständig irgendwelche Eltern in Regenjacken mit Zeitungswagen durch die Gegend und schmissen bunte Prospekte in die Briefkästen. »Mein Sohn hat heute ein Fußballspiel«, erklärten sie dabei und winkten fröhlich. Meine Mutter hatte dafür kein Verständnis. »Niemals teile ich für euch Zeitung aus, damit das klar ist! Sucht euch andere Jobs«, sagte sie meinem Bruder Robin und mir jedes Mal, wenn sie diese Eltern sah.

Das mit der Jobsuche war allerdings gar nicht so einfach. Ich fragte in der ganzen Stadt nach Arbeit: im Blumengeschäft, in der Bäckerei, in Cafés, in Restaurants, in Hotels. Die meisten schüttelten lediglich den Kopf, nur hier und da schrieb jemand meine Kontaktdaten auf, um sie an die Geschäftsleitung weiterzugeben. »Ich mache wirklich alles! Ich bin total motiviert!«, bettelte ich. Enttäuscht, dass ich nicht direkt eine Zusage bekommen hatte, fuhr ich nach ein paar Stunden wieder nach Hause.

Die Arbeitswelt hatte ich mir anders vorgestellt. Meine Mutter versuchte, mich mit den Worten zu trösten, dass ich in meinem Leben noch genug arbeiten würde, aber das wollte ich nicht hören. »Toll ...«, brummte ich nur. Es nervte mich, dass ich meine Eltern ständig nach Geld fragen musste. Mit 14 wollte ich diese Abhängigkeit nicht mehr. Ich wollte möglichst schnell erwachsen werden.

Während ich auf dem Sofa saß und schmollte, klingelte das Telefon. Meine Mutter nahm ab. Als sie wieder auflegte, drehte sie sich überrascht zu mir um und sagte:»Du kannst morgen um achtzehn Uhr in die Fleischerei zum Probeputzen.« Ich weiß noch genau, wie sie mich in diesem Augenblick musterte, gespannt auf meine Reaktion. Ein Test.

Ich starrte sie ungläubig an. Dann jubelte ich los.»Mega! Ha, ich hab's doch gesagt!«

Von da an sortierte ich in der Fleischerei zweimal die Woche nach Ladenschluss die Wurst im Kühlraum, schrubbte das eingetrocknete Blut aus den Lagerwannen und machte den Fleischwolf sauber. Ich polierte die Glastheke, wischte den Boden, brachte den Müll raus. Dafür bekam ich fünf Euro die Stunde und war ziemlich stolz darauf.

Dieses Gefühl änderte sich erst, als ich in der Schule mal zufällig neben einem Mädchen aus der Parallelklasse saß. Meine Tischnachbarin trug einen perfekt zurückgekämmten Ballettdutt, während mein unordentlicher Zopf von meinem letzten Experiment mit einer orangefarbenen Schaumtönung aus der Drogerie fleckig leuchtete.»Findest du es nicht eklig, da zu putzen?«, fragte das Mädchen mich. Ich guckte sie irritiert an und spürte gleichzeitig, wie mein Stolz einen tiefen Kratzer bekam. Ratsch.

Dabei mochte ich den Job in der Fleischerei: Die Frauen, die dort mit mir arbeiteten, waren wirklich nett. Ich durfte beim Putzen Musik hören. Ich verdiente mein eigenes Geld. Die Dinge, die ich mir kaufte, bekamen dadurch einen anderen Wert.

Als mir meine Mitschülerin diese Frage stellte, begann ich allerdings zu ahnen, dass es verschiedene Arten von Berufen gab. Es gibt Berufe, die einen schlechten, und solche, die einen guten Ruf haben. Es gibt Berufe, um die man beneidet wird, und andere, für die man bemitleidet wird. Dabei spielt es kaum eine Rolle, ob der Job die ihn ausübende Person erfüllt oder nicht. Berufe bringen einen Stempel mit sich.

Der Versuch von Politik und Wirtschaft, eher negativ bewerteten Berufen durch eine andere Bezeichnung einen neuen Anstrich und damit mehr gesellschaftliche Wertschätzung zu verleihen, ist in den meisten Fällen leider nicht gelungen. Von einem Facility Manager ist eigentlich nur in der offiziellen Stellenausschreibung die Rede. Das gesellschaftliche Bild von Hausmeister*innen hingegen ist geblieben, genauso wie das der Person, die nach Ladenschluss in der Fleischerei putzt.

Nach einem Jahr erhielt ich die Möglichkeit, am Wochenende zusätzlich im Service eines Hotelbetriebs im Nachbardorf zu arbeiten. Woche für Woche fuhr ich mit dem Bus dorthin und saß dabei ganz aufrecht, damit meine Bluse nicht verknitterte. Das Arbeitsklima im Hotel war wesentlich schlechter als das in der Fleischerei, der Job machte weniger Spaß. Dort bekam ich ebenfalls fünf Euro die Stunde. Das Trinkgeld haben sich die Hauptkellner*innen eingesteckt, ohne es mit den Leuten in der Küche oder mir zu teilen. Auf der Arbeit durfte ich nur Leitungswasser trinken. Wenn ich mir mal einen kleinen Schluck Apfelsaft einschenkte, gab es Ärger. Einmal machte mich meine Chefin darauf aufmerksam, dass sich mein BH durch die weiße Bluse abzeichnete. Sie stellte mich dafür vor einen Spiegel im Flur und zeigte mit dem Finger auf meinen kaum vorhandenen Brustansatz. »Sehen Sie das?« Reflexartig hob ich meine Hände, erschrocken darüber, dass jemand meine Brüste wahrnahm. Bisher hatte ich gedacht, sie würden niemandem auffallen. »Sie ziehen damit die Missgunst von Ehepartnerinnen auf sich, wenn der männliche Gast Sie deswegen anlächelt«, erklärte meine Vorgesetzte mir. Ich verstand die Welt nicht mehr und wollte einfach nur aus dieser peinlichen Situation fliehen. Ein anderes Mal drohte meine Chefin damit, »mir in die Fresse zu schlagen«, sollte ich die Türklingel überhören. Als ich sie daraufhin wie ein Auto anstarrte und mir nicht sicher war, ob ich sie auch wirklich richtig verstanden hatte, korrigierte sie sich scheinheilig: »Nein, nein, dann haue ich Ihnen auf die Finger!«

»Das hat sie gesagt?«, fragte meine Freundin Pia schockiert. Es war große Pause, wir wanderten über den Schulhof.

»Ja, ich hab mich mega erschrocken. Die Frau ist so komisch, das macht echt keinen Spaß. Neulich habe ich das Spielzeug ihrer Kinder sortieren müssen, als keine Gäste da waren«, erzählte ich.

Pia zuckte mit den Schultern: »Na ja, aber ist entspannter als Putzen, oder?«

Ich überlegte, während ich meinen großen Zeh durch das Loch in meinen gefälschten Converse-Schnürern bohrte. Meine Mutter hatte sie am Vortag in den Müll geworfen, aber ich hatte sie schreiend wieder rausgeholt. »Mhm«, machte ich nur. Ich war irritiert. Die Arbeit im Hotel brachte das gleiche Geld, machte aber im Vergleich zum Putzen in der Fleischerei weniger Spaß. Trotzdem wurde sie insgesamt besser bewertet. In den Augen der anderen war der Hoteljob eine Art Upgrade. Irgendwie komisch, dachte ich mir. Damals verstand ich das Bewertungssystem, den Wert und die Rolle von Arbeit in unserer Gesellschaft noch nicht.

Wenn ich heute auf einer privaten Party bin, zwischen Weißwein und Bier hin und her wechsle und weiß, dass ich davon am nächsten Tag Kopfschmerzen haben werde, fange ich gern

Gespräche mit Fremden an. Ich will in ihre Welt eintauchen und ihre verrücktesten Geschichten hören. Leider dauert es bei diesen Gesprächen normalerweise nicht lange, bis die andere Person mir folgende Frage stellt: »Was machst du eigentlich?« Auf diese Frage gibt es viele Antworten. Ich mache vieles und an manchen Tagen auch gar nichts. Ich balanciere gern auf Bordsteinkanten und esse gern Reiswaffeln mit Leberwurst. Ich höre beim Fahrradfahren laut Musik und erschrecke mich manchmal, wenn ein Auto nah an mir vorbeifährt. Mich nervt es, wenn andere sagen, dass es gefährlich sei, auf dem Fahrrad Kopfhörer zu tragen. Das ist mir egal. Meinen Kaffee trinke ich schwarz und kippe jedes Mal einen Schuss kaltes Leitungswasser rein, weil ich zu ungeduldig bin, darauf zu warten, dass er etwas abgekühlt ist. Am Sonntag mag ich mein Frühstücksei wachsweich, mit viel Salz. Ich telefoniere fast jeden Tag mit meiner Mutter, an manchen sogar zweimal. Ja, all diese Dinge tue ich regelmäßig, und trotzdem ist relativ klar, dass die Person auf der Party mit ihrer Frage auf etwas ganz anderes abzielt. Sie möchte wissen, was ich beruflich mache.

Obwohl ich meine Arbeit in der Medienbranche liebe, bekomme ich bei dieser Frage Bauchschmerzen. Sie suggeriert, dass mein Beruf mich definiert. Und das möchte ich nicht.

Für die meisten Menschen in Deutschland ist die Erwerbsarbeit die Grundlage ihrer Existenz. Zusätzlich bietet sie Wertschätzung, die Möglichkeit zur Selbstverwirklichung und gibt das Gefühl dazuzugehören. Ein gewisses Pensum an Arbeit soll sogar psychischen Erkrankungen vorbeugen können. So geben viele Menschen in Umfragen an, dass sie selbst dann noch einen kleinen Nebenjob ausüben würden, wenn sie eigentlich finanziell abgesichert wären.[1] Arbeit gibt uns Beschäftigung. Und die braucht der Mensch.

Arbeit definiert aber auch auf eine komische Art und Weise unseren Platz in der Gesellschaft. Sie kann uns belasten und krank machen. Sie kann uns beherrschen und in Maschinen verwandeln. Verlieren wir unsere Arbeit, kommt oft auch ein großer Teil unserer gesellschaftlichen Identität ins Wanken. Es gibt viele Gründe dafür, warum hierfür besonders junge Menschen gefährdet sind. So habe ich es zum Beispiel auch erlebt, als ich am Ende meiner journalistischen Ausbildung beschloss, das Übernahmeangebot meiner damaligen Redaktion nicht anzunehmen. Es dauerte eine ganze Weile, bis ich wusste, wie es danach weitergehen würde. Während dieser Monate wurde durch die Frage, was ich eigentlich so mache oder als Nächstes machen wollte, jedes noch so lockere Gespräch zu einem Kraftakt. Die Frage wurde mir in dem Verlag gestellt, wo ich tätig war, von meiner Familie und von Freund*innen. Das war anstrengend. Denn es erfordert viel Energie, sich von Zukunftsfragen und Zukunftsängsten nicht lähmen zu lassen. Offen zuzugeben, dass man keinen Plan hat. Und das in einer Gesellschaft, in der man *immer* einen Plan haben und ganz genau wissen sollte, wo man hinwill im Leben.

In dieser Zeit nervten mich Gespräche, die sich um Arbeit drehten, ganz besonders. Wenn ich auf einer Parkbank saß und mich von den Unterhaltungen vorbeilaufender Menschen berieseln lassen wollte, musste ich leider oft feststellen, dass der Großteil der Spaziergänger*innen über die Arbeit sprach. Es ging um einen nervenden Teamkollegen, die biestige Chefin oder Projekte, die den Erzählenden den Schlaf raubten. »Das ist echt anstrengend«, beschwerten sie sich. Einige sagten auch: »Ich halte das nicht mehr lange aus, ich werde kündigen!« Ich saß dann auf meiner Bank, aß ein Franzbrötchen und hätte am liebsten mit vollem Mund hinterhergerufen: »Machst du eh nicht!«

Es ist wahr, Arbeit bestimmt unser Leben. Dabei wünschen sich viele eigentlich eine Pause: Jede*r Zweite würde gern ein Sabbatical machen, also zeitweise etwas Abstand vom Job gewinnen. Der Großteil gibt dabei an, dass er oder sie endlich Zeit für sich selbst und die eigenen Interessen haben möchte.[2] Das leuchtet ein. Bei einer Woche, die aus 35 bis 40 Stunden Erwerbsarbeit plus Überstunden und unbezahlter Care-Arbeit besteht, bleibt nicht mehr viel Zeit für die eigenen Bedürfnisse. Dabei zeigte 2019 eine Studie von Forschenden der britischen Universitäten Cambridge und Salford, dass eigentlich acht Stunden Erwerbsarbeit pro Woche ausreichen würden, um die positive Wirkung von Erwerbsarbeit auf unsere Psyche zu erzeugen: Der Mensch fühlt sich gebraucht, ist beschäftigt, kann sich selbst verwirklichen und bekommt Anerkennung. In der restlichen Zeit kann er sich auf seine eigenen Bedürfnisse konzentrieren, sich in kulturellen Bereichen weiterbilden und sich um seine Mitmenschen kümmern.[3] Diese Überlegung ist für viele eine bloße Wunschvorstellung. In der Realität sind wir weit davon entfernt.

Die Wahrheit ist nämlich, dass nur sehr privilegierte Menschen privat nach Möglichkeiten suchen können, um Zeit für sich selbst freizuschaufeln: durch eine Putzhilfe oder externe Kinderbetreuungsangebote zum Beispiel. Oder einfach dadurch, dass die Arbeitsstunden reduziert werden, weil unterm Strich genug verdient wird. Die gesellschaftliche Mehrheit ist jedoch im System gefangen und muss wöchentlich viele Stunden arbeiten, um sich das eigene Leben finanzieren zu können. Einige haben sogar mehrere Jobs.

In den vergangenen zwanzig Jahren hat sich die Zahl der Nebenjobber*innen laut der Bundesagentur für Arbeit hierzulande verdreifacht. Mehr als drei Millionen Menschen üben neben dem Hauptberuf noch einen weiteren Job aus. Laut den Forschenden tue der Großteil das, weil das Einkommen aus einem Job nicht mehr ausreiche.[4] Es gibt aber auch einige, die einen Zweitjob haben, obwohl ihr Hauptjob sie ausreichend über Wasser hält. Das habe ich auch jahrelang gemacht. Während ich kurzzeitig studierte, arbeitete ich parallel im Friseursalon an der Rezeption, in einer Kinderkochschule und schrieb für ein Onlinemagazin. Ach ja, und Babysitting habe ich damals auch noch gemacht.

»Warum machst du das alles?«, hatte mich einmal meine Freundin Clara aus der Uni gefragt. Es war Freitagabend, wir saßen in ihrer Küche, und sie schnippelte Brokkoli, ihr Hauptnahrungsmittel. In ihren Augen wäre es leichter gewesen, einfach in einem Job die Stunden hochzuschrauben, statt in so vielen unterschiedlichen Betrieben zu arbeiten.

»Das wäre sowohl langweiliger als auch anstrengender für mich«, erklärte ich ihr. Ich konnte mir nicht vorstellen, jeden Tag mit kleinen Kindern in der Küche zu stehen, aber auch nicht, nur noch im Friseursalon der Hamburger High Society den Hintern hinterherzutragen. »Ich finde den Mix ganz gut. Außerdem mache ich mich so weniger abhängig.«

Sie guckte mich fragend an.

»Na ja, sollte mir ein Job nicht mehr gefallen, fällt es mir viel leichter zu gehen, weil ich nicht auf ihn angewiesen bin. So habe ich mehrere Standbeine«, erklärte ich meine Strategie.

In meinem Umfeld beobachte ich oft, dass viele einen Job machen, der sie eigentlich schon längst nicht mehr fordert oder erfüllt. Aber die Befürchtung, keine andere Option zu haben, lähmt sie. Manchmal ist es auch Bequemlichkeit. Das will ich nicht. Heute arbeite ich in der Medienbranche und möchte nach wie vor immer die Möglichkeit haben, aus freien Stücken den aktuellen Job an den Nagel zu hängen, wenn ich mich nach etwas anderem sehne oder es sich einfach nicht mehr richtig anfühlt.

Sich nicht von dem Einkommen aus einem einzigen Job abhängig machen zu wollen, würden manche als Bindungsangst betiteln. Das wird meiner Generation ja eh gern nachgesagt.

»Mit einem Arbeitsvertrag gehen doch beide Parteien eine Bindung ein«, versucht mir auch mein Vater ständig zu erklären. Viele aus seiner Generation haben jahrzehntelang für ein und denselben Betrieb gearbeitet. Mittlerweile ist das wegen befristeter Verträge aber anders.

»Dieses Papier ist oft nichts weiter als ein einseitiges Versprechen«, erwidere ich in diesen Gesprächen stets kritisch. Es ist keine Beziehung auf Augenhöhe, wie ich sie mir wünsche. Vielmehr versuchen Arbeitnehmer*innen, es ihren Arbeitgeber*innen in allem recht zu machen: Sie leisten Überstunden bis spät in die Nacht, stellen ihre persönlichen Bedürfnisse hinten an, verleugnen oft ihre eigene Meinung, um ja nicht negativ aufzufallen, und verlieren damit übrigens auch einen entscheidenden Teil ihrer Motivation. Und das alles nur, weil sie entfristet oder nicht gekickt werden wollen. Weil sie wissen, dass sie abhängig sind, und sich sorgen, ihre Rechnungen in Zukunft nicht mehr bezahlen zu können. Die Angst, den Job zu verlieren, ist für viele Menschen ein ständiger Begleiter. Auch für die jungen – nur wird sie uns oft abgesprochen.

Befristete Sicherheit

Die Zahl der Arbeitslosen betrug im Jahr 2019 nur 2,27 Millionen und stellte damit die niedrigste Arbeitslosenquote seit der Wiedervereinigung dar. In der Pandemie stieg sie auf fast 2,9 Millionen an.[5] Deutschland lobte sich gern dafür, denn im Vergleich zu anderen Ländern war dieser Anstieg noch überschaubar. Wer allerdings nicht in dieser Statistik auftaucht, sind die zahlreichen, größtenteils jungen Minijobber*innen und studentischen Aushilfen. Das Schicksal von nahezu einer Million Menschen, die Studien zufolge auf das geringe Einkommen von 450 Euro im Monat angewiesen sind,[6] wurde einfach nicht ausreichend thematisiert. Schlimmer noch: Diese Menschen hatten keinen Anspruch auf Kurzarbeitergeld, Arbeitslosenschutz oder Arbeitslosengeld. Sie wurden mit ihren finanziellen Sorgen lange allein gelassen.

Dass es dazu eines Tages kommen würde, war schon vor der Krise absehbar, denn Minijobber*innen sind schon seit einer Weile Arbeiter*innen zweiter Klasse. Laut Statistik hat die Zahl der Minijobber*innen in den letzten zwanzig Jahren um fast fünfzig Prozent zugenommen. Das Deutsche Institut für Wirtschaftsforschung empfiehlt daher schon lange eine Absenkung der Geringfügigkeitsschwelle von 450 auf 300 Euro, um möglichst viele Minijobs in sozialversicherungspflichtige Jobs umzuwandeln. Die Politik hat diesen Vorschlag bislang nicht umgesetzt. Wie irrelevant für die Politik die Absicherung von jungen Leuten im Allgemeinen ist, zeigt auch die Tatsache, dass es in der Coronakrise bis Juni 2020 gedauert hatte, bis ein Onlineportal für Studierende eingerichtet wurde, über das junge Menschen Überbrückungshilfen beantragen konnten.[7] Es ist leichtsinnig zu sagen, dass diese Menschen ja flexibel seien und bestimmt schnell eine neue Anstellung finden würden. Mit solchen Sätzen werden die existenziellen Sorgen junger Menschen zu oft verharmlost oder gar als unwichtig abgestempelt. »Mach dir nichts draus, du hast ja keine Kinder. Außerdem bist du doch noch so jung«, wurde den jungen Erwachsenen nach dem Jobverlust gesagt.

Wenn ein Unternehmen Arbeitsplätze streicht, müssen meist jene zuerst ihre Schreibtische räumen, die einen befristeten Arbeitsvertrag haben und demnach noch nicht sehr lange im Unternehmen angestellt sind. So zum Beispiel auch meine Freundin Mya, die ungefähr gleich alt ist wie ich. Ich hatte noch vor ihr in einem Onlineartikel gelesen, dass das Unternehmen, für das sie damals noch arbeitete, bald viele Stellen streichen würde. Als sie mich einige Tage später abends beim Mexikaner auf den neusten Stand brachte, glühte ihr Gesicht. Das lag allerdings weniger am scharfen Essen, sondern vielmehr an ihrer Wut. Zwischen Wein und Tacos erzählte sie mir von ihrem auslaufenden Vertrag, der nicht verlängert werden würde. Sie hatte in dem großen Unternehmen ihre Ausbildung gemacht und war anschließend zwei Jahre als befristete Arbeitskraft dort angestellt gewesen. Insgesamt hatte sie also vier Jahre sehr viel Energie für diesen Betrieb aufgebracht. Als es um die Entfristung ging, wurde sie gekickt.

»Jahrelang bekam ich gutes Feedback für meine Arbeit, und jetzt ist das nichts mehr wert?«, fragte sie mich fassungslos. Anscheinend. Noch ein Glas Wein. »Diese verdammten Befristungen. Es macht mich so wütend, weil es immer dasselbe ist. Am Ende sagt irgendwer zu dir: ›Du weißt, ich schätze dich sehr, aber mir sind die Hände gebunden!‹ Bla, bla.« Mya verdrehte die Augen und knabberte an einem Nacho. »Und weißt du, was sie mir angeboten haben? Ich könne ja einen

Teil meiner Aufgaben als Freelancerin weitermachen. Zuerst war ich nicht abgeneigt, aber dann haben sie mir das Honorar genannt: Ronny, ein Witz!« Die Firma mache es sich einfach, sagte sie. »Keine Versicherungen mehr zahlen wollen und freie Mitarbeitende ausbeuten. Da habe ich keinen Bock drauf!« Ich hob mein Glas und unterbrach ihren Redefluss: »Finde ich super! Wut ist das Beste, was einem nach einer Kündigung passieren kann.« Wut mobilisiert nämlich, sie gibt Energie für Veränderungen und lässt uns neue Pläne schmieden. Dabei darf es natürlich keine aggressive Wut sein. Sie muss positiv sein und beflügeln. Im Gegensatz zu Angst führt positive Wut nicht dazu, dass wir uns unter Wert verkaufen oder im Unglück verharren. »Wir sollten viel öfter auf Wut anstoßen«, stimmte Mya mir zu und hob ihr Glas. Mit einem lauten Klirren stießen wir an.

Die Anzahl der befristeten Verträge hat seit 2005 stetig zugenommen, denn die Unternehmen haben in ihnen insbesondere nach der Finanzkrise ein Instrument für wirtschaftlich schlechte Zeiten erkannt: Angestellte können schnell und einfach entlassen werden, ohne dass ein Unternehmen eine hohe Abfindung zahlen muss. Laut einer Erhebung des Statistischen Bundesamts zur Erwerbstätigkeit hatten 2018 von allen 20- bis 24-Jährigen rund 43 Prozent einen befristeten Arbeitsvertrag, von den 25- bis 29-Jährigen waren es 21 Prozent.[8] Daher waren es auch vermehrt Personen aus dieser Altersgruppe, die während der Coronapandemie ihre Festanstellungen verloren. Es waren Menschen, die gerade ihre ersten Arbeitserfahrungen machten, die vielleicht kurz zuvor noch aus der WG in die erste eigene Wohnung gezogen waren, die sie sich vorher nicht hatten leisten können. Oder jene, die sich das Studium mit einem Studienkredit finanziert haben und diesen eigentlich abbezahlen müssen. Aber egal ob jung oder alt: Wenn die Erwerbsarbeit plötzlich wegfällt, kann das dauerhaft Wunden hinterlassen. Und das gilt für jede*n von uns.

Das Geschwafel über New Work

»Weißt du, was das Komische ist?«, fragte ich Mya beim Mexikaner.

»Was denn?«, wollte sie wissen.

Ich erzählte ihr von meiner Beobachtung, dass viele Unternehmen versuchten, befristete Verträge attraktiver darzustellen, als sie es eigentlich waren. »Über unsere Generation sagt man ständig, dass wir ja selbst auch flexibler und ungebundener sein wollen. Es wird so formuliert, als wären befristete Verträge ein Geschenk, weil wir dadurch angeblich unabhängiger wären«, erklärte ich.

Mya nickte und führte meinen Gedanken fort: »Dabei haben wir ja gar keine andere Wahl. Befristete Verträge geben uns keine Unabhängigkeit. Sie machen uns abhängig, halten uns hin. Unser Privatleben wird *on hold* gesetzt. Aber das ganze Schöngerede ist Teil dieses New-Work-Gelabers.«

Unbefristete Jobs sind in vielen Branchen eine Rarität. Stattdessen werden junge Menschen mit vermeintlich attraktiven New-Work-Methoden geködert, also einer neuen Art des Arbeitens, die die Vereinbarung von Berufsleben und Privatleben vereinfachen soll. Gleichzeitig dringt der Job immer mehr in die Freizeit ein. An dieser Stelle muss außerdem einmal deutlich gemacht werden, dass die meisten New-Work-Methoden auf ohnehin schon privilegierte Branchen abzielen und daher von vornherein viele Berufsgruppen ausschließen. Mobiles Arbeiten ist für etliche Arbeitnehmer*innen gar nicht möglich. Viele davon sind im Niedriglohnsektor beschäftigt und profitieren überhaupt nicht von New Work. Das sind dann eher diejenigen, die es ausbaden und zum Beispiel länger an der Supermarktkasse sitzen müssen, weil sich der Feierabend der Besserverdienenden immer weiter nach hinten verschiebt. Die Anzugträger*innen kommen dann kurz vor Mitternacht in den Laden gehetzt, um sich noch schnell eine Tiefkühlpizza zu schnappen. »Schönen Feierabend«, trällern manche noch nach dem Bezahlen, aber gucken die Person hinter der Kasse dabei nicht mal an. Sie muss nach Ladenschluss noch die Abrechnung machen und die Regale auffüllen. Bis sie Feierabend machen kann, dauert es noch eine Weile. Sie hat durch New Work keinerlei Vorteile. Genauso ist Homeoffice für sie ein Fremdwort.

»Na ja, dazu muss man auch sagen, dass Homeoffice und flexibles Arbeiten vor der Pandemie auch in den meisten Unternehmen Fremdwörter waren. Wirklich gelebt wurde es nicht«, grätschte Mya in meine Überlegung, und ich musste lachen.

»Stimmt, Homeoffice ging vor Corona nur, wenn ein Handwerker kommen musste!« Das ist nicht nur ein Zeichen von Kontrollzwang und mangelndem Vertrauen in der Führungsetage, sondern es zeigt auch, dass körperliche Anwesenheit oft wichtiger ist als geistige. Durch die Coronapandemie war die Wirtschaft plötzlich dazu gezwungen, Teams im Homeoffice arbeiten zu lassen. Während dieser Zeit wurde deutlich, dass viele Unternehmen ihre Fürsorgepflicht zuvor nicht wirklich wahrgenommen und ihre Mitarbeitenden nie darin geschult hatten, im Homeoffice zu arbeiten. Es gab bis zu diesem Punkt keine klaren Regeln dafür. Die Leidtragenden waren in der Pandemie letztlich die Teams selbst. Laut einer Studie der

Forschungsinstitute IGES und forsa vermisst fast jede*r Zweite die klare Trennung zwischen Job und Privatleben, wenn der einzige große Tisch in der Wohnung zugleich Ess- und Schreibtisch ist. Bei den 18- bis 29-Jährigen bemängelt das sogar eine Mehrheit von 52 Prozent.[9] Im Endeffekt werden im Homeoffice oft mehr Stunden Erwerbsarbeit geleistet als im Büro. Mittagspausen werden häufiger ausgelassen, oder es wird schnell vor dem Computer gegessen. Das führt auch zu deutlich weniger Bewegung und Zeit an der frischen Luft, wie Expert*innen warnen.

Der verstärkte Bewegungsmangel im Homeoffice – etwa infolge des langen Sitzens – beeinflusst die Muskelaktivität, belastet die Bandscheiben und beeinträchtigt den Blutkreislauf sowie die Sauerstoffversorgung der Organe. Letztlich kann das Homeoffice zu einer weniger produktiven Arbeitsweise führen, wenn es nicht richtig praktiziert wird und die nötigen Mittel, wie zum Beispiel ein geeigneter Arbeitstisch und Arbeitsstuhl, nicht zur Verfügung gestellt werden. Während privilegierte Menschen mit einem entsprechenden Einkommen und großzügigen Räumlichkeiten oft nicht zögern, sich diese Dinge privat anzuschaffen, war das insbesondere für studentische Aushilfen, die 2020 im Zuge der Pandemie ins Homeoffice geschickt wurden, in vielen Fällen schwieriger. Wer denkt: Ach, die sind doch noch jung und halten das aus, am Küchentisch zu arbeiten!, irrt sich gewaltig, denn Rückenprobleme sind längst kein Alte-Leute-Leiden mehr. Im Gegenteil: Wenn Kinder schon in jungen Jahren zu viel und falsch sitzen und es ihnen an Bewegung mangelt, dann werden sie auch sehr wahrscheinlich im Erwachsenenalter von Rückenproblemen geplagt werden. In Befragungen der europaweit größten Kinderstudie KiGGS des Robert Koch-Instituts gaben bereits mehr als die Hälfte der 11- bis 17-Jährigen an, unter Rückenschmerzen zu leiden.[10] Ihre Schmerzen werden jedoch häufig relativiert. Wenn ein älterer Kollege einen höhenverstellbaren Schreibtisch in seinem Unternehmen anfragt, wird das meist verständnisvoller abgenickt als bei einer Praktikantin. Dann heißt es nämlich eher: »Lohnt sich das? Für eine Praktikantin? Die ist doch nur noch drei Monate hier, oder?«

»Glaubst du, es wird sich nach Corona verändern?«, fragte mich Mya optimistisch.

Ich schüttelte kräftig den Kopf. Wer nicht von Anfang an viel für sich einfordert, wird es bei den Nachverhandlungen schwerer haben. »Nope, die meisten Teams haben es verpennt, während der Krise gute Grundbedingungen einzufordern, wenn es zum Beispiel ums Homeoffice geht. Jetzt denken sich die Unternehmen: Geil, funktioniert ja auch so alles. Als Nächstes werden die Firmen feststellen, dass sie keine so großen Büroflächen mehr brauchen. Sie werden das Office verkleinern wollen, um dadurch die Miete und die Nebenkosten zu reduzieren. Sie werden Shared-Desk-Systeme entwickeln. Im Prinzip ist das alles sinnvoll, denn Homeoffice bietet ohne Frage auch zahlreiche tolle Chancen, aber: Die Unternehmen sind dann auch für eine gute Arbeitsausstattung in Form von Tisch, Stuhl und schnellem Internet zu Hause verantwortlich«, erläuterte ich meine Meinung. Sie können nicht auf der einen Seite Kosten einsparen wollen und sich gleichzeitig auch noch ihrer Verantwortung entziehen.

Mya nickte. Sie teilte meine Skepsis gegenüber der vermeintlichen Agilität in Unternehmen. »Ich finde, New Work ist eh Schwachsinn. Einfach nur ein hübsches Wort, um hässliche Sparmaßnahmen schönzureden. Teamcoaching ist auch noch so eine Sache, die dazugehört. Plötzlich muss man wieder die Übungen machen, die man schon früher auf Klassenfahrt nervig fand«, sagte sie und verdrehte die Augen. Ich grinste über den Vergleich und fragte mich gleichzeitig, warum teambildende Maßnahmen so häufig ihren Zweck verfehlten.

Viele in meinem Umfeld betrachten die Coachingtermine fürs Team eher als Zeitfresser und weniger als Chance. Zu selten folgten Verbesserungen, heißt es häufig. Zu der Teilnahme fühlen sich viele Arbeitnehmer*innen oft verpflichtet. Schließlich hat jede*r von ihnen im Bewerbungsanschreiben betont, ein absoluter Teamplayer zu sein. In Wahrheit denken aber viele von ihnen, dass sie eigentlich keine Zeit für so was haben. Auf ihren Schreibtischen stapelt sich die Arbeit, und sie müssen außerdem noch die Aufgaben von ehemaligen Kolleg*innen übernehmen, deren Stellen nicht wieder neu besetzt wurden. Im Zuge von New Work werden nämlich oft auch die Teamgrößen reduziert, die Aufgabenbereiche umstrukturiert und die Prozesse »optimiert«, sodass sie insgesamt schlanker und agiler sind. Das alles nicht zuletzt, um Kosten einzusparen. Die verkleinerten Teams müssen sich nun extra ins Zeug legen, um die gleich gebliebene Menge an Arbeit zu stemmen. Und zu allem Überfluss ploppen bei Outlook ständig irgendwelche Coachingtermine auf, die das Wirgefühl stärken sollen. Dabei hat sich das Teamgefühl insgeheim schon längst verabschiedet. Es nimmt in dem Moment ab, in dem einzelne Menschen vor lauter Arbeit den Schreibtisch nicht mehr sehen und das Gefühl haben, als einzige*r im Team wirklich produktiv zu arbeiten. Jedes andere Teammitglied wird dann misstrauisch beäugt, und es finden böse Gespräche in der Kaffeeküche oder via Chat statt: »Was macht der Marc eigentlich den ganzen Tag? Bestimmt nicht arbeiten!« Oder auch: »Jetzt hat die Sandra sich schon wieder krankgemeldet. Wegen Unterleibsschmerzen oder etwas Halsweh? Ganz ehrlich, die kann man doch vergessen. Am

Ende bleibt eh alles an mir hängen.« Entweder genannte Sandra bekommt von den Gesprächen gar nichts mit (gut für sie), oder ihr gelingt es, sie zu ignorieren (auch gut für sie). Es kann aber auch sein, dass sie sich zur Arbeit schleppt, obwohl sie sich körperlich nicht gut fühlt, weil sie nicht »die Mimose im Team sein will«. Oder sie liegt krank zu Hause im Bett, und anstatt sich zu erholen, plagt sie das schlechte Gewissen darüber, ihre Kolleg*innen im Stich gelassen zu haben. Wenn ein Team an diesem Punkt angekommen ist, dann hat das Unternehmen an entscheidender Stelle versagt und am falschen Ende gespart. Auch New-Work-Methoden werden es dann nicht mehr retten können.

Mya starrte ihr leeres Glas an. »Willst du noch einen Wein?«, fragte sie mich. Bevor ich antworten konnte, hatte sie schon die Kellnerin an unseren Tisch gewunken und eine neue Flasche bestellt.

»Gottchen, jetzt noch eine ganze Flasche?«, gab ich zu bedenken. Es war Dienstag.

»Ja, bitte lass uns noch mal auf die Wut anstoßen. Das Gefühl muss sich schließlich in mir festigen!«, zwinkerte Mya, und ich musste lachen. »Nein, ganz ehrlich. Es sagt sich so leicht, keine Angst zu haben. Ich merke aber, dass ich sie trotzdem habe«, erklärte sie plötzlich ziemlich ernst. Manchmal könne sie gar nicht einschlafen, weil sie nicht wisse, wie es weitergehen soll: »Diese ganzen Fragen ... Finde ich in der Krise einen neuen Job? Wie lange werde ich suchen müssen? Ist der dann wieder nur befristet? Ich drehe durch, wenn ich allein zu Hause sitze und keine Antworten darauf habe. Ganz zu schweigen von dem Gefühl, wenn ich die Nachrichten sehe und diese gigantischen Schuldensummen höre, die wir in der Pandemie aufgenommen haben!« Sie riss die Augen weit auf. Ihre Sorgen kamen nicht von ungefähr.

Sorgen statt Schlaf

In der ersten Hälfte des Jahres 2020 ist die Volkswirtschaft stark eingebrochen. Die Staatsschulden sind massiv gestiegen und haben damit einen neuen Rekord aufgestellt. Wohl jedem*jeder, der*die sich online für länger als zehn Sekunden die tickende Schuldenuhr Deutschlands anschaut, wird schwindelig. Die Lage verunsichert, und es stellt sich die Frage, wer für diese Schulden aufkommen wird. Die repräsentative Umfrage »Die Ängste der Deutschen« fragt Bundesbürger*innen seit mehr als dreißig Jahren nach ihren größten Sorgen. Nach sechs Jahren Pause liegt die Angst um die Wirtschaft wieder ganz vorn in diesem Land. Die Hälfte der Befragten (51 Prozent) befürchtet steigende Lebenshaltungskosten. Darüber hinaus rechnet knapp jede*r zweite Befragte (49 Prozent) mit Kosten für die Steuerzahler durch die neue EU-Schuldenkrise und einer schlechteren Wirtschaftslage.[11]

Was macht die Angst in Krisen langfristig mit uns? Das Psychologenduo Miriam K. Forbes und Robert F. Krueger zeigte anhand von Langzeitdaten vor und nach der Finanzkrise 2008, dass Personen, die finanziell unter der Krise gelitten hatten, auch verstärkt von Depressionen und Panikattacken betroffen waren.[12] Die Angst, in einer weltweiten Krise auch noch den Job zu verlieren, hat Menschen zum Teil krank gemacht. Dass die Coronakrise in dieser Hinsicht einen ähnlichen Effekt haben könnte, bestätigt auch das besorgniserregende Bild von ausgewerteten Versichertendaten im Pandemiejahr. Laut der Kaufmännischen Krankenkasse wurde im ersten Halbjahr 2020 ein Zuwachs von achtzig Prozent an Krankmeldungen aufgrund psychischer Ursachen verzeichnet.[13] Die Sorgen brennen sich ein.

»Der Anstieg psychischer Erkrankungen während der Pandemie hat mich nicht überrascht«, sagte ich zu Mya. Ich öffnete die zweite Flasche Wein, wohl wissend, dass ich am nächsten Tag Kopfschmerzen haben würde, und füllte unsere Gläser. »Danke dir … Wieso hat dich das nicht überrascht?«, fragte Mya und nahm ihr Glas.

»Weil wir schon lange vor der Pandemie auf dem falschen Weg waren«, erklärte ich. »Immer mehr Menschen nehmen zum Beispiel Antidepressiva. Und wenn es nichts Verschreibungspflichtiges ist, dann wird was anderes geschluckt.«

Tatsächlich wurden 2007 noch etwa 14 Millionen Tagesdosen Antidepressiva pro Jahr verschrieben. Mittlerweile sind es Berichten zufolge doppelt so viele.[14] Immer mehr Menschen geht es seit Jahren nicht gut. Die Pandemie verstärkt diese Entwicklung und wird Ängste vermutlich noch über Jahre hinweg anhalten und wachsen lassen. Psychische Erkrankungen überdauern in der Regel wirtschaftliche Krisen. So hat auch die Arbeit der zwei Forschenden Forbes und Krueger von 2008 gezeigt, dass Panikattacken zum Beispiel auch noch vier Jahre nach der Wirtschaftskrise anhielten.[15] Ängste können sich zu einer chronischen Erkrankung entwickeln, die Menschen ihr Leben lang begleitet. Dauerhafte Anspannung, Stress und Sorgen werden zu einem Teufelskreis. Das Kuriose ist, dass Menschen teils so unter Strom stehen, dass sie sich ihren Ängsten gar nicht mehr bewusst sind. Sie verfolgen Betroffene bis in den Schlaf hinein – sofern sie Schlaf denn überhaupt zulassen.

So habe ich es schon früher bei meinem älteren Bruder erlebt, als dieser gerade sein Abitur machte. Unsere Kinderzimmer befanden sich nebeneinander, und unsere Betten waren zur selben Wand hin ausgerichtet. Oft unterhielten wir uns von Zimmer zu Zimmer oder gaben uns Klopfzeichen, so dünn war diese Wand. Umso deutlicher hörte ich, als mein Bruder während seiner Abiturzeit plötzlich mitten in der Nacht zu schreien begann. Er schlug mit den Fäusten gegen die Wand und trat mit den Füßen dagegen. Meine Eltern und ich wurden durch den Lärm aus dem Tiefschlaf gerissen. In den ersten paar Nächten rannten wir noch zu ihm rüber, um ihn zu beruhigen. »Geht's dir gut?«, fragten wir besorgt. Im Halbschlaf grummelte er irgendwas und schickte uns aus dem Zimmer. Am nächsten Morgen am Frühstückstisch war er sichtlich erschöpft, als er seine Cornflakes löffelte. »Wie geht's dir?«, fragte ich ihn vorsichtig. »Gut, nur müde«, antwortete er knapp und wippte auf seinem Stuhl hin und her. Er hatte die Uhr überm Herd im Blick und wollte auf keinen Fall zu spät zu seiner Prüfung kommen. An die vorige Nacht konnte er sich nicht mehr erinnern. Er war aufgebraucht, bevor der Tag überhaupt richtig angefangen hatte.

»Was hat ihm geholfen?«, wollte Mya wissen.

»Nach der stressigen Abiturphase hat es von allein wieder aufgehört«, sagte ich schulterzuckend. Ich erzählte ihr, dass auch ich diese Phasen habe, in denen mich Albträume durch die Nächte jagen: »Ich beiße dann so fest die Zähne zusammen, dass ich morgens Kiefer- und Kopfschmerzen habe.«

Mya verzog das Gesicht und sagte, dass sie Einschlafprobleme habe, was wiederum zu Müdigkeit am nächsten Tag führe. »Manchmal liege ich die ganze Nacht wach und denke nach«, sagte sie.

Wir sind keine Einzelfälle. Laut bundesweiten Datenerhebungen der Krankenkassen schlafen vor allem die 19- bis 29-Jährigen zunehmend schlechter. Der Anteil in dieser Altersgruppe, bei dem nicht organisch bedingte Schlafstörungen diagnostiziert wurden, hat sich von 2007 bis 2017 fast verdoppelt. So hoch war der Anstieg in keiner anderen Altersgruppe.[16] Es kann davon ausgegangen werden, dass die Dunkelziffer noch sehr viel höher ist, denn bei Schlafstörungen wird nicht immer direkt professionelle Hilfe gesucht. Dabei können aus Schlafstörungen in jungen Jahren psychische Erkrankungen im Erwachsenenalter entstehen.

»Unsere Generation scheint schon ziemlich zerstört zu sein«, stellte Mya fest.

Ich nickte. »Aber irgendwie will das niemand sehen. Obwohl es immer mehr jungen Menschen psychisch nicht gut geht, baut die Politik darauf, dass die junge Generation die Wirtschaft nach der Coronakrise wieder aufblühen lassen wird«, sagte ich und fragte mich insgeheim, ob wir dazu wirklich die Kraft haben würden. Schließlich handelte es sich bei dieser jungen Generation in vielen Fällen um genau die Menschen, die während der Pandemie aufgrund befristeter Verträge auf die Straße gesetzt und mit ihren Existenzängsten weitestgehend allein gelassen wurden. Viele von ihnen haben sich schon in den Jahren zuvor von einer befristeten Beschäftigung zur nächsten gehangelt, mit dem Gefühl, nie wirklich anzukommen. Eben ganz nach dem Motto: »Die Jungen sind doch flexibel.«

Mit lauter Stimme beklagte Mya, dass von jungen Menschen ganz selbstverständlich so viel erwartet wird: »Wir müssen flexibel sein. Es werden zahlreiche Anforderungen an uns gestellt. Das fängt beim Auslandspraktikum an, geht je nach Branche über etliche Computerprogramme, die wir beherrschen müssen, und hört bei Fremdsprachen auf. Die Generation vor uns konnte Word und allerhöchstens eine einzige Fremdsprache. Das ist doch unfair!«

Ich musste anfangen zu grinsen, denn ich erinnerte mich plötzlich daran, wie mein Vater früher von einem Tag auf den anderen für seinen Job Englisch lernen musste. Ich war vielleicht in der sechsten Klasse, als er damals in mein Kinderzimmer kam und mich fragte, ob ich noch ein Vokabelheft übrig hätte. Er war Mitte vierzig und paukte jeden Tag, um die Weltsprache zu beherrschen.

Du bist gut? Gut ist leider nicht gut genug!

Die junge Generation von heute hingegen wächst bereits mit mehreren Sprachen auf. Im März 2002 hat der Europäische Rat in Barcelona beschlossen: Jedes Kind in der EU soll von klein auf zwei Fremdsprachen erlernen.[17] Bei mir hat das nicht funktioniert. Ich habe zwar in der Schule ein paar Jahre Französisch gehabt und deswegen auch auf meinem LinkedIn-Profil stehen, dass ich die Sprache der Diplomatie beherrsche, aber eigentlich ist das gelogen. Meine frühere Französischlehrerin würde es jedenfalls nicht unterschreiben. Heutzutage werden Kinder schon im Krabbelalter auf die globalisierte Arbeitswelt vorbereitet. Laut Angaben des Bundesfamilienministeriums lernte im Jahr 2020 bereits jedes fünfte Kitakind neben Deutsch noch eine andere Sprache.[18]

Spätestens im Grundschulalter wird jedes Kind mit Englisch konfrontiert, auf der weiterführenden Schule können zusätzliche Sprachen erlernt werden. Diese sind längst nicht mehr nur Französisch oder Latein. In Thüringen oder Sachsen lernten 2014 mehr Schüler*innen Russisch als noch zehn Jahre zuvor, belegt ein Bericht der Kultusministerkonferenz.[19] In Bayern wird währenddessen mit der von der EU geförderten Regionalinitiative Euregio

Egrensis der Tschechischunterricht gefördert,[20] in Sachsen wird vermehrt Polnisch unterrichtet. Hippe Berliner Privatschulen bieten zudem Chinesisch und Arabisch an. Wohl weil sie ahnen, wie wichtig diese Sprachen eines Tages für die Sprösslinge sein werden? Deutschland hat wichtige Handelsbeziehungen im arabischen Raum, und dementsprechend erwarten einige deutsche Firmen mittlerweile, dass ihre Vertreter*innen die Sprachen der internationalen Handelspartner*innen beherrschen. Wir müssen deswegen schon in der Schule abliefern – mehr denn je. Der Druck beginnt bei manchen bereits im Vorschulalter, bei anderen erst auf der weiterführenden Schule. Nach Angaben einer Studie des Robert Koch-Instituts zur Gesundheit von Kindern und Jugendlichen in Deutschland waren zuletzt knapp 17 Prozent der Kinder und Jugendlichen psychisch auffällig.[21] Oft stecken fehlende Anerkennung oder das Gefühl, nicht mithalten zu können, dahinter.

Nach der Schule wird die Messlatte noch ein Stückchen höher gesetzt. Im Idealfall sprechen Jobanwärter*innen bereits mehrere Sprachen und haben während des Studiums zahlreiche Praktika gemacht. Dass sie dabei für eine Vierzigstundenwoche nur 450 Euro brutto verdient haben und nicht selten am Wochenende noch einen Nebenjob ausüben mussten, interessiert niemanden. Ähnlich verhält es sich mit Auslandssemestern. In einem Vorstellungsgespräch wird eher selten gefragt, wie sich ein*e Uniabsolvent*in denn das Auslandssemester in Schanghai finanziert habe. Mit einem 450-Euro-Job, den diese Person während des Studiums gemacht hat, wird sie das sicherlich nicht geschafft haben.

Wer an dieser Stelle auf die wenigen Tausend Stipendien in Deutschland verweist, für die sich die rund 2,8 Millionen

Studierenden ja bewerben können, übersieht einen Fehler im System. Erstens bedarf es keines großen mathematischen Verständnisses, um zu erkennen, dass es mehr Studierende als Stipendien gibt. Zweitens bekommen privilegierte Jugendliche häufiger ein Stipendium als bedürftige. Das liegt zum großen Teil an den Anforderungen, die bei einer Bewerbung erfüllt werden müssen. Es ist ironisch, dass für die meisten Stipendien soziales Engagement vorausgesetzt wird. Dabei scheint keinem aufzufallen, dass es ein Privileg ist, ein Ehrenamt ausüben zu können. Es bedarf Zeit und finanzieller Mittel.

In der Vergangenheit bin ich öfter für den Tierschutz nach Rumänien geflogen, um dort ehrenamtlich die Straßenhunde zu versorgen. Meistens war ich mit Freundinnen vier oder fünf Tage am Stück in einem Tierheim in Bucov, in dem über tausend Hunde gehalten wurden. Wir haben die Zwinger ausgebaut, bei der medizinischen Versorgung geholfen, tote Tiere geborgen und die noch lebenden bei 35 Grad Celsius mit Wasser und Futter versorgt. In einem Jahr habe ich mir in den Zwingern irgendeinen Magen-Darm-Infekt eingefangen. Mir ging es so schlecht wie noch nie, ich konnte nichts bei mir behalten. Zwei Wochen lang stand ein Eimer neben meinem Bett, ich ging weder zur Uni noch zur Arbeit. Diese Auslandseinsätze waren ein Kraftakt, für den ich nicht bezahlt wurde. Für die Reisekosten bin ich ganz allein aufgekommen. Was ich damit sagen möchte: Es ist ein Privileg, in den Semesterferien ehrenamtlich arbeiten zu können und im Zweifel für die Kosten selbst aufzukommen, statt Geld zu verdienen. Soziales Engagement setzt finanzielle Absicherung voraus.

Ein Stipendium erfüllt nicht seinen Zweck, wenn die Person, die bei der Tafel das Essen ausgibt, größere Chancen auf die

Förderung hat als die Person, die auf die Mahlzeit angewiesen ist. Für wirklich bedürftige Menschen ist es weitaus schwieriger, sich sozial zu engagieren, als für jene, die gar nicht bedürftig sind. Damit Stipendien die Richtigen erreichen, müssen sich die Voraussetzungen ändern. Sie müssen sichtbarer für diese Menschen werden und dürfen nicht nur in einer privilegierten Bubble stattfinden. Denn schon das reine Wissen um die Möglichkeit, eventuell Zugang zu einem Stipendium zu haben, ist keine Selbstverständlichkeit.

»Es nützt nichts, wenn Infoplakate zu den Angeboten nur in Eliteinternaten ausgehangen werden, aber nicht in den Schulen sozialer Brennpunkte«, sagte Mya, die selbst in einem Duisburger Plattenbau aufgewachsen ist, bevor sie mit einem großen Zug ihr Glas leerte. Ihre Eltern sind in den Neunzigerjahren aus Albanien nach Deutschland gekommen. Es machte sie wütend, dass die Chance auf soziale Teilhabe, Bildung und spätere berufliche Erfolge so sehr von der sozialen Herkunft abhängig ist. »Und weißt du, was das Schlimmste ist? Es wird immer extremer. Geld und sozialer Background werden immer wichtiger anstatt unwichtiger!« Sie verzog das Gesicht, während sie das sagte. Sie hatte recht. Wir reden zwar immer von Chancengleichheit, aber faktisch existiert diese nicht.

Zwei Tickets, ein Konzert

Der Soziologe Aladin El-Mafaalani erklärt die Gründe dafür in einem anschaulichen Bild.[22] Stell dir eine Konzerthalle vor. Zu Beginn des Konzerts stehen die Menschen noch ganz normal vor der Bühne, und sie können abhängig von ihrer Körpergröße gut oder weniger gut auf die Bühne blicken. Früher haben die Menschen durchmischt einen Real-, einen Hauptschulabschluss oder Abitur gemacht und konnten damit gut oder weniger gut weitermachen. Einige gingen an die Universität, andere machten eine Ausbildung. Mein Vater zum Beispiel hat nach seinem Realschulabschluss eine Ausbildung zum Industriekaufmann gemacht. Anschließend konnte er sich ein Studium nur finanzieren, weil er es neben dem Vollzeitjob an einer Abendschule gemacht hat. Ein Auslandssemester, wie es heute als selbstverständlich gilt, wäre gar nicht möglich gewesen. Sich den Zugang zu Bildung erst mal zu erarbeiten, war damals schon anstrengend.

Heute können viele junge Menschen die Anforderungen, die in der Schule und später von Firmen an sie gestellt werden, aus eigener Kraft gar nicht mehr erfüllen. Ganz gleich wie sehr sie sich anstrengen. Diese Anforderungen verstärken häufig nur die sich immer weiter öffnende Schere zwischen Arm und Reich. An dieser Stelle beginnen die Menschen auf dem Konzert sich auf Zehenspitzen zu stellen. Kleine Menschen oder jene, die einen schlechteren Platz haben, können dadurch weniger sehen. In Deutschland machen mittlerweile rund fünfzig Prozent der Menschen Abitur oder Fachabitur. Dementsprechend viele nehmen ein Studium auf. Im nächsten Schritt werden einige Menschen in der Konzerthalle von anderen auf die Schultern genommen. Dadurch können einige gar nicht mehr auf die Bühne gucken. Wenn ich ehrlich bin, saß auch ich bei diesem Bildungskonzert auf den Schultern meiner Eltern. Seit ich mit Mya befreundet bin, weiß ich, dass ich unter anderem ihr die Sicht genommen habe.

Ich war eine durchschnittlich gute Schülerin, aber hätte mein Abitur wegen meiner mangelnden Mathematikkenntnisse wohl eigentlich nicht geschafft. Unter meinen Klausuren stand allzu oft »ungenügend«. Letztlich habe ich mein Abitur nur, weil meine Eltern die finanzielle Möglichkeit hatten, mich zu zahlreichen Nachhilfeinstituten zu schicken. Dafür legten sie über die Jahre wohl echt viel Geld auf den Tisch. Am Ende des Schuljahrs brachte ich dadurch immerhin eine ausreichende Leistung in Mathe auf dem Zeugnis zustande und wurde eine Runde weitergelassen. Sicherlich war es auch ein Vorteil, dass ich deutsch und blond bin. Lehrkräfte sahen eine Identifikationsfigur in mir. Einmal sagte eine Lehrkraft bei der Notenvergabe auf dem Flur zu mir: »Ach, Ronja, du erinnerst mich immer an meine eigene Jugend. Ich war genau wie du!« Eine andere meinte zu mir, dass sie im Gefühl habe, dass ich mal irgendwas mit Sprache machen werde, weshalb sie mir einen Punkt mehr gab.

Mya schaute mich mit leerem Blick an, als ich ihr das erzählte. »So was hätte niemals jemand zu mir gesagt. Ich musste mir immer nur anhören, wie komisch es sei, dass mein Vorname mit Y geschrieben wird. Wie anders das sei, wie ungewohnt. Damit hat sich niemand identifiziert.«

Früher war mir nicht bewusst, dass ich auf meinem Bildungsweg von dem rassistischen System in Deutschland profitiert hatte. Wenn Lehrkräfte mich bevorzugten, habe ich den Pluspunkt gern eingesteckt. Wahrscheinlich tue ich es heute noch immer, ohne es direkt zu merken, denn die Berufswelt funktioniert schließlich nicht anders. Es wird Zeit, dass sich mehr Menschen dieses unverdiente Privileg eingestehen. Das ist unangenehm, und es löst ein beklemmendes Gefühl aus, aber es ist notwendig. Bei Myas Familie war es nämlich anders. Wir beide waren zwar auf demselben Konzert, aber hatten offensichtlich unterschiedliche Tickets erhalten.

Zurecht war Mya wütend darüber. Ihre Stimme klang belegt, als sie sagte: »Mein Bruder war auch schlecht in Mathe. Am Anfang hat ihm der Staat noch die Nachhilfe finanziert. Als seine Noten nicht besser wurden, haben sie uns die Leistung gestrichen, und er musste am Ende auf die Hauptschule wechseln. Damit war sein Schicksal klar.«

Laut dem Berufsbildungsbericht wird in vielen Ausbildungsberufen ein höherer Schulabschluss erwartet – obwohl Deutschland in vielen Bereichen einen akuten Mangel an Nachwuchskräften hat.[23] Das ist absurd. Ein Mensch mit Hauptschulabschluss muss heute wesentlich mehr Bewerbungen schreiben als frühere Generationen. Die Anforderungen, die gestellt werden, sind umfassender und größer. Zudem scheinen Hauptschüler*innen einen neongrellen Zettel auf der Stirn kleben zu haben, auf dem ausschließlich schlechte Merkmale wie Antriebslosigkeit und Orientierungslosigkeit stehen. »Schublade auf, zack, rein, Schublade zu«, meinte Mya dazu. Mit großem Glück bekäme ihr Bruder vielleicht eine Anstellung in einem geringqualifizierten Beruf, zum Beispiel als Fachverkäufer im Lebensmittelhandwerk, sagte sie, also in der Bäckerei oder Fleischerei. Er säße gerade an den Bewerbungen.

Laut dem Job-Futuromat von der Agentur für Arbeit sind aber bereits fünfzig Prozent der Kernaufgaben in diesem Beruf schon heute automatisierbar. In der Klempnerei sind es sogar siebzig Prozent, in der Fachgruppe für Fahrzeuglackierung über achtzig Prozent.[24] Und dann? Die Wirtschaft arbeitet auf Hochtouren daran, verschiedene Arbeitsprozesse branchenübergreifend zu digitalisieren und zu automatisieren. Das hat ohne Frage auch Vorteile, zum Beispiel, dass schwerkörperliche Aufgaben nicht mehr so häufig von Menschen ausgeführt werden müssen. Bis wir das allerdings geschafft haben, sind wir auf junge Menschen angewiesen, die diese Berufe heute noch erlernen, obwohl es sie in einem Jahrzehnt womöglich in dieser Form nicht mehr geben wird. Diese Menschen dienen als Lückenbüßer. Während sich die Industrie feiert, weil sie mit kleinen Robotern spielen kann, fallen jene jungen Angestellten, die so froh waren, überhaupt eine Ausbildungsstelle gefunden zu haben, dann durch das Raster des Systems.

»Es wird immer gesagt, die Digitalisierung zerstöre doch keine Arbeitsplätze, sie verschiebe sie nur«, sagte Mya und verdrehte die Augen.

Zu einem ähnlichen Ergebnis kommt auch eine Berechnung des Instituts für Arbeitsmarkt- und Berufsforschung (IAB) und des Bundesinstituts für Berufsbildung (BIBB): In einer bis 2035 voll digitalisierten Arbeitswelt könnten in Deutschland demnach fast 1,5 Millionen Jobs wegfallen. Es würden aber auch ähnlich viele Arbeitsplätze neu entstehen, heißt es so schön. So werden zum Beispiel Fachkräfte in der IT oder im allgemeinen Ingenieurwesen heute schon händeringend gesucht.[25]

»Ronny, jetzt mal ganz ehrlich: Werden die zahlreichen Umschulungen und Weiterbildungen von der Agentur für Arbeit dann aus einem Klempner einen IT-Experten machen? Oder aus einer Bäckereifachverkäuferin eine Ingenieurin?«, fragte Mya mich mit großen Augen und griff über den Tisch nach meiner Hand, als hinge die Zukunft von meiner Antwort ab. Sie machte sich Sorgen um ihren kleinen Bruder.

»Ich … ich denke, das wird in den wenigsten Fällen wirklich passieren«, gestand ich ehrlich und drückte ihre Hand.

Es ist nicht so, dass die heute jüngeren Generationen die Ersten sind, deren Berufe durch den Fortschritt der Digitalisierung gefährdet sind. Das ist bereits vielen älteren Arbeitnehmer*innen passiert, die nun die letzten Jahre bis zur Rente zählen. Daraus sollten wir lernen und die Digitalisierung tatsächlich zu einer Chance für alle machen – auch für Menschen in gering qualifizierten Berufen. Die jungen Menschen, die heute noch eine Ausbildung in zukünftig größtenteils automatisierten Berufen machen, gleichen in unserer Gesellschaft oft Laborratten, die auf den letzten Metern der Digitalisierung ausgeschlachtet werden. Sie dienen nur noch zur Überbrückung. Das hört sich brutal an, zumal sie von diesem Experiment oft gar nichts wissen. Dafür hätten sie nämlich bei dem Bildungskonzert einen besseren Platz haben müssen, womit wir wieder am Anfang wären.

Auf der Terrasse vor dem mexikanischen Restaurant war es kalt geworden. Die Weinflasche war leer. Mya hielt noch immer meine Hand. »Was soll bei diesem Ellbogenkampf der Wohlhabenden der nächste Schritt sein, wenn schon heute so viele auf die Schultern der Eltern klettern?«, fragte sie leise. Ihre Augen waren plötzlich glasig vom Wein, von der Angst. Wir hatten zu viel getrunken. Ich hatte keine gute Antwort auf ihre Frage, sondern schaute sie einfach nur an. Wohl wissend, dass ich zu den Privilegierten, zu den Profitierenden gehörte.

»Keine Ahnung«, sagte ich fast lautlos.

Teilhabe?
Können sich viele
nicht leisten

Ich saß auf dem rauen Teppichboden der Papeterie und öffnete gewissenhaft jeden Reißverschluss am Schultornister. In einer Woche würde ich eingeschult werden. »Setz ihn noch mal auf den Rücken«, sagte meine Mutter, und ich schlüpfte mit meinen kleinen Ärmchen durch die Schlaufen.

»Ich mag ihn«, sagte ich und drehte meinen Kopf, um im Spiegel zu sehen, wie der Schultornister von hinten aussah. Auf meinem kleinen Rücken wirkte er riesig. Der No-Name-Ranzen war blau, auf der Vorderseite waren Fische abgebildet.

»Dann nehmen wir den?«, fragte meine Mutter, und ich nickte begeistert.

»Guckt!«, rief ich stolz, als wir nach Hause kamen. Mein Bruder und mein Vater saßen gerade auf der Terrasse. Behutsam packte ich vor ihnen den passenden Turnbeutel und die zwei Federmäppchen aus dem Schultornister und legte alles zusammen auf den Tisch.

»Sieht super aus! Aber wieso brauchst du zwei Mäppchen?«, fragte mein Vater etwas verwirrt.

Ich schaute ihn an, als hätte er den Sinn des Lebens nicht verstanden. »Ja, eins für Buntstifte und eins für Filzstifte.« Zur Erklärung öffnete ich beide Mäppchen und präsentierte meine bunte Stiftsammlung. »Und ich hab auch einen blauen Füller!«, rief ich aufgeregt.

»Mit dem darfst du in der ersten Klasse eh noch nicht schreiben«, merkte mein großer Bruder an.

»So, alles einpacken! Das bekommst du erst nächste Woche, wenn es so weit ist«, sagte meine Mutter und beschlagnahmte meinen Schultornister, um ihn in dem gelben Schrank im Flur zu verstecken. Das wusste ich, weil sie da auch immer die Geburtstags- und Weihnachtsgeschenke verstaute und davon ausging, dass dieser Schrank ein super Versteck sei.

In der nächsten Woche gab sich meine Mutter extra viel Mühe und bastelte mir passend zum Tornister eine blaue Schultüte. Sorgfältig klebte sie mit der Heißklebepistole kleine Holzfische und Muscheln auf die Pappe.

»Wow!«, staunte ich an meinem großen Tag, sowohl über ihre Bastelarbeit als auch über den Inhalt der Tüte. Ich bekam Ohrringe mit kleinen Walen geschenkt und fühlte mich perfekt auf meinen ersten Schultag vorbereitet.

Nur mit einer Sache hatte ich nicht gerechnet: Meine Entschlossenheit kippte, als ich im Klassenzimmer feststellte, dass fünf der sieben anderen Mädchen in meiner Klasse identische Schultornister hatten – ein pinkes Modell mit roten Rosen von der Marke Scout. Nur zwei andere Mädchen tanzten gemeinsam mit mir aus der Reihe und hatten andere Ranzen.

»Mama, die haben alle denselben Rucksack. In Pink, mit Rosen«, war das Erste, was ich sagte, als ich an diesem Tag nach Hause kam.

»Wie langweilig! Ich finde die Fische auf deinem Schultornister wunderbar«, sagte sie und nahm mich direkt in den Arm. Trotzdem blieb ich etwas verunsichert.

Dass dieses Erlebnis etwas in mir ausgelöst hatte, zeigte sich in der dritten oder vierten Klasse, als plötzlich alle einen Rucksack der Marke Dakine trugen.

»Bekomme ich so einen zum Geburtstag?«, fragte ich zu Hause.

»So ähnliche gibt es jetzt auch beim ALDI«, antwortete meine Mutter pragmatisch. Wir kauften alles bei ALDI. Jedes

Mal, wenn der Discounter wieder eine Sport-Aktionswoche hatte, bekam ich neue Sportschuhe für den Schulunterricht. »Deine Füße wachsen so schnell. Es macht gar keinen Sinn, andere zu kaufen«, erklärte meine Mutter immer, aber beim Rucksack kam sie mit diesem Argument nicht weit. »Können wir in die Stadt fahren?«, bettelte ich und sah sie mit großen Augen an.

Sie gab nach, und wenig später saß ich wieder auf dem Boden eines Geschäfts und zog an Reißverschlüssen. Fragend drehte ich mich zu meiner Mutter um und zeigte ihr zwei Modelle: Das eine hatte ein blaues Blumenmuster, das andere ein pinkes. »Der da!«, sagte sie entschlossen und zeigte auf den blauen Rucksack. Am Ende war ich ihrer Meinung.

Stolz spazierte ich am nächsten Tag damit zur Schule. »Ach, cool, du hast jetzt auch einen!«, sagte meine Freundin Pia und bewunderte den Rucksack auf meinem Rücken. Ihrer war pink. Zusammen bastelten wir uns kleine Anhänger aus Scoubidou-Bändern, die wir an den Reißverschlüssen befestigten.

Während wir unsere Rucksäcke noch Jahre später trugen, kamen andere Mädchen alle paar Monate mit einem neuen Modell in die Schule. Ständig wurde ihnen einer dieser Rucksäcke zum Geburtstag, zu Weihnachten oder einfach so zwischendurch geschenkt. Der Hersteller brachte immer wieder neue Muster und Farben raus.

»Darf ich auch noch einen haben?«, fragte ich zu Hause. »Das ist doch Quatsch. Wofür brauchst du ein und denselben Rucksack in zwei Farben?«, sagte meine Mutter und schüttelte den Kopf. Sie hatte recht, aber in dieser Zeit begann für meine Altersklasse nicht nur der Konsum von Dingen, die wir eigentlich nicht brauchten, sondern auch die soziale Teilhabe durch diesen Konsum. Es ging ums Mitmachen, ums Dabeisein. So ist das auch heute noch für die jüngere Generation, und es wird nur schlimmer. Bevor ein Kind die Welle überhaupt erahnt, wird es mitgerissen und schwimmt plötzlich mit dem Strom. In Deutschland wachsen wir in einer Konsumgesellschaft auf. Jährlich werden Milliarden Euro für private Konsumgüter ausgegeben. In einigen Fällen brauchen wir die Produkte wirklich, zum Beispiel eine warme Winterjacke. Meist geht unser Kaufverhalten aber über den reinen Nutzen hinaus, und irgendwann fällt es schwer zu sagen, warum wir überhaupt etwas gekauft haben. Gelegentlich ist es auch für uns Erwachsene noch wie früher in der Grundschule, und wir kaufen etwas, weil wir bei bestimmten Trends einfach dabei sein wollen. Besonders wenn in unserem Instagram-Feed immer wieder dasselbe Schmucklabel auftaucht und gutes Marketing es so wirken lässt, als würden jetzt wirklich alle eine Kette oder einen Ring dieser Marke tragen. Manchmal ist unser Konsum von Emotionen getrieben. Wir kaufen aus Frust, zur Ablenkung oder auch zur Belohnung.

Die erste Pleite

Als Teenager wurde ich zum ersten Mal zum Vollopfer des Konsums. Zum Ärger meiner Mutter kaufte ich nicht nur billige Plastikschuhe, die schnell ausgelatscht waren, sondern investierte auch massenhaft Geld in Zeitschriften wie *BRAVO GiRL!* oder *Mädchen.* Gemeinsam mit meiner Freundin Pia schnitt ich alle Beauty-Artikel aus den Heften aus und sortierte sie in einem Ordner ein. Es gab einen Körperpflegeteil, einen Frisurenteil, einen Teil über Make-up und einen anderen über Fitness und

Ernährung. Die Selbstoptimierung begann: Pia und ich wickelten unsere Bäuche mit Frischhaltefolie ein, in der Hoffnung, dadurch ein Sixpack zu bekommen. Mal schmierten wir uns Margarine, mal Quark ins Gesicht. Mit Zitrone und Backpulver versuchten wir, unsere Zähne aufzuhellen, um das klassische Zahnpastalächeln aus der Werbung zu bekommen. Als Haushaltstricks nicht mehr ausreichten, besuchten wir mehrmals in der Woche den Drogeriemarkt und standen etliche Stunden vor den Beauty-Regalen.

In dieser Zeit war ich ein reicher Mensch. Durch meine Nebenjobs in der Fleischerei und im Hotel hatte ich satte vierhundert Euro angespart. Ich fühlte mich damals, als hätte ich bereits für mein gesamtes Leben ausgesorgt und könnte es mir so richtig gut gehen lassen. Als wir wieder einmal am Bankautomaten standen, um anschließend in den Drogeriemarkt zu gehen, wurde mir kein Geld mehr ausgezahlt. Ich probierte es noch mal, erfolglos. Ich versuchte es an einem anderen Automaten, auch erfolglos. Irritiert zückte ich mein Nokia-Klapphandy mit den pinken Glitzersteinchen drauf und rief meine Mutter an.

»Dann hast du wohl alles ausgegeben«, sagte sie trocken.

»Quatsch!«, giftete ich. Das konnte ja nicht wahr sein! Gemeinsam mit Pia stolzierte ich in die Bankfiliale, überzeugt davon, dass man mich um mein Vermögen beraubt habe.

»Die Automaten sind kaputt«, erklärte ich. Die Frau am Schalter nahm meine Karte und tippte irgendwas in die Tastatur.

»Tut mir leid, auf dem Konto sind nur noch vier Euro«, sagte sie. Dieses Erlebnis ließ mich mit voller Gewalt auf den Boden der Tatsachen knallen: Ich war tatsächlich pleite. Mit 15 Jahren war ich zum ersten Mal zahlungsunfähig.

Mein komplettes Erspartes lag in Form von blauen, grünen und orangefarbenen Lidschatten und Nagellacken in meinem

Kinderzimmer. Ich hatte jede Produktsorte in allen Farben, das meiste von dem Zeug war sogar unbenutzt. Ein türkiser Lidschatten hatte im Sale gerade mal 97 Cent gekostet, wie das noch vorhandene Preisschild verriet. Wie konnten dann in der Summe ganze vierhundert Euro weg sein?

Der Schock, der mich damals überkam, hält tatsächlich bis heute an. Das heißt nicht, dass ich mich seither nie wieder zu einem Kauf habe hinreißen lassen, der eigentlich nicht nötig war – das wäre gelogen. Aber ich denke heutzutage schon etwas mehr darüber nach, wofür ich mein Geld ausgebe.

Gleichzeitig läuten bei mir die Alarmglocken, wenn junge Mädchen mir erzählen, dass ihr Hobby Shopping sei. Das Problem liegt zum Teil darin, dass Filme wie *Shopaholic* das wachsende Bedürfnis nach Konsum verharmlosen und einige Süchte in unserer Gesellschaft geduldeter sind als andere. So werden Kaufsucht und Nikotinsucht deutlich weniger Beachtung geschenkt als zum Beispiel der Sucht nach synthetischen Drogen. Forschende aus der Psychologie warnen schon seit Jahren vor einer Unterschätzung der Kaufsucht und fordern eine Übernahme der Behandlungskosten durch die Krankenkassen.[26] Allerdings wird darauf wohl eher zögerlich reagiert, schließlich lebt die Wirtschaft vom Konsum. Es ist schwer zu sagen, für wie viele Deutsche ihr Kaufverhalten ein ernsthaftes Problem darstellt, da es keine aktuellen Daten dazu gibt. Zahlen sind jedoch sowieso kritisch zu betrachten, da es keine wirkliche Definition gibt, ab wann jemand als kaufsüchtig eingestuft wird. Es ist nicht klar, wo die Grenze zwischen viel und zu viel verläuft.

Für uns junge Menschen ist das von Nachteil, denn wir werden immer häufiger zu Konsumopfern. Untersuchungen haben ergeben, dass mein Verhalten als Teenagerin für diese Altersgruppe typisch war. Kaufsucht oder die Tendenz dazu ist tatsächlich ein Problem, das vorwiegend Jugendliche und junge Erwachsene betrifft, insbesondere Frauen. Das Phänomen hat in den letzten Jahren zugenommen, da zum Beispiel im Onlinemarketing Tools entwickelt wurden, die das Personifizieren von Werbeanzeigen möglich gemacht haben. Konsumierende können mittlerweile viel gezielter geködert werden, der bewusste Verzicht fällt schwerer. Hinzu kommt, dass die Möglichkeit des Onlineshoppings, das insbesondere viele jüngere Menschen nutzen, eine niedrigere Schwelle für exzessives Kaufverhalten aufweist. Soziale Netzwerke wie Instagram und Pinterest bauen ihre Shoppingfunktionen aus, der Warenkorb im Netz ist schnell gefüllt. Junge Menschen tappen deutlich schneller in die Konsumfalle als ihre Elterngeneration.

Umso wichtiger ist es daher, dass der kritische Umgang mit Konsum und Finanzen frühzeitig erlernt wird. Kinder müssen verstehen, wie sich der Preis eines Produkts zusammensetzt, wie es produziert wird und welchen Wert es dadurch tatsächlich hat. Das gilt übrigens auch für digitale Inhalte. Nur so wird ihnen bewusst, wie machtvoll ihre Kaufentscheidungen sind und welche Tragweite sie haben. Während vorherige Generationen lange nicht verstanden haben, dass sie übers Maß konsumieren, ist mittlerweile vielen bekannt, dass wir weniger verbrauchen müssen – sowohl uns selbst als auch der Umwelt zuliebe. Wir müssen Jüngeren also beibringen, ressourcengerechte Kaufentscheidungen zu treffen. Das ist essenziell, um zu verhindern, dass junge Menschen zu Konsumrobotern werden oder gar ihr eigenes Selbstwertgefühl von Konsumgütern abhängig machen.

Mya saß gerade auf meiner Couch, als sie sich über die viele Werbung in ihrem Instagram-Feed aufregte. Es war Black Friday, die Firmen wollten Geld verdienen.

»Mich nervt das einfach, weil es so anstrengend ist, sich dagegen zu wehren. Am besten lässt man das Handy an diesen Sale-Tagen aus«, sagte sie und legte ihr Telefon auf den Couchtisch. »Wann hast du das letzte Mal was gekauft, einfach nur weil es im Sale war?«, wollte sie wissen und brachte mich damit ins Grübeln.

»Weil es im Sale war?«, wiederholte ich, und sie nickte. Schwierige Frage. Ich guckte mich in meiner Wohnung um und entdeckte meine Olympus-Kamera auf dem Sideboard. Bei dem Kauf hatte ich durch einen Rabattcode, den ich auf Instagram gefunden hatte, knapp 150 Euro gespart. »Der Code war schon ein Grund, warum ich mich letztlich für diese Kamera und nicht für eine andere entschieden habe«, gab ich nach kurzem Überlegen zu. Rabatte geben uns das Gefühl, schnell zuschlagen zu müssen. Besonders wenn uns eine künstliche Verknappung vorgegaukelt wird und der*die Hersteller*in behauptet, es gebe nur noch wenige Exemplare, oder wenn der Rabattcode nur 24 Stunden gültig ist. Viele Konsumkritiker*innen bemängeln das und sind der Meinung, dass wir uns dadurch noch mehr Dinge kaufen, die wir eigentlich nicht brauchen.

»Die Kritik ist berechtigt, aber das Nutzen von Rabattcodes und Tagen wie dem Black Friday darf uns auch nicht zum Vorwurf gemacht werden«, sagte Mya. Sie hatte früher auch einen Dakine-Rucksack, aber ihre Eltern hatten ihn ihr nur gekauft, weil es fünfzig Prozent Preisnachlass gab. »Wir konnten uns die soziale Teilhabe in Form von Produkten früher nur leisten, wenn ein Sale-Schild dranklebte«, erinnerte sie sich. Vorwürfe und Verurteilungen seien in diesem Fall fehl am Platz.

Der wahre Preis, den junge Menschen zahlen

Eine Studie der Website *Save the Student* legt dar, welche Formen es annehmen kann, wenn sich junge Menschen den Konsum, der für soziale Teilhabe vorausgesetzt wird, nicht leisten können. Die Ergebnisse der Befragung zeigen, dass in den USA jede*r zehnte Studierende ihren*seinen Körper nutzt, um an Geld zu kommen – ob über Sexarbeit oder Arzneimitteltests.[27] Laut Brandon Wade, Gründer der App SeekingArrangement, haben viele junge Leute heutzutage nicht genügend Geld, um ihre Bildungsziele zu erreichen – insbesondere in den USA. Der Verkauf des eigenen Körpers sei eine Überlebenstaktik.[28] Auf dem Datingportal können wohlhabende Menschen – meist Männer – mit jungen Sugarbabes – meist Frauen – eine Geschäftsbeziehung eingehen. Was die Dienstleistung genau beinhaltet, wird individuell verhandelt: Fotos, Sprachnachrichten, Telefonate, ein Restaurantbesuch, Sex.

Für das Nachrichtenmagazin *stern* habe ich mal mit einem deutschen Sugarbabe gesprochen. Sie war Lehramtsstudentin und trug in meinem Artikel den Namen Anita.[29] Um sich in den Semesterferien den Traum einer USA-Reise zu erfüllen, suchte sie mit der bereits genannten App nach Männern, die sie zu diesem Urlaub einladen würden. Sie zeigte mir damals die Profile der Sugardaddys. Es waren keine alten Herren mit Bierbauch und kahlem Kopf, wie man sich das vielleicht vorstellen würde. Die meisten Männer waren Ende dreißig, attraktiv, gepflegt und machten zumindest auf den Fotos den Anschein, nicht unsympathisch zu sein. Ach ja, und sie hatten Geld. Viel Geld.

»Hast du ein komisches Gefühl, wenn du dir vorstellst, mit ihnen Sex zu haben?«, fragte ich damals Anita.

Sie verneinte: »Ich bin neugierig und freu mich drauf.«

Nachdem sie mit den Männern geskypt hatte, entschied sie sich für einen, mit dem sie die Reise gemeinsam antreten würde. Laut eigenen Angaben wurden ihr die Flug- und Hotelkosten gezahlt, dreitausend Euro gab es außerdem on top. Sie selbst hätte sich die Reise niemals leisten können. Die App war für sie ein Mittel zum Zweck, um die Orte zu sehen, die sie sonst nur von Social Media kannte. Außerdem war sie neugierig.

SeekingArrangement verzeichnet etwa zwanzig Millionen aktive User*innen weltweit. In Deutschland ist allerdings die Plattform MySugardaddy noch etwas beliebter: Rund 97.500 der insgesamt 130.000 User*innen sollen deutsch sein. Die meisten Registrierungen von sogenannten Sugarbabes gibt es der App zufolge in Berlin, München und Hamburg. Also in Metropolen, in denen die Lebenshaltungskosten extrem hoch sind. In einigen europäischen Städten wird sogar Werbung direkt in den Universitätsgebäuden gemacht. In Ländern, in denen Prostitution legal ist, ist auch diese Werbung legal.

Anita sagte in meinem Artikel, dass Sugaring in ihren Augen keine Prostitution sei. Ein Sexualpsychologe, den ich zu dem Thema interviewte, war anderer Meinung. Letztlich spielt es aber keine Rolle, ob die durch die Apps getroffenen Arrangements als Prostitution gelten, wir sie als Sugaring oder, wie es oft in den Medien geschieht, als »Light Prostitution« bezeichnen. Genauso egal ist es, wie wir es nennen, wenn eine junge Frau ihre getragenen Schuhe auf eBay verkauft und noch ein paar alte Socken mit ins Paket legt, weil eine*e Käufer*in mit Fußfetisch ihr dafür fünfzig Euro zusätzlich bietet. Es spielt auch keine Rolle, wie wir es nennen, wenn junge Menschen unter Hashtags wie #feetvideoforsale, #slipforsale oder #pantyhosefetish auf Instagram versuchen, ihre getragene Wäsche zu verkaufen. Viel wichtiger ist, dass unsere Gesellschaft einsieht, dass es sowohl Frauen als auch Männer gibt, die auf diese Weise Geld verdienen, um entweder ihre Miete zahlen zu können oder sich die soziale Teilhabe zu ermöglichen. Wir täten gut daran, diese Entscheidungen nicht zu verurteilen. Diesen Fehler haben nämlich bereits ältere Generationen begangen, indem sie in der Vergangenheit Sexarbeiter*innen allesamt in eine dunkle Ecke schoben. Die Stigmatisierung haftet dieser Berufsgruppe bis heute an und schränkt die Arbeiter*innen in ihrer eigenen Sicherheit ein. Nun droht dasselbe Schicksal den Nutzer*innen von Sugaring-Apps.

Man kann sich darüber streiten, wie man es findet, wenn zum Beispiel ein 18-jähriger Influencer aus den USA auf Instagram sein Leben als Sugarbabe teilt. Ist es schlecht, weil er damit auch andere junge Menschen zu diesem Schritt animieren könnte, oder ist es gut, weil er damit ein Tabu bricht? Fakt ist: Bleibt dieses Tabu bestehen und verurteilen wir weiter junge Menschen, die auf diese Weise ihr Geld verdienen, lassen wir diese damit im Stich und setzen ihre Sicherheit aufs Spiel. Als tolerante Gesellschaft sollten wir es uns zum Ziel setzen, endlich offen über Sugaring und Prostitution zu sprechen. Nur so kann es zur Normalität werden, dass Studierende in ihrem engeren Umfeld von ihren geplanten Verabredungen mit Sugardaddys erzählen, Live-Standorte teilen und Updates geben, anstatt heimlich auf diese Dates zu gehen. Eigene Netzwerke zwischen Sugarbabes müssen gefördert werden, damit sie sich austauschen können und dubiose Sugardaddys oder auch Sugarmommys tatsächlich auffliegen und im Falle von Straftaten zur Verantwortung gezogen werden können. Es ist heuchlerisch, junge Menschen zu einem übermäßigen Konsum anzutreiben, den sie sich eigentlich nicht leisten können, und sie gleichzeitig dafür zu verurteilen, dass sie ihren Körper nutzen, um Geld zu verdienen.

Soziale Teilhabe wird teurer, das zeigt auch die Modebranche. Jeder Mensch ist Konsumierende*r dieser Industrie, weil es zu den Regeln in unserer Gesellschaft gehört, Kleidung zu tragen. Früher erstreckte sich ein Modetrend über ein ganzes Jahrzehnt. So standen die Siebziger für Flower-Power und bunte Muster im Hippiestyle, die Achtziger waren von Karottenhosen, Puffärmeln und Schulterpolstern geprägt. Durch die Digitalisierung entstehen Trends heutzutage anders und deutlich schneller. Die sogenannten Must-haves ändern sich saisonal, Moderiesen wie ZARA bringen pro Jahr rund 24 Kollektionen heraus. Sie adaptieren Trends namhafter Designer*innen und machen sie für die breite Masse zugänglich. Während die trendigen Fellschlappen der italienischen Luxusmarke Gucci vor wenigen Jahren rund achthundert Euro kosteten, boten High Street Fashion Brands ein in der Optik ähnliches Modell für vierzig Euro an. Das war 2018 – mittlerweile trägt diese Schlappen mit Fell niemand mehr. Sie sind out, aus einer alten Saison, nicht mehr in Mode. Um mit ihrer Kleidung immer en vogue zu bleiben, brauchen junge Menschen schon im Schulalter ein großes Portemonnaie.

Ähnlich verhält es sich bei Technologie: Das Nokia 6110 hat 1999 knapp zweihundert Euro gekostet. Für diesen Preis hat man ein Handy bekommen, das im Zweifel auch noch zwanzig Jahre später einwandfrei funktionierte. Heutzutage zahlen Konsumierende für das neuste Smartphone der beliebten Marke Apple über tausend Euro. Natürlich kann dieses Produkt wesentlich mehr als das Nokia 6110, allerdings hat es auch eine deutlich geringere Lebensdauer. Nutzer*innen müssen nicht über ein großes IT-Fachwissen verfügen, um festzustellen, dass beispielsweise die Akkuleistung bei neuen Smartphones mit der Zeit rapide nachlässt. Wenn Apple den Verkauf eines iPhones einstellt, gibt es danach noch etwa sechs bis acht Jahre lang offizielle Ersatzteile. Bei anderen Handymarken ist es ähnlich.

Ich war etwa 17 Jahre alt, als ich mir ein iPhone zu Weihnachten wünschte. Ich musste meine Eltern lange überreden, bis sie schließlich zustimmten. Allerdings nur unter der Bedingung, dass ich selbst die Hälfte bezahlen würde. Mit meinem Vater und Pia fuhr ich ins Centro Oberhausen. Das gesamte Einkaufszentrum war während der Weihnachtszeit rappelvoll. Die Situation im Apple-Laden war mit der an einer Wursttheke zu vergleichen, nur ging es hier um andere Preisdimensionen. Immer wieder rief ein Mitarbeiter laut in das Gewusel: »Wer ist als Nächstes dran?« Zehn Leute streckten die Hand nach oben. Mich hat es damals komplett überfordert zu beobachten, wie einige Menschen vor mir teilweise fünf Endgeräte auf einmal kauften und mehrere lilafarbene Geldscheine über die Theke wanderten.

»Und was bekommst du?«, wurde ich in all der Hektik plötzlich gefragt.

»Ähm ... ein Samsung 5 in Weiß, bitte!«, stotterte ich. Der Verkäufer musterte mich skeptisch. Es schien, als sei er sich nicht sicher, ob er mich für mein Unwissen bemitleiden oder mich aus dem Laden schmeißen sollte, weil ich seine Zeit verplemperte.

»Ein iPhone 5«, korrigierte Pia neben mir schnell, und ich spürte ihren Ellbogen in meinen Rippen. Ich stand völlig neben der Spur, der Konsum hatte mich übermannt.

Ironischerweise ist unsere Welt mittlerweile so konstruiert, dass wir ohne Smartphone oft gar nicht mehr zurechtkommen würden. Natürlich gibt es noch Menschen, die nach wie vor ihr altes Nokia benutzen. Meine Freundin Anna zum Beispiel ist nur per SMS oder Anruf erreichbar. Wenn ich mich allerdings in Berlin mit ihr verabrede, ist es ohne Google Maps oder die Option, ihr einfach meinen Standort zu schicken, jedes Mal wieder eine Herausforderung, sie im Park überhaupt zu finden. Ich bin ganz ehrlich: Ein Leben ohne die Benefits eines Smartphones kann ich mir persönlich kaum vorstellen. Google Maps erleichtert mir meinen Alltag enorm, genauso wie die Möglichkeit, Antworten auf offene Fragen unterwegs einfach googeln zu können. Allerdings haben diese Benefits eben auch ihren Preis. Am Ende bedeutet dieser Lebensstil für viele junge Menschen, dass sie dauerhaft damit beschäftigt sind, ihr Geld für nur begrenzt haltbare Produkte auszugeben. Sie sind zu Opfern des Konsums geworden, und zwar auf ganzer Linie.

Wie viele Menschen können wir konsumieren?

Wirklich nachdenklich stimmt mich die Beobachtung, dass sich unser schnelles Konsumverhalten und die Digitalisierung unseres Alltags mittlerweile auch in unseren zwischenmenschlichen Beziehungen widerspiegeln. Unsere Gesellschaft fordert Konsum statt Intimität, Flexibilität statt Verbindlichkeit und digitale Quantität statt analoger Einmaligkeit. Dabei tippe ich ständig ins Leere, kommuniziere online mit vielen Menschen, aber jene, die mir eigentlich wirklich wichtig sind, vergesse ich manchmal. Und das, obwohl ich versuche, mir alles in meinen Kalender einzutragen. Die Farbe Lila steht darin für Termine der anderen: Geburtstage, herausfordernde Arzttermine oder

Vorstellungsgespräche im Freundes- oder Familienkreis. Wenn mir meine Freundin Pia am Telefon erzählt, dass sie am Dienstag in zwei Wochen eine Klausur schreibt, gibt es direkt einen lilafarbenen Eintrag in meinem Kalender. Ich nehme mir fest vor, ihr an dem Tag zu schreiben und ihr zu sagen, dass ich an sie denke.

Zwei Wochen später rast der Dienstag an mir vorbei. Ich schreibe etliche Mails an Arbeitskontakte, führe Telefonate, verschicke Sprachnachrichten an Bekannte und tausche auf Instagram Direktnachrichten mit Leuten aus, die ich kaum kenne. Ich kommuniziere die ganze Zeit und stehe virtuell mit unzähligen Menschen in Verbindung. Ein Like hier, ein Like dort. Das ist ein sozialer Snack, aber er macht nicht satt. Erst ein paar Tage später, wenn ich selbst hungrig nach sozialer Nähe und zwischenmenschlicher Wärme bin, fällt mir auf, dass ich Pia keine Nachricht geschrieben habe. Ich habe ihr an jenem wichtigen Tag nicht gesagt, dass ich ihr die Daumen drücke und sie die Klausur rocken wird. »Ach, macht doch nichts«, sagt sie dann am Telefon, aber das tut es schon. Ich ärgere mich hinterher, dass laut meiner Handybildschirmzeit an diesem Tag Fremde im Internet mehr Aufmerksamkeit von mir bekommen haben als meine langjährige Freundin. Als Konsequenz nehme ich mir vor, es beim nächsten Mal besser zu machen, digitale Kommunikationsmittel von nun an nicht mehr im Übermaß zu konsumieren, sondern bewusster. Wie im Kaufhaus, wo ich vorher ja auch überlege, ob ich ein Produkt wirklich brauche, möchte ich mich auch vor einem digitalen Dialog häufiger fragen, ob er wirklich nötig ist. An manchen Tagen gelingt mir das. Dann freue ich mich, wenn eine enge Freundin auf meine Nachricht antwortet: »Danke, dass du da bist. Das habe ich jetzt gebraucht.« Ich fühle mich ihr dann näher, obwohl sie im Zweifel ein paar Hundert Kilometer weit entfernt ist. An solchen Tagen machen es mir soziale Netzwerke leichter, Freundschaften zu pflegen. An anderen lenken sie mich davon ab.

In der Psychologie wird oft gesagt, dass jeder Mensch nur drei echte Herzensfreundschaften und zwölf weitere Durchschnittsfreundschaften haben kann.[30] Die Pflege von Beziehungen bedarf nämlich Zeit. Wenn wir dieses wertvolle Gut damit vergeuden, flüchtige Bekanntschaften in den sozialen Netzwerken zu konsumieren, haben wir weniger Ressourcen für reale Freundschaften übrig. Das zeigt auch eine Studie der Universität Pittsburgh, die 2017 durchgeführt wurde.[31] Im Laufe des Lebens lösen sich die Durchschnittsfreundschaften manchmal gegenseitig ab. Wenn wir in eine neue Stadt ziehen, einen neuen Job anfangen, ein neues Hobby lernen oder einfach in eine neue Bubble geraten, kann es passieren, dass sich der Durchschnittsfreundeskreis verändert. Menschen werden »ausgetauscht«. Manchmal passiert das sogar sehr schnell. Selbst in der Liebe, der wohl kompliziertesten Form von Zwischenmenschlichkeit.

»Glaubst du, wir lieben anders als Generationen vor uns?«, fragte ich Pia, als ich sie an einem Wochenende in Berlin besuchte. Wir saßen in Schlafanzügen in ihrem Bett und frühstückten Croissants. Pia gehörte schon immer zu den Menschen, neben denen ich besonders gut schlafen kann und am nächsten Morgen erholt aufwache. Sie spielte nachdenklich mit dem dünnen Ring an ihrem Finger. Das Schmuckstück hat mal ihrer Großmutter gehört.

»Kennst du diesen ollen Pinterest-Spruch?«, fragte sie mich. »›Früher hat man Dinge noch repariert, anstatt sie direkt wegzuwerfen.‹«

Ich musste schmunzeln und sagte, dass der Spruch wirklich oll sei.

»Ich glaube aber, da ist schon was dran«, meinte sie. Zwischenmenschlichkeit scheint heute von Anfang an fragiler. Pias und auch meine eigenen Großeltern haben jeweils ihr ganzes Leben miteinander verbracht, heute wird laut Statistik jede dritte Ehe geschieden.[32] Auf der einen Seite finde ich das gut, denn es bedeutet, dass wir heutzutage eher die Möglichkeit haben, uns von Menschen zu lösen, die uns nicht guttun oder gar toxisch sind. Wir sind nicht mehr dazu gezwungen, unser ganzes Leben in einer ungesunden Beziehung zu verbringen, nur weil wir irgendwann mal »Ja« gesagt haben. Kommt der Moment, in dem Liebe endet, können wir gehen. Ja, das Ende ist – von einem gesellschaftlichen Standpunkt aus betrachtet – leichter geworden. Aber wie beginnt die Liebe heute eigentlich?

Im Sommer 2017 habe ich meinen Lebensgefährten F. an einem gemeinsamen Abend mit Freund*innen kennengelernt. Wir wanderten durch die kleinen Straßen Hamburgs, in denen sich noch die warme Luft des Tages staute, und ich versuchte, ihm den Songtext eines Liedes aus *Der König der Löwen* beizubringen. Ich weiß nicht mehr, wie wir darauf gekommen sind. Als ich auf einer Grundstücksmauer balancierte und meine Arme weit von meinem Körper wegstreckte, nahm F. meine Hand. Es fühlte sich so an, als bewegte ich mich in hundert Metern Höhe vorsichtig auf einem dünnen Seil, und F. half mir dabei, nicht in die Tiefe zu fallen. Kitschig, oder? Er macht das heute noch, wenn wir spazieren gehen, und ich liebe es. Als die Sonne an diesem Tag unterging, haben wir gemeinsam getanzt, und als sie wieder aufging, standen wir betrunken an der Hamburger Außenalster. Es war sieben Uhr morgens, und an diesem Wochenende fand der Ironman in Hamburg statt. Fasziniert beobachteten wir, wie die Menschen mit den gelben Badekappen nach dem Startschuss ins Wasser sprangen. Dabei tranken wir Kaffee, aßen Brezeln und fragten uns, wie es wohl sei, unter der dunklen Stadthausbrücke hindurchzutauchen und durch die Alster zu schwimmen. Ich stellte es mir unheimlich vor, unter der dunklen Brücke nichts sehen zu können und nicht zu wissen, wie tief die Alster in ihrer Mitte wirklich war. »Würdest du dich trauen, da zu tauchen?«, fragte ich F. Ein paar Monate später war ich dann mit ihm das allererste Mal in der Alster schwimmen.

Bald nach dieser Nacht sahen wir uns wieder. Wir waren spazieren, guckten zusammen in die Sonne und machten dann bei ihm zu Hause die Hebefigur aus *Dirty Dancing* nach. Ich fiel dabei mit meinem Kopf auf seine auf dem Boden herumliegenden Hanteln und zog mir eine leichte Gehirnerschütterung zu. Wegen der Verletzung kann ich mich nicht mehr an jedes Detail aus den darauffolgenden Wochen erinnern. Jedenfalls machte F. mir Pfannkuchen, weil er überzeugt war, dass die bei Gehirnerschütterungen helfen würden. Das ist mittlerweile ein paar Jahre her. Wenn ich Leuten diese Geschichte erzähle, dann höre ich oft: »Oh, dass es so was Niedliches heute noch gibt!«

Schließlich begibt sich die jüngere Generation immer häufiger online auf die Suche nach einer anderen Person. Auf Bumble und Tinder sucht zum Beispiel ein Mann eine Frau, die ihm die Stadt zeigt, in der er gerade beruflich unterwegs ist. Oder eine Frau sucht eine Frau, um sie auf einen Drink und anschließend zu sich nach Hause einzuladen. Er sucht jemanden, um seinen Marktwert zu testen. Sie sucht jemanden, um zu tanzen oder zu vergessen. Jemand anderes sucht jemanden fürs

Bett, und wieder eine andere Person sucht jemanden, der ihr das Abendessen finanziert. Es wird nach vielem gesucht, aber nur manchmal nach der Liebe. Und wenn einige die Liebe, also die Nadel im Heuhaufen, doch finden, dann ist das ein sehr glücklicher Zufall.

Ich hatte dieses Glück bei Dating-Apps nie. Wahrscheinlich, weil ich dort nie nach der Liebe gesucht habe. Meine Erfahrungen mit Dating-Apps bestanden meist nur daraus, dass ich viele Vornamen mit einem »T.« dahinter in meinem Handy abgespeichert habe. Wenn ich F. bei Tinder gesehen hätte, wäre es nicht zu einem Match gekommen, da bin ich mir ziemlich sicher. Und selbst wenn wir uns gematcht und dann auf ein Date gegangen wären, wäre es wohl dabei geblieben. Auf Menschen, die ich beim Onlinedating kennengelernt habe, konnte ich mich nie vollständig einlassen. Manchmal war es zwar nett, gelegentlich auch lustig, aber größtenteils war es Zeitverschwendung. Ich habe diese Personen konsumiert, wie die Soziologin Eva Illouz sagen würde.[33] Ich habe nicht mehr türkisfarbene Lidschatten für 97 Cent gesammelt, sondern zwischenmenschliche Beziehungen. Ähnlich wie die vielen Schminkprodukte, die ich mir als Jugendliche angeschafft habe, waren auch sie überflüssig. Die Kontakte zu Personen hingegen, die ich zufällig kennengelernt habe, waren intensiver und gleichzeitig leichter. Ich habe diese Menschen nicht konsumiert, sondern erlebt.

Die Expertin Eva Illouz stellt in ihrem Buch *Warum Liebe endet* die These auf, dass Liebe zu einem Produkt geworden sei, das man mit einem Swipe nach rechts oder links entweder annehmen oder ablehnen könne. Es sei wie eine Schnäppchenjagd nach Körperkontakt und Bestätigung. Der Prozess der

Auswahl sei dabei wichtiger als das, was man am Ende aus-
wählt.[34] Bei den meisten Dating-Apps entscheiden wir innerhalb weniger Sekunden, oft nur anhand des Aussehens, ob
wir eine Person kennenlernen wollen oder nicht. Bei meiner
Freundin Jule werden zum Beispiel alle Männer direkt raus-
geschmissen, die zu klein aussehen. Auch hier kann der Faktor
der sozialen Teilhabe eine Rolle spielen, zum Beispiel wenn wir
uns beim Anblick des Profils fragen, ob die Person heiß genug
ist, um sie unserem Freundeskreis vorzustellen. Mir haben
schon oft Frauen ein Bild von einem Tinder-Boy gezeigt und
dabei gesagt: »Okay, das ist er. Aber in echt sieht er deutlich
hübscher aus! Das ist nicht sein bestes Bild!«

Warum tun wir das? Wie konnte es so weit kommen, dass
viele von uns auch bei zwischenmenschlichen Beziehungen im
übertragenen Sinne danach streben, im Sportwagen vorfahren
zu können? Hauptsache Stern und Felgen glänzen, aber dass
die Anschnallgurte nicht einrasten und uns keine Sicherheit
geben, spielt erst mal keine Rolle. Ist diese Metapher dämlich? Ich weiß nicht. Bestimmt gab es dieses Phänomen auch
schon in unserer Elterngeneration. Bloß habe ich ähnlich wie
Eva Illouz das Gefühl, dass es in der heutigen Zeit zunimmt
und zu einer echten Gefahr werden kann. Wenn wir nicht aufpassen, beginnen das Streben nach sozialer Teilhabe und der
Konsum von Produkten und Beziehungen uns mehr denn je zu
verformen. Nicht immer, aber sehr häufig lenkt uns das vom
Wesentlichen ab.

Blutjung und
Angst vor
Altersarmut

Mya saß immer noch bei mir auf der Couch, ihr Laptop lag geschlossen auf ihrem Schoß. Eigentlich war der Plan, gemeinsam ihre Bewerbungen durchzugehen. Einige Unternehmen wollten ihre Gehaltsvorstellungen wissen, aber Mya fiel es schwer, den Wert ihrer Arbeit festzulegen.

»Ich glaube, wir müssen viel mehr über Geld sprechen. Es ist immer noch ein Tabu«, sagte sie. Auf ihrem Gesicht machte sich Ratlosigkeit breit. »Wann hast du angefangen, Geld zu sparen?«, fragte sie mich.

»Oh Mya, das ist doch voll egal! Lass uns jetzt mal auf deine Bewerbungen fokussieren. Die müssen raus«, sagte ich und versuchte, die Sache etwas anzuheizen.

»Sag doch!«, hakte sie nach, und ich seufzte widerwillig. Wieder musste ich überlegen.

Ich glaube, ich begann im Alter von sechs Jahren mit meinem Vermögensaufbau. Ab dem Tag meiner Einschulung bekam ich jeden Sonntag einen Euro von meinen Eltern. Ich hatte eine Geldkassette, auf der der kleine Hase Felix abgebildet war. Das Motiv zeigte ihn dabei, wie er Briefe aus der ganzen Welt schrieb. »Wenn ich groß bin, mache ich es wie Felix: Ich schreibe euch von der ganzen Welt Briefe«, sagte ich jedes Mal zu meiner Mutter, wenn ich wieder einen Euro in die Metallbox fallen ließ. Den Schlüssel zu dieser Box verlor ich regelmäßig. Irgendwann entdeckte ich, dass ich sie zum Glück auch mit einer Haarklammer aufmachen konnte. Ab und zu hatte ich die Spendierhosen an und lud andere Kinder auf eine Schnupptüte am Kiosk ein – so nennen wir an der holländischen Grenze eine Tüte voll bunt gemischter Süßigkeiten. Meine erste große Anschaffung von meinem selbst gesparten Geld war eine lebensgroße Stoffhündin namens Lessie. Meine Eltern wollten sie mir nicht kaufen, weil sie sagten, dass vierzig Euro viel zu viel Geld für ein Plüschtier sei. Ich erinnere mich noch sehr genau an den Tag im Kaufhaus, an dem ich angestrengt überlegte, ob der Border Collie den Preis wert war. Schließlich gab ich mein Erspartes und mein Geburtstagsgeld für das Kuscheltier her. Lessie wurde meine treue Begleiterin, schlief bei mir im Bett und fuhr mit uns in den Urlaub. Auf einer Autofahrt wurden wir sogar mal von der Polizei angehalten, weil der Beamte dachte, dass ein richtiger Hund auf meinem Schoß säße. Lessie sah eben täuschend echt aus.

»Haben deine Eltern für dich gespart?«, wollte Mya wissen, und ich nickte stumm.

»Ja, du hast recht. Im Prinzip spare ich seit meiner Geburt, wenn du so willst. Damals haben meine Eltern einen Sparvertrag mit einem sehr guten Zins für mich angelegt. Das Geld sollte für meine Ausbildung sein«, erklärte ich. Ich hatte großes Glück, dass meine Eltern die finanziellen Möglichkeiten zu so etwas hatten. Als ich mit zunehmendem Alter von dem Vertrag erfuhr, hielt ich das für eine gute Sache und wollte mir selbst auch einen einrichten. Aber zu spät – die Zinsentwicklung hat mir diesen Plan ruiniert. Sparverträge dieser Art gibt es nicht mehr. Während eine Person 1996 auf ein Sparbuch im Schnitt noch 2,0 Prozent Zinsen bekam, waren es 2019 nur noch 0,1 Prozent.[35] Der Nullzins frisst mein Geld, von Sparen kann da keine Rede sein. Der Name *Spar*buch ist heute nicht mehr zeitgemäß, man spart überhaupt nichts mit so einem Konto. Im Gegenteil: Das Geld verliert durch die Inflation an Kaufkraft. Das ist ein wenig so, wie wenn man zu spät zu einer Party kommt: Der Anblick des leeren Büfetts lässt erahnen, was da wohl mal für eine köstliche Schokotorte stand. Hier und da wurde ein Champagnerglas nicht ganz ausgetrunken, die Reste in den Gläsern sind mittlerweile schal, die Kohlensäure ist weg. Auf den Tellern liegen noch Krümel, aber sie machen nicht satt. Vielmehr heizen sie den Appetit an.

»Sparen ist heute um einiges schwerer. Zumindest wenn man bei null anfängt. Woher weiß ich, wie ich überhaupt etwas sparen kann, wenn es die Möglichkeiten, die unsere Eltern genutzt haben, nicht mehr gibt?«, wollte Mya wissen.

»Du stellst mir immer Fragen, die ich selbst kaum beantworten kann!« Ich warf die Hände über dem Kopf zusammen. Ich war genauso unwissend wie meine Freundin, aber ahnte, dass wir jungen Menschen tatsächlich mehr über unser Geld sprechen müssen. Es ist noch immer ein Tabu, in manchen Kreisen gilt es sogar als schmutzig, in anderen einfach als überbewertet. Fakt ist aber, dass jede Person Geld braucht, um das tägliche Leben zu finanzieren. Einige haben dafür außerordentlich viele finanzielle Mittel zur Verfügung, andere wünschen sich mehr, und manche wollen bewusst nur so viel davon haben, wie sie eben brauchen. Aber wie kommen junge Menschen an Geld, und wie sorgen sie für die Zukunft vor?

Nachdem ich als Jugendliche betrübt festgestellt hatte, dass Sparbücher keinen Sinn mehr machten, bekam ich von meinen Eltern nur begrenzt Ratschläge. »Als Frau solltest du immer so viel Geld auf dem Konto haben, dass du es einfach hast abzuhauen!«, sagte mir meine Mutter mit einem Augenzwinkern – meinte es aber ernst. Finanzielle Unabhängigkeit war wichtig, das lernte ich durch sie. Mein Vater sagte eher ironisch: »Leg es unter deine Matratze, irgendwann wirst du es brauchen.« Ein Rat, den besonders Töchter häufig zu hören bekommen.

Immer öfter bekam ich mit, wie mein Vater mit meinem älteren Bruder über die Börse und Aktien sprach, aber ich konnte ihnen bei den Gesprächen nicht folgen. Wenn abends im Fernsehen die Börsennachrichten liefen, entstanden nur Fragezeichen in meinem Kopf, und wenn ich in der *Wirtschaftswoche* blätterte, die auf dem Wohnzimmertisch lag, verwirrten mich die vielen Zahlen, Fachbegriffe und die Pfeile, die in unterschiedliche Richtungen zeigten. Als die Medien 2019 vermehrt über Altersarmut berichteten und ich las, dass besonders häufig Frauen von diesem Problem betroffen seien, machte sich ein ungutes Gefühl in mir breit: Werde ich später überhaupt Rente bekommen? Werde ich davon leben können? Bis zu welchem Alter werde ich arbeiten müssen? Ich stellte diese Fragen auch in meinem Umfeld, aber niemand kannte die Antworten, alle runzelten nur die Stirn. Meine Generation ist blutjung, dennoch haben wir schon Angst vor Armut im Alter, und viele von uns wissen nicht, wie wir uns davor retten können. Wie kann das sein?

Unsere Sorgen sind jedenfalls berechtigt, denn das Rentenniveau – das ist das Verhältnis der sogenannten Standardrente zum aktuellen Durchschnittsgehalt in Prozent – wird aller Wahrscheinlichkeit nach auch in Zukunft weiter sinken. Während es 2009 noch bei 52 Prozent lag, stellt die Bundesregierung in Aussicht, dass es bis 2033 auf 44,6 Prozent abrutschen wird.[36] Die Einkommenslücke zwischen Arbeitnehmer*innen und Rentner*innen wird demnach immer größer werden. Es macht mich wütend zu sehen, dass heute viele alte Menschen zum Teil nicht mehr in Würde leben können. Die Prognose, dass es für junge Generationen vielleicht noch schlimmer werden wird, macht mir Angst.

»Wie stellst du dir dein Leben als Rentnerin vor?«, fragte Mya, und ich musste lachen.

»Immer noch so wie früher, richtig naiv! Als Kind habe ich mir immer ausgemalt, ich würde mal auf einer kleinen Farm im Ausland leben, mein eigenes Gemüse anbauen und meine letzten Lebenstage in vollen Zügen genießen. Nachdem ich mein ganzes Leben lang gearbeitet hätte, würde ich im Rentenalter endlich die Zeit haben, mein vieles angespartes Geld auszugeben«, schwärmte ich ihr vor.

In Wahrheit droht unsere Zukunft einen anderen Verlauf zu nehmen: Viele von uns werden ihre Ausgaben runterschrauben müssen. Wir werden zwar reich an Zeit sein, aber die staatliche Rente wird wahrscheinlich eher gering ausfallen. Zu gering, um sich die letzten Träume zu erfüllen. Für manche sogar zu gering, um die Miete in der Stadt zu zahlen, in der sie immer gelebt und ihr soziales Netzwerk aufgebaut haben.

»Es ist absehbar, dass es so sein wird, oder? Also ich meine, dass Altersarmut zunehmen wird«, meinte Mya.

Ich runzelte die Stirn. »Ja, es ist absehbar – wenn wir jetzt nichts dagegen unternehmen.«

Wenn ich über diese Dinge spreche, denken sicherlich einige, dass ich bei diesem Thema doch noch gar nicht an der Reihe bin. Sie werden sagen, dass erst mal die Probleme der heutigen Rentner*innen gelöst werden müssen und sich junge Menschen gefälligst nicht in den Vordergrund drängen sollen. Dabei ist genau das notwendig, um es in Zukunft besser zu machen. Laut werden, bevor es zu spät ist. Aktiv werden und einen Plan schmieden, bevor sich die Situation nicht mehr ändern lässt. Es ist bezeichnend, dass die Angst vor Altersarmut nicht nur ein Problem alter Menschen ist. Wie 2019 eine

Jugendstudie der MetallRente zeigte, haben mittlerweile zwei Drittel der Menschen im Alter von 17 bis 27 Jahren Angst, im Alter nicht über die Runden zu kommen.[37] Es ist eine strukturelle Angst, die viele betrifft und mit der sich der Staat beschäftigen sollte. Er ist es uns schuldig, langfristige Strategien zu erarbeiten, um diese Ängste zu lösen, statt sie aufzuschieben. Deutsche Politiker*innen positionieren sich oftmals mit einer peinlich privilegierten Ansicht und sprechen sich zum Teil für eine verpflichtende private Altersvorsorge in Deutschland aus. Damit würde Altersarmut in Zukunft zum Privatproblem werden. Dieser Plan kann allerdings nicht aufgehen, denn er würde voraussetzen, dass Menschen im Erwerbsalter so viel verdienen, dass sie am Monatsende genug übrig haben, um diese private Vorsorge treffen zu können. Siebzig Prozent der jungen Nichtsparer*innen können laut der Studie aber überhaupt kein Geld für später zur Seite legen, weil sie alles für ihr gegenwärtiges Leben brauchen. Andere tun es nicht, weil sie nicht wissen wie.[38]

»Hinzu kommt, dass viele junge Menschen gar kein Geld besitzen dürfen«, erinnerte mich Mya. Ihre Eltern hatten während ihrer Schulzeit Hartz IV bekommen. »Schau mal, du hast neben der Schule gearbeitet und konntest dadurch schon früh sparen. Ich hätte als Schülerin gar nicht so viel Geld verdienen dürfen, weil man es gegen die Sozialleistungen meiner Eltern aufgerechnet hätte«,[39] erklärte sie mir. Ich schaute sie nachdenklich an und stolperte schon wieder über meine eigenen Privilegien, die mir oft nicht einmal richtig bewusst waren.

»Dieses Sprichwort mit dem Glück schmieden und dass wir alle selbst verantwortlich sind, stimmt also gar nicht«, dämmerte es mir, auch wenn ich die Redewendung spontan nicht ganz zusammenbekam. Ich erinnerte mich an eine frühere Klassenkameradin, die neben der Schule genauso viel gearbeitet hatte wie ich. Der Großteil des Geldes wurde ihr unter der Hand gezahlt. Nach dem Abitur wollte sie Medizin studieren und stellte fest, dass sie zu viel Geld besaß, um die BAföG-Leistungen in Anspruch zu nehmen. Ihre alleinerziehende Mutter konnte wegen einer Erkrankung nicht mehr arbeiten. »Sie sah sich damals gezwungen, in einem Jahr alles zu verjubeln, weil man es ihr sonst gegengerechnet hätte, und das sah sie nicht ein«, erinnerte ich mich. Dabei wäre es ja viel klüger gewesen, das Geld anzulegen, statt es auf Teufel komm raus auszugeben.

»Siehst du, und das ist so dumm! Manchmal habe ich das Gefühl, in Deutschland will man arme Menschen arm halten. Ein finanzieller Aufstieg ist gar nicht erwünscht«, stieß Mya wütend hervor. Sie sah auch ein Problem darin, dass Bildung heutzutage viel mehr Zeit in Anspruch nehme als bei vorherigen Generationen: »Früher hast du zwei, drei Jahre eine Ausbildung gemacht, konntest danach gutes Geld verdienen und sparen. Heute studieren viele erst mal fünf, sechs Jahre oder noch länger. In dieser Zeit dürfen einige gar kein Geld zur Seite legen, weil man es ihnen sonst anrechnen würde!« Mya tobte über diese Ungerechtigkeit und schlug mit der flachen Hand auf mein Sofakissen. Sie hatte recht.

Trotz der Angst vor Altersarmut gibt es laut der Studie der MetallRente immer weniger junge Menschen, die sich für die Zukunft etwas auf die hohe Kante legen. Während aktuell etwa 48 Prozent aller 17- bis 27-Jährigen ab und zu für die letzten Lebensjahre Rücklagen bilden, waren es vor zehn Jahren noch sieben Prozent mehr. Wirklich regelmäßig sparen der Studie zufolge sogar nur 32 Prozent der jungen Erwachsenen für die

Rente. 2010 waren es noch 39 Prozent.[40] YOLO? Nein, das ist einfach nur dramatisch. Weil in unserer Gesellschaft immer noch viel zu wenig über Geld gesprochen wird, können nur wenige junge Menschen die Folgen ihres Handelns abschätzen. Einigen fehlt es an Möglichkeiten, fast alle haben Wissenslücken.

»Diese Lücken sind kratertief...«, sagte Mya und klappte endlich ihren Laptop auf, um das Bewerbungsthema anzugehen. In der Ecke ihres Screens ploppte eine Outlook-Benachrichtigung auf. »Apropos, was machst du mit Rechnungen?«, fragte sie, und ich schielte auf ihren Bildschirm.

»Was für Rechnungen? Kassenbelege sammle ich in einer Klarsichtfolie. Digitale Rechnungen schiebe ich direkt in einen Ordner in meinem E-Mail-Postfach. Dann weiß ich, wo alles ist, wenn ich meine Steuer machen muss«, erklärte ich, und sie schaute mich kopfschüttelnd an.

»Oh Mann, ich habe gerade erst meine erste Steuererklärung rückwirkend für 2018 gemacht. Deine Strukturiertheit macht mir manchmal Angst«, sagte sie. Ich zog eine Grimasse, denn in Wahrheit wusste Mya, dass meine Mutter meine persönliche Finanzministerin ist. Ich tue nur, wozu sie mir ständig rät. Wenn ich sie nicht hätte, wäre ich genauso aufgeschmissen wie die meisten anderen in meinem Alter.

Ich habe viele Freund*innen, die wie Mya noch nie eine Steuererklärung gemacht haben. Dabei bekommen Menschen in der Ausbildung oder im Studium mit sehr hoher Wahrscheinlichkeit Geld zurückgezahlt, wenn sie es denn einfordern. Wenn ich mich mit jemandem über dieses Thema unterhalte, blubbere ich immer wie ein Wasserfall die Sätze nach, die mir meine Mutter eingetrichtert hat, und mahne, jeden Kassenbeleg aufzubewahren: »Du arbeitest neben deinem Studium, also verdienst du Geld. Du kannst die Fahrt zur Arbeit als Werbungskosten absetzen – sogar wenn du mit dem Fahrrad fährst! Du hast Ausgaben für die Uni, wenn du dir zum Beispiel einen Laptop kaufst. Einen Teil des Geldes kannst du dir wiederholen.« Die meisten sind davon überfordert.»Aber ich habe doch gar keine Ahnung«, sagen sie panisch. Mya hat recht: Die Wissenslücken sind kratertief. Wie sollen junge Menschen für ihr Alter vorsorgen, wenn sie noch nicht einmal wissen, wie sie ihre Steuer machen?

Finanzielle Aufklärung – ein Teil von Chancengleichheit

Mich macht es wütend, dass sich Politiker*innen für eine verpflichtende Altersvorsorge aussprechen, aber sich selbst nicht in der Zuständigkeit sehen, die Grundvoraussetzungen dafür zu schaffen, indem sie junge Menschen schon heute darauf vorbereiten. In erster Linie gilt es, die vorhandenen Wissenslücken in der jungen Generation schnellstmöglich zu füllen. Unabhängig vom Elternhaus muss frühzeitig ein Umgang mit Geld erlernt werden. Dazu gehört auch das Ausfüllen einer Steuererklärung. Der Wunsch, dass Alltagskompetenzen – und damit meine ich nicht Kochen – im Schulunterricht abgedeckt werden sollen, ist alt. Die Gegenfrage lautet dann immer, welcher Lernstoff dafür eingekürzt werden soll. Schon viele Menschen vor mir haben die Wichtigkeit einer Gedichtanalyse infrage gestellt und sich damit in die Nesseln gesetzt. Aber bei allem Respekt vor Goethe und Schiller: Ist es noch zeitgemäß, dass Deutschland unbedingt das Land der Dichter und Denker sein will? Wir sollten hinterfragen, welche Kompetenzen junge Menschen in einer Welt, die auf Wirtschaft, Konsum und Digitalisierung ausgerichtet ist, wirklich brauchen und dementsprechend den Lehrplan umstellen. Es ist fatal, dass Fächer wie Politik oder Sozialwissenschaften nicht überall in der Bundesrepublik Pflichtfächer sind und ein Wirtschaftsschulfach noch nicht fest im Lehrplan verankert ist. Nicht weil später alle Schüler*innen in der Wirtschaft arbeiten werden. Natürlich wird das nicht der Fall sein, genauso wenig wie alle, die in der Schule die Reaktionen sämtlicher chemischer Verbindungen auswendig gelernt haben, später mal in der Biochemiebranche arbeiten werden. In der Schule sollte ein stärkerer Fokus auf Wirtschaftsthemen gelegt werden, weil alle Schüler*innen zeitgleich auch Konsumierende sind und eines Tages Arbeitende sein werden. Bereits im Schulalter sind sie Teil eines wirtschaftlichen und politischen Systems, das sie allerdings oft nur halb verstehen. Darum sollte endlich ein vielseitiger und kritischer Umgang mit diesen Themen erlernt werden. Mindestens das ist uns der Staat doch schuldig, wenn er schon keine Konzepte für unsere spätere Rente vorlegen kann, oder?

»Bis das endlich passiert, werden sich jüngere Generationen wohl oder übel im Privaten die Frage stellen müssen, wie und unter welchen Bedingungen sie ins Geld-Game einsteigen können«, sagte Mya, während sie in ihrem E-Mail-Programm einen neuen Ordner anlegte. »Steuer 2021«, tippte sie in die Tastatur und grinste dabei stolz.

»Vielleicht solltest du dich mal beraten lassen. Womöglich bietet auch deine nächste Arbeitsstelle eine Vorsorge an«, sagte ich. »Eine Möglichkeit ist es zum Beispiel, eine betriebliche Altersvorsorge oder einen Vertrag über vermögenswirksame

Leistungen abzuschließen. Es gibt etliche Optionen in verschiedenen Größenordnungen«, erklärte ich. Diese Angebote müssen nur individuell durchdacht und vor allem wahrgenommen werden.

»Wie hast du es gemacht? Also, wie hast du dich da am Anfang orientiert?«, fragte Mya neugierig.

»Ich habe viel gelesen ... und mich davon nicht abschrecken lassen«, sagte ich.

Es passiert schnell, dass junge Menschen von den klassischen Magazinen abgeschreckt werden. Wenn ich als junge Frau durch Zeitschriften wie die *WirtschaftsWoche* oder den *AKTIONÄR* blättere, stelle ich immer wieder fest, dass ich eigentlich nicht zur Zielgruppe gehöre. Diese Medien bieten kaum Identifikationsfiguren für mich. Die wenigen Menschen, die dort neben den vielen Zahlen eine Rolle spielen, oder die, die für diese Medien redaktionelle Inhalte verfassen, sind meist männlich und deutlich älter als ich. Dadurch wird der Anschein erweckt, als seien genau jene Inhalte auch nur dieser Gruppe vorbehalten. Als könnten nur sie beim großen Wirtschaftsspiel mitmischen. Darüber hinaus stelle ich jedes Mal, wenn ich eine solche Zeitschrift aufschlage, auch fest, dass meine Interessen nur bedingt vertreten sind. Grüne Aktien, die sich mit Nachhaltigkeit und erneuerbaren Energien beschäftigen, sind meist nur kleine Randgestalten oder werden mal in einem gesonderten Special aufgegriffen. Was immer wieder auftaucht, sind hingegen dieselben großen Firmennamen, zu denen kontinuierlich Kaufempfehlungen ausgesprochen werden. Ältere Generationen setzen teilweise schon ihr halbes Leben auf diese Unternehmen. Dabei war es für sie oft von größerer Bedeutung, ob der Konzern Dividenden ausschüttet, als dass er eine transparente und glaubwürdige Umweltstrategie vorweisen kann. Für viele stand jahrzehntelang der persönliche Gewinn im Vordergrund, denn darum geht es an der Börse schließlich: das eigene Geld vermehren.

»Genau das macht die Börse ja so ekelhaft! Es geht nur um Geld, Gewinne und Macht«, wetterte Mya.

Ich sah das etwas anders: »Wenn wir alle nichts damit zu tun haben wollen, verpassen wir aber auch die Chance, etwas zu verändern. So bleibt die Börse weiterhin ein Ort, an dem die Gewinne einzelner Personen an erster Stelle stehen. Ich glaube aber, die Börse kann auch ein verantwortungsvoller Ort sein, an dem der Fokus auf den Gewinnen und Interessen künftiger Generationen liegt.«

Mya blickte von ihrem Laptop auf und schaute mich durchdringend an. »Findest du das nicht etwas naiv?«, fragte sie mich.

Ich schüttelte den Kopf. »Im Gegenteil. Ich halte die alte Generation und die bisherigen Big Player für naiv, weil sie denken, dass es immer so weitergehen wird.«

Junge Menschen und ihr Elefantengedächtnis

Im Zuge des voranschreitenden Klimawandels haben einige Anlegende bereits erkannt, dass auch sie Verantwortung tragen, wenn sie entscheiden, in welche Unternehmen sie investieren. Durch die kritischere Haltung dieser Menschen geraten die Unternehmen unter Druck. Den wenigsten gelingt es allerdings, ihre Unternehmensprozesse von heute auf morgen klimaneutral zu gestalten, weshalb sie nur vage Ziele formulieren, die sie in ein paar Jahrzehnten erreichen wollen. Einige wenige Ziele werden ihnen auch von der Politik vorgegeben. Wir stehen an einem Scheidepunkt: Unternehmen müssen für sich festlegen, wie viel eigene Kraft und Geld sie investieren möchten, um diese Ziele wirklich zu erreichen und einen Unterschied zu machen. Sie müssen sich entscheiden, wie transparent sie sein wollen. Im selben Moment stellt sich für junge Anlegende die Frage, ob sie auf die Umsetzung dieser Ziele vertrauen und den Bemühungen der Unternehmen Glauben schenken. Werden junge Anlegende bei einigen Konzernen skeptisch sein, wenn sie sich erinnern, dass diese in der Vergangenheit auf Kosten von Menschen und Umwelt gehandelt haben? Werden sie ihnen die Klimastrategie dann noch abkaufen?

Mir stellen sich die Nackenhaare auf, wenn mir jemand in einem Gespräch den angeblich heißen Börsentipp gibt, in den Ölkonzern BP zu investieren. »Du verpasst etwas. Es lohnt sich«, versucht mein Gegenüber, fast immer ein älterer Mann, mir allwissend zu prophezeien. Meistens trägt er Anzug und trinkt gern und viel Rotwein. Ich trinke Weißwein und kann mir nicht vorstellen, mich an so einem Konzern zu bereichern, während ich gleichzeitig die Augen davor verschließe, dass diese Firma für die größte Ölkatastrophe des Jahrhunderts verantwortlich ist, die sich 2010 im Golf von Mexiko abgespielt hat. »Ach, das ist doch Schnee von gestern«, sagt mir mein Gegenüber und nimmt noch einen Schluck Rotwein. Aber das ist es nicht: Damals wurden 2.100 Kilometer Küste in Louisiana, Texas, Florida, Alabama und Mississippi von dem braunen Schleim überschwemmt. Bilder von ölverschmierten Pelikanen sorgten weltweit für Entsetzen, die Fläche des Ölteppichs war auf den Satellitenbildern halb so groß wie Deutschland. Medienberichten zufolge legte sich das Öl später unter der Wasseroberfläche auf einer geschätzten Fläche von 3.200 Quadratkilometern ab. Es nahm den Meeresboden ein und löschte laut einer Studie der Naturschutzorganisation NRDC aus dem Jahr 2015 das dortige Leben nahezu aus. Bis zu fünftausend Meeressäuger, über zweitausend Schildkröten und fast eine Million See- und Küstenvögel, bestehend aus 28 Arten, starben. Vollständige Populationen von Fischen, Garnelen und Tintenfischen wurden um bis zu 85 Prozent minimiert. Korallenriffe, Algen und Seegras, die zur Diversität der Meere beitragen und wichtige Lebensräume sind, wurden ausgelöscht.[41] Das alles ist kein »Schnee von gestern«, denn heute, also über zehn Jahre später, lässt sich in den Fischen aus dieser Region noch immer ein Ölrückstand nachweisen. Der Entwicklung der BP-Aktie ist diese Katastrophe dagegen längst nicht mehr anzusehen.

Wenn junge Menschen anfangen, ihr Geld zu investieren, wissen sie dann überhaupt noch vom Abgasskandal, für den sich der deutsche Automobilhersteller Volkswagen verantworten musste? Ich kann mich erinnern, wie erschrocken ich darüber war, als ich las, dass Volkswagen im Jahr 2014 mehrere Affen in eine Kammer sperren ließ, um sie die Abgase des VW Beetles einatmen zu lassen. Jetzt haben junge Menschen die Wahl, ob sie den Konzern deswegen für immer verurteilen oder aber ihn darin unterstützen wollen, es in Zukunft besser zu machen und zum Beispiel in Elektromobilität zu investieren.

Wenn wir diese Entscheidung treffen, stehen wir gleich doppelt unter Druck: Schließlich sehen wir uns in der Not, privat fürs Alter vorzusorgen, gleichzeitig haben wir den moralischen Auftrag, es nicht genauso zu versauen wie viele der Älteren.

Diesen inneren Konflikt auszubalancieren, die Verantwortung gegenüber der Umwelt und den Mitmenschen ernst zu nehmen, anstatt sich einfach nur selbst zu bereichern, ist schwierig – aber es geht. Unsere privaten Geschäfte an der Börse müssen nicht von moralfreier Profitgier getrieben sein.

»Damit das gelingt, müssen sich junge Menschen mit ihrem eigenen Wissen an der Börse aber sicher genug fühlen, um informierte Entscheidungen zu treffen«, sagte Mya skeptisch und zog die Augenbrauen hoch.

»Richtig, dafür müssen mehr junge Menschen die Börse und Finanzen für sich entdecken, anstatt sie aufgrund einer romantischen Weltanschauung und Kapitalismuswut pauschal abzulehnen oder sie als Zockerhalle zu betrachten«, sagte ich und warf Mya ein Kissen ins Gesicht, weil ich damit auch auf sie anspielte.

Jungen Menschen muss bewusst werden, dass sie die Börse anders nutzen können als frühere Generationen. Sie bietet ihnen nämlich auch die Möglichkeit, die nach den eigenen Maßstäben als »gut« bewerteten Unternehmen zu unterstützen und so die Wirtschaft mit- oder in manchen Fällen sogar umzugestalten.

Wir sind hier, um die Party zu crashen

2020 und 2021 sind für diesen Versuch wichtige Jahre. Vor wenigen Minuten standen wir Jungen noch recht nüchtern in der metaphorischen Partylocation, in der zuvor unsere Elterngeneration gefeiert hat. Wir schielten auf die mit Krümeln bedeckten Teller und waren enttäuscht. Doch dann passiert etwas, mit dem vorher niemand gerechnet hat: Urplötzlich werden gigantische Torten mit Wunderkerzen obendrauf in den Raum getragen. Als die Börse zu Beginn der Coronakrise zusammenknickte und sämtliche Aktien in den steilen Sinkflug gingen, wurden Berichten zufolge über eine halbe Million neue Depots eröffnet.[42] Darunter viele junge Menschen, die plötzlich den Mut hatten, dabei zu sein, das Regelwerk umzuschreiben und die eigenen Intuitionen umzusetzen. Sie haben genau den richtigen Zeitpunkt erwischt, denn während ältere Anlegende über das Aktientief fluchten, freuten die Jungen sich über niedrige Einstandskurse. Sie machten sich über die Torte her. Sei uns gegönnt, oder?

Dabei machen wir vieles anders als unsere Elterngeneration. Wir brauchen keine lokale Beratung mehr. Während die ältere Generation noch in Rohstoffen wie Gold ihr Glück sah, vertrauen viele Jüngere in Kryptowährung. Neusten Umfragen zufolge sagen viele Angehörige meiner Generation, dass sie den digitalen Währungen mehr vertrauen als Banken – obwohl sie eigentlich alles andere als nachhaltig sind.[43] Zum Beispiel stoßen Bitcoin-Transaktionen jährlich Millionen Tonnen an CO_2 aus. Sehen sich viele Junge gezwungen, das in Kauf zu nehmen, weil sie klassischen Finanzinstitutionen nicht mehr vertrauen? Anders als viele Ältere hinterfragen sie, wie Geld entsteht und wer es in Umlauf bringt. Unsere kritische Haltung gegenüber den Banken und Big Playern als Monomachtzentren stellt einen Bruch mit alten Traditionen dar. Anders als vorherige Generationen schieben wir Aktien mit dem Daumen hin und her. Wir traden auf dem Smartphone, scheinen flexibler und zu jeder Zeit bereit, auf das Kursverhalten zu reagieren. Wir sind weniger an Dividenden interessiert als an Innovationen. Wir setzen auf erneuerbare Energien, Techunternehmen, die eine Digitalisierung vorantreiben, oder zum Teil auch auf

Cannabis-Aktien. Wenn so viele Menschen ein neues Depot eröffnen, in ihre Interessen investieren und dadurch Einfluss auf den Markt nehmen, entsteht eine neue Macht.

Nehmen wir mal an, die Millionen junger Menschen, die freitags auf der Straße für eine bessere Klimapolitik demonstrieren, würden in der Schule finanziell aufgeklärt werden, ihre Steuererklärung machen und allein deswegen eine kleine Summe zur Verfügung haben, die sie anlegen könnten. An der Börse würden sie das Geld in erneuerbare Energien oder grüne Unternehmen ihrer Wahl investieren. Insgesamt würde das etwas bewegen. Ihre finanzielle Macht könnte genutzt werden, um den Markt in eine nachhaltige Richtung zu lenken und große Akteur*innen sowie Unternehmen unter Druck zu setzen, sich mit unserer Zukunft zu beschäftigen.

Wer investiert in unsere Zukunft, wenn es große Unternehmen nicht tun?

Eins ist klar: Die Börsenstrategie der Unternehmen muss sich ändern. Sie müssen transparenter werden, und insbesondere der Umgang mit Dividendenzahlungen muss kritischer betrachtet werden. Dividenden sollen eigentlich etwas Gutes sein. Sie bezeichnen die Beteiligung von Anlegenden am Gewinn eines Unternehmens. Die Dividende wird in der Regel einmal jährlich, rückwirkend für das letzte Kalenderjahr, ausgezahlt. Ob ein Unternehmen Dividenden ausschüttet, kann es selbst entscheiden. Für Anlegende sind Dividenden eine kleine Sicherheit: So sind die Kurse der DAX-Unternehmen im Zuge der Finanzkrise etwa um fünfzig Prozent gefallen, während die

Dividendenzahlungen in der Summe nur um 27,6 Prozent gesunken sind.[44] Viele Anlegende haben in den letzten Jahren eine überspitzte Dividendenstrategie aufgebaut, weil sie sich durch Dividendenaktien laufende Einkünfte erhoffen und sich so vor Krisen besser geschützt fühlen. Tatsächlich ging für viele dieser Plan trotz Coronapandemie auf. Ältere Anlegende, die schon seit Jahrzehnten an der Börse aktiv sind, haben von den Dividendenauszahlungen profitiert. Für junge Menschen sind sie langfristig gesehen aber ein Problem. Um Börse und Wirtschaft zu einem nachhaltig funktionierenden System für künftige Generationen zu machen, müssen Unternehmen weniger Dividenden ausschütten.

2020 haben viele Unternehmen Staatshilfe bekommen, Teams wurden in Kurzarbeit geschickt, oder es rollten gar Kündigungswellen durch Firmen. Und trotzdem überwiesen Großkonzerne in der Krise enorme Dividendensummen an ihre Anlegenden. So sollen elf der zwölf Dax-Konzerne, die Kurzarbeitergeld bezogen haben, insgesamt trotzdem rund 13 Milliarden Euro Dividenden ausgeschüttet haben.[45] Dazu zählte zum Beispiel auch der deutsche Autobauer BMW, der fast 1,6 Milliarden Euro an Dividenden ausgezahlt hat[46] – gleichzeitig hat das Unternehmen aber Kurzarbeit eingeführt und sich öffentlich für eine staatliche Kaufprämie starkgemacht.

Dieses Verhalten sollte kritischer betrachtet werden. Dividenden sollten nicht Priorität haben, denn sie kommen hauptsächlich einer kleinen Gruppe reicher Anteilseigner*innen zugute. Wenn Dividenden ausgeschüttet werden, sparen Unternehmen stattdessen oft in ihren Investitionen in klimafreundliche Technologien oder den Ausbau von Arbeitsplätzen. Investitionen, von denen jüngere Generationen insgesamt deutlich mehr profitieren würden. Eine Studie von Oxfam zeigte auf, dass dieses Problem schon vor der Coronakrise bestand. Die Tendenz habe sich in den letzten vier Jahren sogar verstärkt. Die Studie bemängelt, dass viele Unternehmen nicht nur die gesamten Gewinne an Anlegende ausgeschüttet haben, sondern sich dafür teilweise auch noch verschuldet oder Reserven aufgelöst haben sollen.[47] Besonders dramatisch ist die Situation in der Bekleidungsindustrie. Aufgrund der hohen Dividenden, die Modeunternehmen in den letzten Jahren gezahlt haben, fehlte es ihnen in der Coronakrise an Geld. Zu den Leidtragenden wurden letztlich etliche Zulieferbetriebe, denen die Aufträge gestrichen wurden, wodurch wiederum Millionen Arbeiter*innen in Bangladesch und anderen Herstellungsländern das Einkommen wegbrach. Es gleicht einer tiefen Abwärtsspirale, denn eigentlich gehört die Modeindustrie zu den Branchen, die dringend umwelt- und menschenfreundlicher gemacht werden müssen. Es bedarf Investitionen in Forschung, die zum Beispiel die Färbeprozesse verbessert, um zu verhindern, dass zukünftig weiter so viele schädliche Chemikalien ungehindert ins Grundwasser gelangen. Aber für solche Investitionen ist nun kein Geld mehr übrig.

»Diese Dividendenausschüttungen machen mich so wütend. Das Kurzarbeitergeld war dazu gedacht, Arbeitsplätze zu retten und in unsere Zukunft zu investieren. Aber es wurde einfach zweckentfremdet«, sagte ich in Gedanken, während ich den Tisch deckte.

Mya tropfte die Nudeln ab, die wir gekocht hatten, und öffnete ein Pestoglas, dann sagte sie:»Im letzten Jahrzehnt haben die Dividenden einfach überhandgenommen. Jetzt haben die Konzerne Schiss, dass die Aktionär*innen abhauen, wenn sie weniger auszahlen.« Ich schaute ihr dabei zu, wie sie das Pesto unter die Nudeln rührte. Sie hatte recht: Wir waren die Straße ein Stück zu weit gegangen, und nun fiel es schwer umzukehren.

»Das Problem ist: Wenn sowohl Anlegende als auch Unternehmen zu sehr auf Dividenden setzen, ziehen die Angestellten in den Unternehmen meist den Kürzeren. Hier!«, sagte ich und zog zwei Gabeln aus der Schublade. Mya schaute erst mich und dann die Gabeln irritiert an.

Wenn Unternehmen kein Geld mehr haben, um in Innovationen zu investieren, befinden sie sich in einer miserablen Situation. In dieser schlechten Ausgangslage werden sie schnell zu Opfern gieriger Investor*innen. Sie werden aufgekauft und dann teurer weiterverkauft. Die Investor*innen haben oft nur die maximale Gewinnerzielung im Blick. Welche Folgen das für die Arbeitnehmenden haben kann, zeigt das Beispiel der Firma WMF. Das Traditionsunternehmen wurde in der Schweiz gegründet und ist vor allem für seine Bestecke und andere Haushaltswaren bekannt. 2012 wurde WMF an die Investmentfirmen KKR und FIBA verkauft. Nach vier Jahren verkauften sie das Unternehmen für mehr Geld weiter. Während die Firmen Berichten zufolge einen Gewinn in Höhe von 940 Millionen Euro notieren konnten, verschlechterten sich gleichzeitig die Arbeitsbedingungen bei WMF.[48] Mitarbeitende gingen wegen Lohnsenkungen auf die Straße, sie waren zu einem Spielball geworden. An ihnen wurde gespart, was das Zeug hielt. Nur um am Jahresende ein größeres Plus zu machen.

Mya nahm mir die zwei Gabeln aus der Hand und legte sie auf den Tisch. »Immer mehr traditionelle Unternehmen machen also einen auf Sparfuchs, zahlen Dividenden und stecken gleichzeitig in einer Innovationskrise. Die Coronakrise begünstigt diesen Fail noch«, schlussfolgerte sie. Gedankenversunken nahm sie ein paar Tomaten aus dem Kühlschrank und wusch sie im Waschbecken ab. »Aber wer investiert dann in unsere Zukunft?«

Lasst uns mal wieder was riskieren!

Es gibt viele kleine Firmen, die innovative Ideen für die Zukunft haben, aber nur wenige, die auch das nötige Geld für deren Umsetzung auftreiben können. Start-ups tun sich schwer damit, Kredite, Investor*innen und finanzielle Förderung an Land zu ziehen. Die Gründenden sind meist jung, motiviert und glauben an ihre Visionen. Sie wollen es anders machen. Allerdings schaffen sie es zu selten, Geldgeber*innen zu überzeugen, das finanzielle Risiko mit ihnen einzugehen. Menschen mit wirklich guten Ideen wenden sich immer häufiger an Investor*innen aus dem Ausland. Manche von ihnen geben dabei sogar die Mehrheit der Stimmrechte ab und verwickeln sich damit in eine Abhängigkeit. Und das nur weil Deutschland zu risikoscheu ist, Angst vorm Scheitern und vor Fehlern hat. In diesem Land wachsen wir mit dem Credo auf, immer auf Nummer sicher zu gehen und ja nicht alles auf eine Karte zu setzen. Was haben wir nun davon? Ein Land, das zwar als Wirtschaftsmacht gilt, aber eben auch als traditionell und wenig innovativ. Eine Politik, die über private Altersvorsorge spricht, aber jungen Menschen nicht einmal das nötige Werkzeug gibt, um sich um diese Altersvorsorge zu kümmern.

»Wow, okay! Du scheinst ziemlich wütend zu sein.« Mya schmunzelte.

Ich war in der Tat wütend. »Und weißt du, warum? Weil wir diesen Sicherheitsgedanken schon alle in die Wiege gelegt bekommen. In diesem Land gibt es nur einen geraden Weg, den wir alle gehen sollen. Alles andere birgt zu viel Risiko.«

Mya erinnerte mich daran, dass mein eigener Weg aber gar nicht so gerade gewesen war: »Du bist das beste Beispiel dafür, dass man auch andere Wege gehen kann. Du hast die Uni abgebrochen, machst heute ohne Abschluss dein Ding.«

Ich lud die Nudeln mitsamt dem Pesto und den Tomaten auf die zwei Teller und setzte mich an den Holztisch in der Mitte des Zimmers. »Aber damit habe ich mich erst mal gegen all das gestellt, wozu mir meine Eltern mein Leben lang geraten haben: Sicherheit, eine solide Ausbildung und so weiter. Das ist mir alles andere als leichtgefallen«, sagte ich nachdrücklich.

»Hm ... Ich denke irgendwie immer, dass Mut für dich voll selbstverständlich sei. Du hast eine andere Grundsituation, als ich sie zum Beispiel habe. Ich meine, wenn es hart auf hart kommt, ziehst du zurück zu deinen Eltern. Sie könnten dich auffangen. Meine Eltern haben gar nicht die Möglichkeit dazu«, erklärte Mya. Sie legte den Kopf auf ihrer Hand ab, und es schien, als würde er hundert Kilo wiegen. »Ich muss mich immer selbst auffangen. Das kostet so viel Kraft«, sagte sie leise.

Ich traute mich kaum zu widersprechen, weil sie natürlich recht hatte. Mut war aber auch für mich keine Selbstverständlichkeit. Für wen ist sie das schon? Bei mir schwingt auch immer die Angst mit, vielleicht doch auf die Schnauze zu fallen. Natürlich hatte Mya recht, meine Eltern werden mir mein Kinderzimmer wahrscheinlich freihalten, bis ich selbst in Rente gehe. Aber trotzdem habe ich Angst zu fallen – auch wenn ich im Vergleich zu Mya deutlich weicher fallen würde.

Als ich vor einigen Jahren entschied, mein Studium abzubrechen, um mich ohne Abschluss in die Berufswelt zu stürzen, haben meine Eltern Schnappatmungen bekommen. »Das ist ein Fehler, so funktioniert das nicht. Man braucht erst mal eine gescheite Ausbildung«, erklärte mir meine Mutter am Telefon.

Ich weiß noch genau, wie ich damals an diesem kalten Dezemberabend vor dem Haus meiner Babysitterfamilie stand und noch schnell meine Eltern anrief, um ihnen meine Entscheidung mitzuteilen. Ich hatte an dem Tag ein journalistisches Volontariat bei einem Hamburger Verlag angeboten bekommen. In der Regel macht man das Volontariat erst nach dem Studium, weswegen meine Eltern der Meinung waren, dass ich Letzteres unbedingt erst zu Ende bringen müsse. Während des Telefonats ging ich vor dem Haus auf und ab, die Luft war kalt, aber mir war wegen der aufkommenden Emotionen ganz warm. Ich hatte keine Lust mehr auf sicher und solide, sondern wollte endlich anfangen, endlich machen.

»Aber wieso kann ich nicht direkt ein Volontariat machen, wenn ich doch jetzt die Möglichkeit dazu habe?«, gab ich zurück. »Gib Papa mal das Telefon, bitte!«

»Der will nicht mit dir sprechen, er ist sauer auf dich«, sagte meine Mutter schroff.

Ich rollte mit den Augen.

»Naja, ich muss jetzt zur Arbeit. Hab dich lieb!«, verabschiedete ich mich und drückte die Klingel. Nach diesem Gespräch war ich zwischen dem Sicherheitsbedürfnis meiner Eltern und meinem eigenen Bauchgefühl hin- und hergerissen. Am Ende ging ich das Risiko ein und schmiss die Uni – es hat sich gelohnt.

Meine Freundin schaute mich an, ihr schwerer Kopf lag noch immer in ihrer Hand und drohte, ihren Arm zusammenknicken zu lassen.

»Mya, ich verstehe deine Angst, und ich fühle sie auch. Ich befürchte aber, dass wir eine Generation werden, die sich nichts mehr traut. Die kein Risiko eingeht, weil wir so ein krasses Sicherheitsbedürfnis entwickeln, dass wir Veränderungen fürchten. Die Pandemie verstärkt diese Entwicklung, aber wir müssen mutig bleiben«, sagte ich über den Tisch hinweg, wohl wissend dass Mut ein Privileg derjenigen ist, die weniger riskieren. Ich war mir nicht sicher, ob ich mit dieser Aussage alles nur noch schlimmer machen würde. Ich habe das Gefühl, wir Jungen gucken alle lieber online zu, wie Typen wie Fynn Kliemann ihre Visionen und Ideen umsetzen. Wir feiern das in der Kommentarspalte, aber wir selbst sitzen zu Hause auf der Couch und machen gar nichts. Wir würden so gern, aber trauen uns nicht. Ich wollte Mya aus ihrer passiven Rolle herausholen. Gern hätte ich sie einmal an den Schultern gepackt und kräftig geschüttelt. Am liebsten würde ich meine ganze Generation an den Schultern packen und schreien: »Lasst euch von der Angst nicht lähmen! Werdet aktiv, mischt euch ein!«

Unser Wirtschaftssystem muss sich verändern, damit junge Menschen mutig bleiben. Niedrige Zinsen, hohe Dividenden, wenige Investitionen seitens der Unternehmen in zukunftsträchtige Prozesse und die Gier mancher Investor*innen – all das macht vielen Jungen Angst, weil ihre Zukunft nicht mit einkalkuliert wird. Es muss sich etwas ändern, und zwar jetzt, sonst droht das alles zu einer katastrophalen Lawine zu werden, die am Ende die jungen Generationen unter sich begräbt. Wir werden risikoscheu: Eine falsche Bewegung, und alles bricht über uns herein. Wir müssen verhindern, dass junge Menschen sich von der Angst lähmen lassen, denn das würde langfristig auch unsere Wirtschaft ins Stocken bringen.

»Was würdest du tun, wenn du keine finanziellen Ängste hättest?«, fragte mich Mya und setzte sich wieder aufrecht hin.

»So gar keine?«, fragte ich zurück und schaute mich um. Wir saßen an dem einzigen Tisch in der Zweizimmerwohnung, in der ich zusammen mit meinem Partner wohnte. Der Tisch stand in einem Raum, der Küche, Arbeitszimmer, Esszimmer und Wohnzimmer zugleich war. Ich aß und schrieb an dem Tisch, manchmal diente er auch als Abstellfläche. »Ich hätte gern ein eigenes Büro. Ein Zimmer nur für mich«, sagte ich.

Die britische Schriftstellerin Virginia Woolf schrieb bereits 1929 in ihrem Buch *A Room of One's Own*, wie wichtig ein eigener Raum sei, um die eigenen Gedanken fliegen zu lassen und kreativ zu sein. Fast hundert Jahre später haben die meisten Frauen immer noch kein eigenes Zimmer – zumindest nicht in Großstädten, wo der Wohnraum immer teurer wird. Wenn ich keine finanziellen Ängste hätte, würde ich mir ein hübsches Stadthaus mit Garten in der Hamburger Innenstadt kaufen. Ich wäre optimistisch, die drei bis fünf Millionen Euro noch in diesem Leben abbezahlen zu können.

»Okay, das ist nicht angstfrei, sondern unrealistisch«, sagte Mya und holte mich damit direkt auf den Boden der Tatsachen zurück.

»Du hast mich gefragt! Und weil wir gerade beim Thema Altersvorsorge waren: Mit einem Haus wäre ich schon ein Stück weit abgesichert«, warf ich ein, wohl wissend, dass dieser Gedanke natürlich unrealistisch war. Nachdenklich malte ich mit der letzten Nudel auf der Gabel Bilder in die Pestoschmiere auf meinem Teller. »Wollen wir mal kurz raus, wenn du aufgegessen hast? Irgendwie brummt mein Schädel«, sagte ich zu Mya, und sie nickte. Wortlos räumten wir die Küche auf. Es schien, als müssten wir die Diskussion der letzten zwei Stunden erst mal verarbeiten. Wenig später ließen wir die Wohnungstür hinter uns ins Schloss fallen und traten auf die Straße.

Der Traum vom Eigenheim

Es war später Nachmittag, die Januarluft war angenehm frisch und brachte wieder Klarheit in meinen Kopf. Wir gingen ein paar Schritte und kamen an die Alster, die noch zugefroren war. Auf der Eisfläche liefen verwirrte Rebhühner herum. Sie pickten immer wieder mit dem Schnabel gegen das Eis, verwundert darüber, dass sie nicht an das kamen, was sie haben wollten. Neben mir atmete Mya kräftig aus, und es klang, als sei sie genauso erleichtert wie ich, draußen zu sein. Für einen Moment schloss sie die Augen und lief blind neben mir her.

»Wie oft bist du während der Pandemie um die Alster gelaufen? Kennst du den Weg im Schlaf?«, fragte sie mich.

Das tat ich wirklich. Ich kannte mittlerweile jeden Stein auf dem Gehweg, jeden Grashalm am Rand und jeden Menschen, der sich wie ich nach Bewegung sehnte. Es langweilte mich, und gleichzeitig empfand ich es als beruhigend, immer dieselben Gesichter zu sehen. Es gab zum Beispiel einen Vater, der mit seinen Zwillingen im Kinderwagen fast jeden Tag um die Alster rannte. Er war relativ klein und die Kinder eigentlich schon viel zu groß für den Wagen. Dann war da noch eine sehr schlanke Frau, die immer pinken Lippenstift trug. Dazu entweder eine weiße Pudelmütze oder eine weiße Cap. Es gab einen jungen Mann, der mit einem alten Golden Retriever spazieren ging, wobei der Hund kaum noch etwas hörte. Jedes Mal, wenn ich diese Menschen sah, freute ich mich innerlich. Dabei hatte ich noch nie ein Wort mit ihnen gewechselt. Manchmal fragte ich mich, wo sie wohl wohnten, wie sie lebten und was sie taten, wenn sie gerade nicht um die Alster liefen. Ob sie mit dem Fahrrad oder der Bahn herkamen, um einmal die knapp sieben Kilometer ums Wasser zu spazieren, oder ob sie in einem der großen weißen Häuser rund um die Alster wohnten und den Fluss jedes Mal beim Blick aus dem Fenster sahen.

Mya und ich blieben vor einem der gigantischen Häuser stehen. Das Licht im Wohnzimmer brannte, man sah den hübschen Stuck in den Raumecken, eine schwere Lampe baumelte von der Decke. Eine zimtfarbene Couch bildete das Herzstück des großen Zimmers. Neulich stand so ein privater Palast am Rondeelteich für mehrere Millionen zum Verkauf. Die Preise dieser Immobilien passen nicht in meinen Kopf.

»Bist du neidisch auf die Menschen, die da wohnen?«, fragte Mya, die bemerkte, wie ich das Haus ansah. Eine Frage, die mich ins Grübeln brachte. Darf ich überhaupt neidisch sein, wenn es doch Menschen gibt, die viel weniger haben als ich? Menschen, die vielleicht neidisch auf meine Zweizimmerwohnung sind?

»Keine Ahnung, ich kenne die Leute nicht und kann nicht sagen, ob ihr Leben wirklich zu beneiden ist«, antwortete ich zuerst sehr pragmatisch. Ich wollte dem unangenehmen Gefühl ausweichen, das sich in mir breitmachte. »Aber ja, ich bin etwas neidisch auf den vielen Platz, den sie haben«, gab ich dann etwas ehrlicher zu. Neid ist ein merkwürdiges Gefühl.

Meist konnte ich es mir selbst nicht gut eingestehen, wenn ich ihn fühlte. Es war nicht so, als würde ich den Menschen, die hier wohnten, diese Häuser nicht gönnen. »Es liegt daran, dass diese Paläste zu weit von der Realität entfernt sind. Zu weit von den Häusern und Wohnungen, in denen die meisten anderen Menschen leben. Es ist so unwirklich, wenn die unterschiedlichsten Leute aus Hamburg an der Alster spazieren gehen und diese Hütten sehen, oder? Wie ein Paralleluniversum, durch das sie zwei Stunden laufen, um danach wieder die Tür zu einer kleinen Wohnung aufzuschließen«, versuchte ich meine Gedanken in Worte zu fassen. Früher hätte ich mir nie ausmalen können, dass Wohnen so kompliziert sein kann.

Als Kind hatte ich viele Immobilien, zumindest in meiner Vorstellung. Eine stand in Form einer Holzhütte auf vier hohen Stelzen bei meinen Eltern im Vorgarten. Mein Vater hatte sie gebaut. Die Hütte befand sich ungefähr in drei Meter Höhe, war vier Quadratmeter groß und hatte ein Fenster. Ich saß oft da oben, habe Reiswaffeln gegessen und mit einem Fernglas die Hasen auf dem Feld beobachtet. Wenn ich mich mit meinen Eltern gestritten hatte, packte ich meinen Rucksack und plante, mindestens zwei Wochen hier zu verbringen. Nach einer Stunde wurde es mir meistens schon zu langweilig, und ich kletterte wieder runter.

Bei einer anderen Immobilie war ich Teilhaberin. Es war eine Hütte, die im großen Garten einer Freundin stand und in der die Familie zuvor Kaninchen gehalten hatte. Die Tiere starben aber alle an der Chinaseuche, einem unheilbaren Virus, das ausschließlich Kaninchen befällt. Wir schafften den Mist der Nagetiere aus der Hütte, wobei wir uns Wäscheklammern an die Nasen klemmten, und machten klar Schiff. Als alles sauber war, legten wir einen grauen Plastikboden aus. Die feuchten Wände strichen wir in Blau und Rosa, und weil wir den Geruch der Kaninchen nicht aus der Hütte bekamen, sprühten wir jedes Mal vor dem Betreten mit einem Parfum herum, das eine Freundin von ihrer Oma bekommen hatte. »Das ist jetzt unser Ritual. Die Erste, die reinkommt, muss damit rumsprühen«, legte sie fest und behauptete im gleichen Atemzug, dass das Parfum auch alles Böse aus der Hütte vertreiben würde. Dabei machte es den Geruch eigentlich nur noch schlimmer. »Egal, das ist jetzt unser Klubhaus«, entschied eine andere Freundin. Wir waren »Die wilden Wildkaninchen«, abgekürzt DWWK.

»Haben wir Möbel auf dem Dachboden, die ich haben kann?«, fragte ich meine Mutter eines Abends zu Hause, nachdem wir den ganzen Tag an unserem Klubhaus gearbeitet hatten.

»Für eure Hütte? Die vergammeln da doch nur«, stöhnte sie und öffnete mir nur widerwillig die Luke zum Dachboden. So suchten wir uns unser Krams für die Hütte zusammen: Wir bauten eine gemütliche Sitzecke, klebten Poster von Pferden und Hannah Montana an die Wände und stellten kleine Regale auf.

Im Sommer legten wir uns einen eigenen Garten an und versuchten, eine Teichschale einzubuddeln. »Papa braucht sie nicht mehr. Aber ein Pool im Klubgarten wäre doch cool, oder?«, sagte eine Freundin, als wir uns mit unseren Schaufeln vor der Hütte versammelten und anfingen zu graben. Letztlich hatten wir nicht einmal ein Viertel der Schüssel unter die Erde gebracht, als sie meinte: »Okay, das reicht, oder? Muss ja nicht perfekt sein.« Wir schleppten Wasser in Eimern heran, um die Schüssel zu füllen. Nach wenigen Tagen war das Wasser braun und voller Blätter. Wir setzten uns trotzdem zu fünft rein und taten so, als sei es ein Infinitypool. Herrlich. Es war eine gute Zeit: Wir hatten ein Dach überm Kopf, ausreichend Platz und sogar einen Garten, den wir mit Blumen bepflanzten, die wir in unserer Nachbarschaft aus den Vorgärten klauten – sorry dafür.

Dass das Immobiliengeschäft im Erwachsenenleben komplizierter war, lernte ich mit meinem Umzug nach Hamburg. Vor ein paar Jahren bezog ich im Sommer mein erstes WG-Zimmer in der Stadt. Es war zwölf Quadratmeter groß und kostete 400 Euro kalt. Allein hätte ich das Zimmer gar nicht bekommen, mein Vater musste für mich bürgen und unterschrieb den Vertrag der Immobilienfirma. Ich selbst war da 19 Jahre alt, wollte studieren und musste mir nach meinem Umzug erst noch einen Job suchen. Unsere Dreier-WG gehörte zu einem riesigen Gebäudekomplex, in dem überwiegend Studierende und Azubis wohnten. Teilweise kamen sie aus dem Ausland und lebten nur ein paar Monate hier, um in Hamburg ein Praktikum zu machen. Insgesamt waren wir rund zweihundert junge Menschen, die den Einzug später bereuen sollten. Wenn es regnete, liefen die Kellerwohnungen voll Wasser, die Heizung fiel dauernd aus, und eines Tages kündigte der zuständige Hausmeister wutentbrannt seinen Job und murmelte irgendwas von Baupfusch. Dann plötzlich erhielten wir alle Post: Die Betriebskostenabrechnung machte uns sprachlos. Für unsere kleine Wohnung, die insgesamt nicht größer als vierzig Quadratmeter war, sollten wir für ein einziges Jahr insgesamt über dreitausend Euro nachzahlen.

»What does it mean?«, fragte unser chinesischer Nachbar aufgeregt und zeigte mir seine Rechnung. Er war nur für ein paar Monate in Hamburg, um wie viele andere ein Praktikum in der Stadt zu machen. Mit dem Brief konnte er nichts anfangen.

»Keine Ahnung«, antwortete ich damals gleichermaßen schockiert. Heute weiß ich: Wir wurden alle verarscht. Die Immobilienfirma hat einen Gebäudekomplex gebaut, der hauptsächlich aus Wohngemeinschaften bestand und damit auf junge Bewohnende und viele Kurzzeitmietende mit geringen Deutschkenntnissen abzielte. Beim Bau kam es zu einem Fehler, weshalb die Kellerwohnungen und die Tiefgarage bei Regen voll mit Wasser liefen und schimmelten. Über Monate hinweg musste die Firma große Trockenlegegeräte einsetzen und wollte uns die Kosten dafür aufdrücken. Nach und nach zogen die Leute aus ihren Wohnungen wieder aus und feixten mit der Immobilienfirma um die hinterlegte Kaution. Größtenteils behielt die Firma das Geld ein und verrechnete es mit der Nebenkostennachzahlung. So war es auch in meinem Fall. Die meisten von uns befinden sich deswegen noch immer in einem Rechtsstreit mit der Firma. Einige haben aus Angst, Verzweiflung oder Unwissenheit einfach gezahlt. Sie verstanden weder die deutsche Sprache noch die Paragrafen, die in den vielen Schreiben aufgelistet waren. Solche Geschichten passieren immer wieder. Der Wohnungsmarkt eignet sich hervorragend, um junge oder sehr alte Menschen oder diejenigen mit Migrationshintergrund über den Tisch zu ziehen. Je unwissender, desto besser. Je verzweifelter, desto mehr Ertrag.

»Ich hasse es, wenn so was passiert«, sagte meine Freundin Mya. Sie schlurfte mit ihren Schuhen über den Schottergehweg. In ihrer eigenen Wohnung wurden gerade neue Fenster eingebaut, wodurch der Mietpreis gestiegen war. Sie suchte seit Monaten nach einer neuen, günstigeren Bleibe. Zum Teil machte sie bei Massenbesichtigungen mit, daneben war sie bereits bei zahlreichen Einzelterminen gewesen, bei denen sie sich eigentlich gute Chancen ausgerechnet hatte, am Ende aber doch nichts daraus geworden war. »Es ist halt einfach scheiße: Jetzt habe ich meinen Job verloren, und prompt kommt die Mieterhöhung wegen dieser dummen Fenster, nach denen ich gar nicht gefragt habe. Eine günstigere Wohnung finde ich nicht, weil – ach ja – kein Job.«

Viele sind auf der Suche. An einigen Laternenpfählen Hamburgs sind Zettel angebracht, auf denen so was steht wie: »Unser Baby ist auf dem Weg! Wir sind bald zu dritt und brauchen mehr Platz!« Auf Instagram lese ich fast täglich: »Suche Wohnung – wer jemanden kennt, der jemanden kennt …« Manche sind sogar bereit, eine Vermittlungsgebühr zu bezahlen. Junge Familien verzweifeln auf nur wenigen Quadratmetern. Ältere Paare oder Alleinstehende, deren Kinder längst aus dem Haus sind, bleiben in ihren Wohnungen und Häusern, obwohl sie eigentlich viel zu groß für sie sind. Verständlicherweise halten sie lieber an ihren alten, günstigen Mietverträgen fest, als in eine kleinere, teurere Wohnung zu ziehen. Das können auch sie sich nicht leisten. Manche von ihnen werden mit Modernisierungsarbeiten verdrängt, denn spätestens danach folgt die Mieterhöhung. Die Krise auf dem Immobilienmarkt heizt einen Generationenkonflikt an. Mittlerweile bin ich der Meinung, dass es eigentlich eine dumme Entscheidung war, als junger Mensch vom Land in die Großstadt zu ziehen – zumindest wenn es um das Thema Wohnen geht.

»Wenn du nicht nach Hamburg gezogen wärst, hätten wir uns aber nie kennengelernt«, sagte Mya mit Hundeblick, und ich musste lächeln. Allerdings glaube ich kaum, dass wir beide für ewig in Hamburg bleiben werden. Denn gucke ich online nach Immobilien in der Stadt, werden mir nur teure Bruchbuden oder noch teurere Villen angezeigt. Eine andere Option wäre natürlich, aus Hamburg in den ebenfalls teuren Speckgürtel zu ziehen. Das ist dann der Punkt, an dem enge Freundschaften zu Fernfreundschaften werden. Wenn wir diesen Schritt gehen, verlieren wir alles, was wir uns aufgebaut haben: unser berufliches und privates Umfeld, unsere Lieblingsbars, unsere Hobbys. Das Pendeln wird anstrengend, der Kontakt zu Freund*innen nur noch zäh. Was nützt ein eigenes Haus, wenn es so weit von den Lieblingsmenschen entfernt ist?

»Okay, meinst du nicht, dass du übertreibst? Als ob wir uns dann nicht mehr sehen würden«, warf Mya ein.

»Wenn man erst mal aus der Stadt raus ist, wird es nicht mehr sein wie jetzt: Du kommst dann nicht mehr abends spontan rum«, beharrte ich auf meiner Meinung. Es fühlte sich an, als müssten wir eine Entscheidung treffen, während die Kaufpreise in der Stadt immer weiter anstiegen: ein Raum für die eigenen Bedürfnisse oder das Umfeld, an das wir uns gewöhnt hatten und das wir liebten? Hätten wir die Entscheidung doch bloß gestern schon getroffen, denke ich mir oft, da war sie noch minimal günstiger.

Die Immobilienpreise in Deutschland haben sich sogar von der Coronakrise nicht weiter bremsen lassen. Im dritten Quartal des Jahres 2020 waren Eigentumswohnungen sowie Ein- und Zweifamilienhäuser im Durchschnitt 7,8 Prozent teurer als im Vorjahr, wie das Statistische Bundesamt bestätigte.[49] Aber selbst wenn wir die Entscheidung schon früher getroffen hätten: Die hohen Mieten, die wir seit Jahren bezahlen, machen es uns jungen Menschen schwer, ein Eigenkapital aufzubauen. Und die befristeten Arbeitsverträge, in denen viele von uns stecken, machen es uns noch schwerer, einen Kredit zu bekommen. Bis wir dann entfristet sind und genügend Eigenkapital vorweisen können, stellt sich wiederum die Frage, ob wir es überhaupt noch schaffen, die Immobilie pünktlich zur Rente abzubezahlen.

»Vermutlich werden wir für immer in diesen zwei Zimmern leben – bis wir es uns irgendwann nicht mehr leisten können«, stellte ich fest und versank dabei etwas im Selbstmitleid. Ich liebte unsere Wohnung, in der mein Partner F. früher allein gewohnt hatte. Nachdem ich meinen Mietvertrag bei der fiesen Immobilienfirma gekündigt hatte, fragte ich ihn damals, ob ich bei ihm einziehen dürfe.

Zuerst runzelte er die Stirn. »Wir kennen uns jetzt seit einem halben Jahr. Wäre Zusammenziehen nicht etwas verrückt?«, fragte er vorsichtig. Wir hatten uns zu dem Zeitpunkt noch nicht einmal gegenseitig unseren Eltern vorgestellt. Um genau zu sein: Während meine Eltern von F. wussten, hatten seine Eltern keine Ahnung, dass ich überhaupt existierte. Ein paar Wochen später hat uns dann der Vater von F. zufällig zusammen im Fernsehen gesehen. Wir saßen bei Markus Lanz im Publikum, in der ersten Reihe. Kurz nach der Ausstrahlung bekam F. eine Nachricht auf sein Handy: »Wer ist die Frau neben dir?« Damit war es raus.

»Diese Geschichte ist so schräg«, grunzte Mya, und ich musste selbst lachen.

Es war wirklich komisch. Nachdem F. zugestimmt hatte, dass ich bei ihm einziehen dürfe, räumte ich die Schubladen in meinem möblierten WG-Zimmer aus. Ich hatte nicht viel Zeug und sagte zu F.: »Wenn es nicht klappt, bin ich genauso schnell wieder draußen, wie ich eingezogen bin.« Die Mutter meines Babysitterkinds war so lieb, mir ihren blauen Oldtimer zu leihen, sodass ich die Kisten aus meinem alten Zimmer in den anderen Stadtteil fahren konnte. Mitten auf der Straße ging die Beifahrertür des alten Autos auf, ich hatte fast einen Herzinfarkt. Obwohl es ein wirklich kleiner Umzug war, hat er mich viele Nerven gekostet, und ich habe damals gesagt: »Wenn ich noch mal umziehe, dann wird es etwas Endgültiges sein.«

»Warum willst du eigentlich unbedingt Eigentum haben und nicht weiter zur Miete wohnen?«, fragte mich Mya. »Hm«, machte ich und musste erst mal überlegen. »Also ein Punkt ist, dass ich als Eigentümerin ganz andere Entscheidungen treffen könnte. Ich könnte eine Wand einreißen oder eine neue ziehen. Wahrscheinlich gibt mir Eigentum auch eine Illusion von Kontrolle. Ich wüsste, dass ich irgendwann keine Miete mehr zahlen muss und keine Mieterhöhung fürchten brauche«, gab ich zu. Ja, da kam schon der kleine Kontrollfreak in mir durch. Die Mietentwicklungen in Hamburg machten mir Angst. Ich wollte mich schützen.

Im Internet schreiben Expert*innen, dass die monatliche Miete nicht mehr als dreißig Prozent des monatlichen Nettoeinkommens ausmachen sollte. In Großstädten oder auch beliebten Ferienregionen sieht die Realität allerdings anders aus, hier wird es für Geringverdienende besonders brenzlig. In München liegt die Mietbelastung für sie im Schnitt bei 53 Prozent ihres Gehalts, in Hamburg bei 39 Prozent. Laut Marktanalysen nimmt die Preisdynamik der Mieten in Großstädten zwar leicht ab, das langsame Ansteigen ändert jedoch nichts daran, dass sie sich immer weiter von der wirtschaftlichen Rationalität entfernen.[50] Wie schnell sie das tun, ist eigentlich egal. Fakt ist: Die Mieten, die wir heute zahlen, passen nicht zu der Entwicklung unseres Einkommens. Viele Menschen arbeiten nur noch für die Miete, anstatt wirklich zu leben. In den deutschen Großstädten befürchten laut einer Umfrage der *ZEIT* 47 Prozent der Menschen, sich in den nächsten Jahren ihre Miete nicht mehr leisten zu können.[51] Obwohl das Problem mittlerweile auch in der Mittelschicht angekommen ist, erbringen zähe Versuche der Politik, dieser Entwicklung mit Mietpreisbremsen oder Mietendeckeln entgegenzuwirken, lange noch nicht die erhofften Ergebnisse. Die große Mehrheit der Deutschen wünscht sich verschiedenen Umfragen zufolge, dass härtere Maßnahmen ergriffen werden. Vermietende suchen in den Gesetzen nach Schlupflöchern und finden sie allzu häufig auch, zum Beispiel in Sonderregelungen für Neubauten. Bezahlbaren Wohnraum für Menschen, die mit dem Gedanken spielen, eine Familie zu gründen, oder bereits Kinder haben, gibt es in den deutschen Metropolen kaum noch.

Ein ekelhaftes Erbe

Für junge Menschen gibt es insbesondere in Großstädten nur eine Möglichkeit, an Eigentum zu kommen: Erbschaft. Das ist unfair, weil längst nicht auf alle Menschen ein gutes Erbe wartet. Erbschaft ist nicht gerecht, es handelt sich dabei um ein unverdientes Vermögen, das ein Missverhältnis von Chancen fördert. Mit dem Vermögen wird nämlich auch die soziale Ungleichheit an die nächste Generation weitervererbt, womöglich verschlimmert sie sich sogar.

»Gibt es dir Sicherheit zu wissen, dass deine Eltern ein Haus haben?«, fragte mich Mya und legte damit schon wieder den

Finger in die Wunde. Meine Eltern haben vor knapp zwanzig Jahren ein Grundstück am Niederrhein bebaut. Als wir den Grundstein setzten, gab es um uns herum keine anderen Häuser. Nur Felder und Wiesen. Im Vergleich zu damals findet man heute nur noch wenig Grünfläche um unser Haus herum. Alles wurde zugebaut, dicht an dicht. Menschen, die in Düsseldorf arbeiteten, zogen in unsere Kleinstadt, weil der Wohnraum hier günstiger war. Seitdem ziehen die Mieten stetig an, die Kaufpreise explodieren. Es ist ähnlich wie mit den Sparverträgen: Meine Generation kommt zu spät zur Party. Während viele von uns früher noch ihr eigenes Kinderzimmer hatten, stellt sich die Frage, ob wir unseren eigenen Kindern jemals einen eigenen Raum bieten können. Sie später mal in einem Zuhause mit Garten großzuziehen, ist besonders in Großstädten eine Illusion.

Ich schaute Mya, die immer noch auf eine Antwort wartete, bedrückt an. Es war mir unangenehm zuzugeben, dass ich die Altersvorsorge meiner Eltern auch als meine eigene sah. »Ich träume zwar davon, aber es ist ziemlich unwahrscheinlich, dass ich mir irgendwann ein Eigenheim in Hamburg leisten kann. Also ja, mein Elternhaus in der Heimat gibt mir Sicherheit«, gestand ich, und mich beschlich gleichzeitig ein schlechtes Gewissen. Es war, als würde ich das Erbe meiner Eltern einkalkulieren und somit eben auch den Tod zweier geliebter Menschen. »Das ist ekelhaft, oder?«, fragte ich Mya und schluckte.

Sie guckte mich verständnisvoll an. »Ich befürchte, in diesem Zwiespalt bist du nicht allein. So denken viele. In anderen Familien bürgen die Eltern für ihre erwachsenen Kinder, weil diese wegen befristeter Verträge keinen Kredit bei der Bank bekommen, oder steuern eben ordentlich Kohle bei. Sie sind längst volljährig und trotzdem noch abhängig«, meinte sie schulterzuckend. »Welche Rolle spielt es denn, ob vermögende Eltern ihren Kindern ihr Geld rüberschieben, wenn sie noch leben oder erst nach ihrem Tod? Ist doch eigentlich ziemlich egal.«

Daran zeigt sich, dass Vermögende, die ihre finanziellen Mittel durch eine Erbschaft oder Bürgschaft aufbessern konnten, die besseren Chancen haben, in der Zukunft dieses Vermögen noch zu vergrößern, während andere diese Chancen nicht haben. In Zeiten, in denen Altersarmut immer mehr zur Privatsache wird, wächst die Erbschaftswelle proportional zur Ungleichheit in unserer Gesellschaft.

Das gelbe Haus

Während einige Menschen händeringend Wohnraum suchen, hamstern andere Immobilien. Manchmal lassen sie den kostbaren Wohnraum sogar leer stehen. Auf meiner Joggingstrecke liegt eine alte Stadtvilla, ein riesiges, wunderschönes Gebäude. Allerdings ist sie seit Jahren unbewohnt und von Bauzäunen eingefasst. Immer wenn ich an diesem Palast vorbeilaufe, stelle ich mir vor, wie ich dort mit Freunden und Freundinnen lebe. In dem großzügigen Gebäude könnte man mit Sicherheit vier Haushalte in separaten Wohnungen unterbringen. Wir würden uns den Garten teilen, im Sommer unter Lichterketten grillen und mehrere Weinflaschen leeren. Eine schöne Vorstellung – in der Realität lässt das Gebäude irgendjemand aus unerklärlichen Gründen verrotten. Manchmal kribbelt es beim Vorbeijoggen in mir, und ich würde gern über den Bauzaun klettern und mich in das leere Haus schleichen. Einmal im Inneren, würde ich durch die Räume wandern und in Gedanken planen, wo ich welche Möbelstücke hinstellen würde. Anhand der Abdrücke an den Wänden könnte ich vielleicht erahnen, wie die früher hier Lebenden das Haus eingerichtet hatten, und ich würde mir Geschichten zusammenspinnen, wie sie in den Zimmern gelebt hatten. So was haben wir auch früher in meiner Kindheit gemacht.

In meiner Heimatstadt gab es ein paar leer stehende Gebäude. Eins davon war gelb. An den Freitagnachmittagen haben wir Kinder Scoubidou-Bänder an unsere Fahrradlenker geknotet, so als seien es Zügel, und sind so zum gelben Haus gefahren. Wer den Lenker berührte, war feige. Monatelang haben wir das marode Gebäude vom gegenüberliegenden Spielplatz aus beobachtet und mit unseren Fahrrädern, die Scoubidou-Bänder zwischen unseren Fingern, auf der Einfahrt Kreise gedreht. Wir waren nicht die Einzigen, die neugierig waren. Irgendwer hatte bereits die Türen aufgebrochen und die Fenster eingeschlagen, um sich Zutritt zu dem Gebäude zu verschaffen. Wir fanden das gruselig und nannten es »das Geisterhaus«. Irgendwann überwog unsere Neugier und wir schlichen uns auf das große Grundstück. Im Innenhof entdeckten wir ein Schwimmbecken, in dem sich welke Blätter sammelten. Daneben stand eine Delfinstatue, die früher mal Wasser in den Pool gespuckt hatte. Die Terrassentür zum Haus stand offen und führte in ein voll möbliertes Wohnzimmer mit lachsfarbenen Sofas und einem Sessel. Auf dem Sideboard hatte vermutlich mal ein Fernseher gestanden. Irgendjemand hatte ihn mitgenommen und nur die Kabel liegen gelassen. Die Türen der Schränke waren aufgerissen, etliche Tüten und Dinge wie Badmintonschläger waren darin verstaut. Vielleicht hatte damit mal ein Kind gespielt, das wie wir damals im Grundschulalter war. Wir wanderten durchs Erdgeschoss, und bei jeder neuen Tür, die wir öffneten, pochten unsere Herzen vor Aufregung darüber, was sich dahinter wohl verstecken würde. In die anderen Etagen trauten wir uns damals nicht. Das Haus war eigentlich schön, nur eben sanierungsbedürftig. Als wir später wieder auf dem Spielplatz waren und dort auf den Schaukeln saßen, stellten wir Theorien darüber auf, warum die Bewohnenden das Haus verlassen, aber so viele Dinge dort gelassen hatten. Heute stelle ich mir dazu noch eine weitere Frage: Warum stehen eigentlich so viele Gebäude leer und werden baufällig, wenn doch etliche Menschen nach Wohnraum suchen?

Das gelbe Haus in meiner ländlichen Heimat stand vielleicht leer, weil den Menschen, denen es gehörte, das Geld für nötige Renovierungsarbeiten fehlte, um es für Mietende wieder attraktiv zu machen. Vielleicht ist auch jemand verstorben, und die Hinterbliebenen brauchten ein paar Jahre, um die Kraft zu sammeln, das Haus betreten zu können. Mit der Villa auf meiner Joggingstrecke in Hamburg verhielt es sich aber anders. Häuser wie dieses müssen in Deutschland erst einige Zeit leer stehen, bevor man sie abreißen darf, um auf den Grundstücken neue Wohnblöcke mit deutlich mehr Wohnungen zu errichten. Aus diesem Grund stehen laut Studien Millionen Gebäude in deutschen Großstädten leer.[52] Der Wohnraum, der auf diesen Flächen später entsteht, bleibt aufgrund der vielen Sonderregeln für Neubauten von Maßnahmen wie der Mietpreisbremse häufig unberührt. Der Gewinn für Vermietende steigt also trotz politischer Maßnahmen weiter an. Parallel wächst die Verzweiflung der Wohnungssuchenden.

»Aber wer steckt sich eigentlich das ganze Geld in die Tasche, und wer hat überhaupt so eine Grundlage, um ein Haus erst mal jahrelang leer stehen zu lassen?«, fragte Mya. Sie hatte recht: Oft ist nicht erkennbar, wem Immobilien überhaupt gehören.

»Selbst Mietende wissen manchmal gar nicht, wer die Wohnung, in der sie leben, tatsächlich besitzt«, erklärte ich. Meistens läuft die Kommunikation über irgendwelche Verwaltungen.

»Stimmt. Meine Tante wohnt in Berlin. Im Treppenhaus hat irgendwer einen Stein durchs Fenster geworfen. Es wurde monatelang nicht repariert. Die Kälte zog von draußen in das Haus und damit auch in die Wohnung meiner Tante«, erzählte Mya. »Zum Schluss hat sie eine dicke Rechnung für die Heizkosten bekommen. Alles nur weil die Verwaltung behauptete, den Eigentümer nicht erreichen zu können – über Monate!«

So was ist kein Einzelfall. Die Eigentümer*innen von Mietshäusern bleiben ganz bewusst anonym. Sie sind schwer zu erreichen, weil sie oft am anderen Ende der Welt sitzen. Eine gemeinsame Langzeitrecherche des *TAGESSPIEGELS* mit dem Recherchezentrum CORRECTIV sollte 2019 Licht in den dunklen Wohnungsmarkt der deutschen Hauptstadt bringen. Dabei wurden in Berlin Informationen zahlreicher Mietender zusammengetragen und ausgewertet. Die Recherchen der Medien ergaben, dass viele Berliner Wohnungen Eigentum eines komplexen Netzes aus Briefkastenfirmen sind, das sich unter anderem über Luxemburg, Zypern und die Britischen Jungferninseln spannt. Die Mieteinnahmen werden um die halbe Welt geleitet und auf undurchschaubare Firmenkonstruktionen verteilt. Die eigentlichen Besitzenden der Berliner Wohnungen bleiben weitestgehend anonym, sie sind oft steinreich, und ihnen gelingt auf diese Weise eine Steuerflucht – andere nennen es Steuerminimierung oder Steuervermeidung. Die Folge ist, dass Wohnraum in Deutschland oft teuer vermietet, nicht instand gehalten wird und Mietende darunter leiden. Als Resultat fehlt zudem Geld in der Steuerkasse.[53] Dieses Beispiel lässt sich auf fast alle anderen Großstädte in diesem Land übertragen. Der Immobilienmarkt ist zu einem Dunkelfeld geworden, und es fällt schwer, jetzt noch Licht in die Sache zu bringen.

»Super, und Leidtragende sind Menschen wie meine Tante, die das total überfordert«, klagte Mya und stellte infrage, ob bei den ganzen Immobiliengeschäften überhaupt noch jemand den Überblick habe. Sie blieb am Ufer der gefrorenen Alster stehen, ging in die Hocke und fuhr mit der Hand übers Eis. »Weißt du was, Ronny?«, fragte sie mich ernst.

Ich schüttelte den Kopf und hatte plötzlich das Bedürfnis, das Thema zu wechseln und über etwas Leichteres zu sprechen. »Was?«, fragte ich trotzdem und ließ meinen Blick über den vereisten Fluss gleiten. Wieder fielen mir die Rebhühner auf, die über die gefrorene Wasseroberfläche huschten und mit ihren Schnäbeln gegen das Eis hämmerten. Noch immer verwirrt darüber, warum sie nicht das erreichten, was sie haben wollten.

»Du hattest vorhin recht«, sagte Mya. »Wenn unsere Generation die Situation nicht verändert, werden sich die meisten Menschen ohne ein Erbe später nicht nur niemals ein Eigenheim leisten, sondern im Zweifel nicht mal mehr die Miete in Großstädten bezahlen können. Altersarmut wird dann zu einer Gefahr, von der die Mehrheit betroffen sein wird. Wir müssen uns einmischen, wir müssen mutig sein.« Ihre Stimme klang ungewohnt fest, als sie das sagte. Sie hob ihre rechte Hand von der kalten Eisfläche, formte eine Faust und schlug kräftig zu. Das Geräusch ließ mich zusammenzucken. Auf der Eisoberfläche hatte sich ein feiner Riss gebildet.

Geschlechterrollen –
von gestern oder
brandaktuell?

Bekomm ich mal den Käse?«, fragte ich und zeigte über den Tisch. Ich war bei meinen Eltern zu Besuch in der Heimat, und wir aßen gemeinsam zu Abend. »Morgen machen wir mal einen richtig leckeren Sonntagsbraten! Was haltet ihr davon?«, fragte mein Vater in die Runde, und ich runzelte die Stirn. Ich bezeichnete mich selbst als Flexitarierin und aß auch mal Fleisch, wenn mir danach war, aber eben in Maßen.

»Wir haben doch erst heute Fleisch gegessen«, antwortete ich.

»Wir haben heute Suppe gegessen!«, gab mein Vater zurück und guckte mich irritiert an.

»Ja, mit Würstchen drin? Und jetzt isst du Wurst auf deinem Brot. Das ist viel zu viel Fleisch und total ungesund«, mahnte ich.

»Ständig meckerst du über meinen Lifestyle. Ich mach das doch bei dir auch nicht«, blaffte er mich an. Beim Wort »Lifestyle« riss er seine Augen weit auf. Es war unser Lieblingsstreitthema.

»So, jedem das Seine«, versuchte meine Mutter zu schlichten und reichte mir den Käse rüber.

»Ich habe übrigens beschlossen, meinen Job zu kündigen und mich selbstständig zu machen«, sagte ich aus dem Nichts. Meine Eltern schauten mich entgeistert an, obwohl ich schon seit einer Weile davon gesprochen hatte.

»Das ist doch Quatsch!«, sagte mein Vater.

»Wieso?«, fragte ich.

»Als Selbstständige ist es schwieriger, in Elternzeit zu gehen«, erklärte er in wohlwollendem Ton.

Meine Augenbrauen schnellten nach oben. »Hä, und warum ist das jetzt deine erste Reaktion?«, entfuhr es mir etwas schärfer als beabsichtigt.

»Also jetzt beruhigt euch mal«, sagte meine Mutter. Aber das Gesprächsthema stand bereits unbequem zwischen uns. Plötzlich war es nicht mehr mein Job, sondern ein Kind. Das noch nicht mal in Planung war, aber trotzdem schon so viel Raum einnahm.

»Was ist, wenn ich gar keinen Bock auf Elternzeit habe?«, sagte ich und wies darauf hin, dass ein Baby mit sehr großer Wahrscheinlichkeit auch ein weiteres Elternteil haben würde.

»Ich glaube eben, dass die Mutter besser beim Kind aufgehoben ist«, sagte mein Vater trocken und schob sich das letzte Stück seines Leberwurstbrots in den Mund.

Ich wollte gerade etwas erwidern, da kam von meiner Mutter: »Also der Spruch ist jetzt echt daneben! Das ist so eine veraltete, machomäßige Denkweise! Hier, du kannst gleich mal den Geschirrspüler ausräumen. Da bist du auch ganz gut aufgehoben!« Mit dem letzten Satz verließ sie den Tisch.

»Chapeau, nimm das, alter Mann!«, rief ich triumphierend und knabberte an einer Gurkenscheibe, gespannt, was als Nächstes passieren würde. »Warum hast du denn früher keine Elternzeit übernommen?«, fragte ich meinen Vater, während er kopfschüttelnd damit anfing, den Geschirrspüler auszuräumen.

»Das ging damals für Väter noch nicht so einfach ... Wo kommt das hin?« Er hielt fragend eine Schüssel hoch. Meine Mutter hatte mal wieder die Schubladen umsortiert.

»Mann, *du* wohnst doch hier, ich bin nur zu Besuch ... Hättest du denn Elternzeit nehmen wollen?«, hakte ich nach.

»Nein, hätte er nicht! Er hat sich noch nicht mal Urlaub genommen, als ich nach deiner Geburt mit dir aus dem Krankenhaus gekommen bin ... Die Nachbarin hat uns abgeholt!«, rief meine Mutter aus dem Wohnzimmer, und mein Vater verzog auf diese Art und Weise das Gesicht, wie er es immer tut, wenn er sich ertappt fühlt.

»Pfff«, machte ich nur und ging rüber zu meiner Mutter.
»Jetzt bin ich der Blödmann, oder was?«, rief mein Vater
mir hinterher, noch immer die Schüssel in der Hand.
Manchmal merkt er, wie wütend seine Worte mich machen,
und entschuldigt sich ein paar Tage später dafür. So auch dieses
Mal. »Okay, das mit der Elternzeit war dumm. Ich gehöre eben
einer anderen Generation an und verstehe deine Einstellung
manchmal nicht. Sei etwas nachsichtiger mit mir«, sagte er am
nächsten Morgen versöhnlich.

Das versuche ich. Dennoch bin ich überzeugt, dass die Gespräche zwischen meinem Vater und meinem älteren Bruder
anders ablaufen. Bei ihm wäre es eine clevere Idee, sich weiterzubilden, um damit bessere Karrierechancen zu haben. Es wäre sinnvoll, sich selbstständig zu machen. Ein Mann muss später mal eine
Familie ernähren, heißt es ja so schön. Mein Vater geht nicht davon
aus, dass ich eines Tages Hauptverdienerin sein werde. Diese Einstellung hat weniger mit meinem Job oder meiner Branche zu tun
als mit der Tatsache, dass ich eine Frau und damit eine potenzielle
Mutter bin. Mir werden in der klassischen Rollenverteilung andere
Aufgaben zugeteilt, die Karriere steht nicht an erster Stelle.

Warum schreibe ich das? Dieses Kapitel soll keineswegs ein
Vorwurf meinem Vater gegenüber sein oder seine Arbeit herab-
würdigen. Ich bin ihm sehr dankbar, dass er uns als Hauptverdiener
nicht nur in meiner Kindheit finanziell abgesichert hat, sondern im
Ernstfall auch noch in meinem Erwachsenenleben für mich da ist.
Er hat viel gearbeitet – für uns als Familie –, und das schätze ich
sehr. Ich glaube aber, es ist wichtig, diese privaten Dialoge auf-
zuschreiben, weil sie genau so auch in vielen anderen Haushalten
geführt werden. Solche Gespräche können junge Frauen prägen.
Wir müssen sie thematisieren, wenn wir deutlich machen wollen,

wie anstrengend es für uns ist, uns gegen alte Geschlechterklischees zu wehren, und wie viel Mut es erfordert, uns nicht in alte Rollen drücken zu lassen. Als junge Frau möchte ich heute dasselbe Recht auf Unabhängigkeit haben wie mein Vater. Ich möchte mich selbstständig machen und nicht gesagt bekommen, dass ich dadurch eines Tages meiner potenziellen Mutterrolle nicht gerecht werden könne. Ich will genauso wie mein Bruder hören, dass eine Selbstständigkeit für mich sinnvoll sei, denn schließlich müsse ja eine Person am Ende das Geld für die Familie verdienen. Als Frau möchte ich diese Person sein können, wenn ich das will.

Es gibt viele Artikel und Bücher, die sich mit der häufig angeführten »gläsernen Decke« befassen, auf die Frauen nach wie vor in vielen Unternehmen stoßen, wenn sie versuchen, in der Firmenhierarchie weiter nach oben zu klettern. Bevor sie diese Decke aber überhaupt erreichen, stoßen sie gegen eine ganz andere: die gläserne Decke innerhalb ihrer eigenen Familie und des Freundeskreises. Die Wände, die unsere Sozialisation für uns festgelegt hat. Erst wenn wir dafür ein Bewusstsein entwickelt haben, können wir Frauen auch die restlichen Räume dieser Welt erobern.

Die (potenzielle) Mutterrolle

»Dein Vater ist wenigstens einsichtig, wenn du ihm so was erklärst«, sagte Mya, als ich ihr später von dem Gespräch erzählte. Wir saßen am Elbufer und tranken Apfelschorle.

»Hm?«, sagte ich, weil ich nicht wusste, worauf sie hinauswollte.

»Ich war gestern in der sechsten Gynäkologiepraxis und habe wieder eines dieser bescheuerten Gespräche führen müssen«, erzählte sie, und mir schoss es wieder in den Kopf: Mya war auf der

Suche nach einer Frauenarztpraxis, um sich sterilisieren zu lassen. Allerdings wollte niemand den Eingriff bei ihr durchführen, weil sie erst 25 Jahre alt war. »Es nervt mich so sehr. Ich will keine Kinder. Das weiß ich schon lange, aber niemand akzeptiert das. Stattdessen sagen mir alle Ärzte und Ärztinnen: ›Ach, warten Sie erst mal ab, bis der richtige Mann da ist!‹ Sie wollen mir lieber die Pille verschreiben – toll!«, schnaubte sie und schaute auf die Elbe hinaus. Das Wasser stand hoch, die Wellen wüteten. Hormonelle Verhütung kam für Mya nicht in Frage, da war ich mir sicher. Gleichzeitig hatte sie Angst vor einer ungewollten Schwangerschaft, weil sie wusste, dass sie dann eine Abtreibung machen müsste, was in Deutschland bekanntlich auch nicht so einfach ist. Eine Sterilisation, also das Verhütungsmittel ihrer Wahl, wurde ihr hingegen abgesprochen. Sie sah sich in einer Zwickmühle: »Als wisse ich nicht selbst am besten, was ich für ein Leben führen möchte. Es fühlt sich so an, als hielten mich alle für unzurechnungsfähig, wenn sie mir diese Entscheidung absprechen.«

»Das ist wirklich übergriffig«, stimmte ich ihr zu, während ich gedankenverloren am Schild meiner Pfandflasche knibbelte.

»Einer Frau wird suggeriert, heute alles erreichen und ihr Leben so gestalten zu können, wie sie es möchte. Aber wenn es um das Thema Mutterschaft geht, ist das alles hinfällig«, sagte Mya, und ich nickte stumm.

»Als dürften wir jede Entscheidung eigenständig treffen, aber nur, wenn wir dabei im Hinterkopf haben, dass sie auch mit einer Familie vereinbar ist«, nuschelte ich leise in meinen Schal. Schweigend saßen wir am Flussufer und ärgerten uns im Stillen. Unsere Lebenssituationen waren komplett unterschiedlich und führten dennoch auf dasselbe Grundproblem zurück: Geschlechterrollen prägen uns noch immer, ganz besonders wenn es um Elternschaft geht. Es ist anstrengend, sich als junge Frau permanent dagegen wehren zu müssen. Aber es ist mir so wichtig – vielleicht weil ich heute mehr über die möglichen Folgen dieses Schubladendenkens weiß als meine Mutter damals?

Meine Eltern haben beide nach ihrem Realschulabschluss eine kaufmännische Ausbildung in einem Industriebetrieb gemacht und arbeiteten später sogar im selben Unternehmen. Während mein Vater neben seinem Vollzeitjob sein Abendstudium absolvierte, nahm meine Mutter neben ihrem Job ebenfalls verschiedene Weiterbildungsangebote wahr. Bei einer Preisausschreibung gewann sie zum Beispiel mal die Teilnahme an einem Sprachkurs und reiste für ein paar Wochen nach England, um dort Business-Englisch zu lernen. Trotzdem war es mein Vater, der kurz darauf die Chefetage erreichte. Womöglich lag es an seinem Studium. Ich kann das nicht beurteilen, weil ich damals nicht dabei war und nicht alle Umstände kenne. Was ich aus heutiger Sicht aber zu beurteilen wage, da ich beide sehr gut kenne: Meine Mutter wäre die bessere Führungskraft in diesem Unternehmen gewesen – in jedem Unternehmen. Sie ist strukturierter, empathischer und transparenter als mein Vater und weiß außerdem, dass ihr Wissen begrenzt ist, was sie auch offen zugibt. Meine Mutter besaß früher schon alle Skills, die heutzutage für Führungskräfte gefragt sind. Ob mein Vater diese Tatsache bereits erahnte, als er in meiner Kindheit in mein Diddl-Freundschaftsbuch schrieb, dass meine Mutter sein größtes Vorbild sei? Keine Ahnung.

Jedenfalls war es meine Mutter, die für mehrere Jahre in Elternzeit ging, als schließlich mein älterer Bruder zur Welt kam. Wenig später machte ich das Familienglück perfekt – so der Klischeespruch. In Wahrheit begann für meine Mutter mit meiner Geburt das Jonglieren etlicher Bälle: Ich war wie ein Opossumbaby, das ständig an ihr hängen wollte, und vor allem war ich nachtaktiv. Ich schlief *niemals*, wenn es dunkel wurde, sondern wollte ständig unterhalten werden. Ein Wochenende bei den Großeltern zu verbringen, kam für mich niemals infrage – ich wollte bei meiner Mama sein. Wenn sie mir nicht die erwünschte Aufmerksamkeit erteilte, weil sie zum Beispiel gerade meinen Bruder davor bewahrte, in den Gartenteich zu fallen, oder schnell noch ein weißes Hemd für meinen Vater bügeln musste, randalierte ich. Das ging mit gerade einmal drei Jahren sogar so weit, dass ich aus Protest eine dünne Eisenstange nahm und begann, damit die Lackierung unseres Autos zu zerkratzen. Eine andere Strategie, die eigentlich immer Früchte trug und mir die ersehnte Aufmerksamkeit bescherte, war das plötzliche Verschwinden. Ob im Zoo oder im Spanienurlaub: Ich war anscheinend Profi darin, mich aus dem Staub zu machen und in meinen Eltern kurzzeitig die Horrorvorstellung zu erwecken, ich sei entführt worden. Ich war ein – sagen wir mal – forderndes Kleinkind und der Grund dafür, dass meine Eltern letztendlich von ihrem eigentlichen Plan, eine fünfköpfige Familie zu werden, doch Abstand genommen haben.

Rückblickend frage ich mich, wie es meine Mutter geschafft hat, auf den alten Familienfotos trotz dieser Dauerbelastung eine perfekte Föhnfrisur, eine fleckenfreie weiße Hose und Lippenstift zu tragen. Frauen übernehmen laut Berichten rund 52 Prozent mehr unbezahlte Care-Arbeit im Haushalt als Männer.[54] Dabei sind ihnen die Last und die gewaltige Größe der Aufgaben, die sie täglich bewältigen, oft noch nicht einmal anzusehen. Warum nicht? Weil der *Good Wife's Guide* von 1955 eben nach wie vor sehr aktuell ist und Frauen von der Gesellschaft darauf getrimmt werden, immer alles mühelos aussehen zu lassen. In dem alten Ratgeberbuch für Hausfrauen steht zum Beispiel:

»Ruhe dich 15 Minuten aus, damit du frisch bist, wenn dein Mann nach Hause kommt. Trage etwas Make-up auf und binde dein Haar hoch, damit du hübsch aussiehst – er hat den ganzen Tag nur Menschen in Arbeitskleidung gesehen.«

»Wenn er nach Hause kommt, sollte das Essen fertig auf dem Tisch stehen. Plane es am besten schon am Abend zuvor – das zeigt ihm, dass du an ihn gedacht hast und seine Bedürfnisse ernst nimmst.«

»Du hast bestimmt eine Menge zu erzählen, aber der Moment, in dem er nach Hause kommt, ist nicht der richtige Zeitpunkt. Lasse ihn zuerst sprechen – und denke daran, dass seine Themen wichtiger sind als deine.«

»Beschwere dich niemals, wenn er spät nach Hause kommt oder die ganze Nacht wegbleibt. Es ist nichts im Vergleich zu dem, was er vermutlich den ganzen Tag durchstehen musste.«

»Eine gute Frau kennt immer ihren Platz.«[55]

Es ist schön, wenn du jetzt lachen kannst. Wenn nicht, dann hast du den Ernst der Lage erkannt. Glückwunsch! Dein Leben ist gerade etwas komplizierter geworden. Die hochgestochenen Formulierungen lassen den Inhalt dieser Verhaltensempfehlungen für Frauen heutzutage zwar fremd erscheinen, aber dieser Eindruck trügt. In den sozialen Netzwerken kommen junge Frauen ihnen näher als gedacht: Beauty-Influencerinnen inszenieren sich makellos schön, und es scheint, als würden sie sogar sonntags in den eigenen vier Wänden nur mit perfekt geschminktem Gesicht und gestylten Löckchen herumlaufen. Food-Influencerinnen posten jeden Tag ein Foto ihres kunstvoll arrangierten Frühstücks – ohne Zucker, Gluten oder Laktose –, und Mom-Influencerinnen romantisieren das Familienleben und stellen die Kindererziehung als wunderbar einfach dar. Interior-Influencerinnen präsentieren ihre grandios dekorierte und niemals unordentliche Wohnung, die dabei immer so aussieht, als würden sie eigentlich gar nicht in ihr leben, sondern sie nur als Fotostudio nutzen. Ich gendere an dieser Stelle übrigens bewusst nicht, denn leider sieht die Realität alles andere als gleichberechtigt aus. Während viele junge Menschen heute den auf Social Media präsentierten Inhalten blind nacheifern, warnen Medienwissenschaftler*innen immer mehr vor der Verbreitung klassischer Genderrollen. Wenn wir nicht aufpassen, bewegen wir uns bald rückwärts.

Das geht sogar so weit, dass sich die veralteten Rollenbilder hin und wieder in mein eigentlich recht aufgeklärtes Umfeld einschleichen und ich als Folge darauf aufmerksam gemacht werde, dass ich dem Ideal der vermeintlich modernen Frau nicht entsprechen würde. »Huch, hattest du heute keine Zeit, deine Beine zu rasieren?«, heißt es dann. »Nein, nur gerade keinen Bock«, gebe ich zurück. »Stört F. das nicht?«, kommt gleich die nächste Frage. »Nein, und seine Beinhaare stören mich auch nicht!« Aber ach ja, das war ja gar nicht die Frage. Mein Lieblingsthema bei diesen Gesprächen ist übrigens immer unsere Wohnung: »Bei euch ist es immer so sauber. Du hast so ein Glück, dass F. für dich putzt!«

Entschuldigung, aber der Mann, der jemals auf diese Art und Weise dazu beglückwünscht wurde, dass seine Partnerin den Haushalt schmeißt und seine sauberen Hemden für ihn in den Schrank legt, soll sich bitte mal bei mir melden! Ja, es stimmt: Seit Beginn unserer Beziehung macht mein Partner F. den Haushalt, und zwar aus dem einfachen Grund, dass er 35 Stunden die Woche seiner Erwerbsarbeit nachgeht und ich eben deutlich mehr. Ich werde oft gefragt, wie ich all das schaffe, was auf meiner To-do-Liste steht. Die Antwort besteht ganz einfach darin, dass ich mich in keiner Weise um den Haushalt kümmere. Wenn ich den Kühlschrank aufmache, ist er voll. Wenn ich ein bestimmtes Oberteil suche, weiß ich, dass es gewaschen in meinem Kleiderschrank hängt. Wenn ich morgens meine Yogamatte auf dem Wohnzimmerboden ausrolle, ist er sauber. Wenn ich danach mein Fahrrad aus dem Keller schleppe, weiß ich, dass Bremsen und Licht funktionieren und die Reifen voll aufgepumpt sind, weil F. immer ein Auge darauf hat. Wenn ich mal diejenige bin, die den Einkauf übernimmt, dann fragt mich mein Freund vorher, in welchen Supermarkt ich gehe, und schreibt mir die Produkte in der Reihenfolge auf die Einkaufsliste, in der ich sie im Laden finde. So spare ich Zeit und muss nicht mehrfach quer durch den Supermarkt latschen.

F. tut in unserer Beziehung einfach das, was sonst wie ganz selbstverständlich von Frauen erwartet wird: Er hält mir den Rücken frei, vereinfacht mir vieles und kümmert sich um alles, was zu Hause so anfällt. Hochgerechnet sortiere ich vielleicht einmal im Monat meine Wäsche selbst in den Schrank ein und räume zweimal den Geschirrspüler aus. Meine einzige Aufgabe zu Hause ist das Kochen, und das mache ich gern. Wenn es andersrum wäre, würde F. sich aber sicherlich nicht Sätze anhören müssen wie:»Deine arme Freundin, die muss zu Hause alles allein stemmen.« Oder: »Schon extrem, wie sich deine Freundin für dich aufopfert und dir hilft.« Diese negativen Urteile gelten nur mir, das Zurückdrängen in alte Rollenmuster trifft uns beide. Junge Menschen fügen sich ihnen schnell, zumal es ihnen in der eigenen Kindheit oft so vorgelebt wurde.

»Hat dich eigentlich genervt, dass du immer alles allein machen musstest?«, fragte ich meine Mutter irgendwann mal bei einem gemeinsamen Spaziergang. Ich war damals schon fast erwachsen, und wir liefen den Fluss im Nachbarort entlang, unser Hund Wolfgang trabte fröhlich voraus.

Sie überlegte.»Es ist absurd, aber irgendwie war das lange mein eigener Anspruch«, sagte sie.

Ich schaute sie beim Laufen von der Seite an.»Wirklich dein eigener?«, hakte ich nach. Sie zuckte mit den Schultern. Besonders anstrengend wurde es in meiner Kindheit für meine Mutter, als wir wegen des Jobs meines Vaters von Niedersachsen nach Nordrhein-Westfalen zogen. Ich war damals etwa vier Jahre alt. Am Anfang haben wir ein paar Nächte in einem Zimmer mit grüngelben Wänden im Haus einer alten Dame verbracht. Die Frau sammelte Gartenzwerge, vor ihrem Haus stand eine rostige Rutsche. Ich erinnere mich daran, wie wir zu viert in einem Doppelbett schliefen, rechts neben uns an der Wand war ein grünes Waschbecken montiert. Ich fand das großartig, meine Eltern wohl eher anstrengend. Nach einer Woche sind wir dann in ein Haus gezogen, unser Zuhause. Mein Bruder und ich hatten das Glück, jeweils ein eigenes Zimmer zu bekommen. Ich suchte mir für meins eine gelbe Tapete mit blauen Blümchen und Pferden aus, und mein Bruder wählte eine mit Raketen und fremden Galaxien. Allein deswegen freuten wir Kinder uns über den Umzug in eine andere Stadt.

Mittlerweile weiß ich, was dieser Schritt für meine Mutter bedeutet hat: Der Kontakt zu Freundinnen, die sie schon aus Schulzeiten kannte, und zu ihrer eigenen Familie nahm ab. Ich weiß heute ebenfalls, wie weh ihr das tat. Als sie damals am Niederrhein versuchte, neue Freundschaften zu schließen, ließ ich sie mit meiner rotzigen Laune spüren, wie wenig ich von manchen der Frauen hielt, die mittags zu Kaffee und Kuchen bei uns eingeladen waren. Sobald sie weg waren, sagte ich ihr unverblümt, wie ätzend und engstirnig ich diese Menschen fände. Ich äffte den Besuch nach, und jedes Mal, wenn mich eine Aussage meiner Mutter störte, warf ich ihr vor, sie würde doch nur ihren doofen Freundinnen nachreden.

Heute weiß ich, wie unfair das war, und es tut mir leid. Ich habe es meiner Mutter zwischendurch nicht leicht gemacht, sich in der neuen Stadt auch wirklich zu Hause zu fühlen. Ich verstand damals nicht, dass auch Mütter ein Privatleben und Freundinnen brauchen. Mit meiner Einschulung begann meine Mutter dann halbtags als Schulsekretärin zu arbeiten. Übrigens: Ich glaube, sie hätte lieber in einem normalen Büro gearbeitet, wo ihr nur erwachsene Menschen begegnet wären. Das hätte sich allerdings schlechter mit unserem Alltag als Familie vereinbaren lassen. Weil sie in der Schule arbeitete, hatte meine Mutter wie mein Bruder und ich fast die gesamten Schulferien frei. Das war ein Geschenk für uns Kinder. Aber mit der Doppelbelastung bestehend aus Erwerbsarbeit und Care-Arbeit bröckelte auch so langsam die Fassade der immer gut gelaunten und perfekt gestylten Hausfrau und Mutter. Es wurde immer deutlicher, dass das alles eben gar nicht so einfach war. In dieser Zeit machte mein Vater viele Geschäftsreisen, und meine Mutter trug nur noch selten Lippenstift.

»Ich wollte unter der Woche immer die gesamte Hausarbeit erledigen, damit wir am Wochenende die Zeit als Familie genießen konnten«, erklärte sie auf unserem Spaziergang. »Aber irgendwann hatte ich keinen Bock mehr. Insbesondere als dein Vater zwischenzeitig weggezogen ist und nur noch am Wochenende da war. Das war echt anstrengend!«

Ich erinnerte mich daran, dass mein Vater tatsächlich mal wegen eines Jobs in eine andere Stadt gezogen war. Damals war ich etwa elf Jahre alt, und es stand zur Debatte, ob wir wieder mit ihm umziehen sollten. Meine Mutter wollte das nicht, also blieben wir. Wenn mein Vater am Freitagabend mit dem Auto bei uns zu Hause vorfuhr, holte er einen Korb voll mit Schmutzwäsche aus dem Kofferraum und stellte ihn im Hauswirtschaftsraum vor der

Waschmaschine ab, sodass meine Mutter sich darum kümmern konnte. Das lief etwa das erste halbe Jahr lang so. Irgendwann drückte meine Mutter ihm dann am Samstag den Wischmopp in die Hand und schickte ihn mit seinen weißen Hemden in den Reinigungssalon. Währenddessen legte sie sich selbst im Garten in die Hängematte. Ich erinnere mich noch, wie sie damals die Arme hinter ihrem Kopf verschränkte und die Augen schloss.

»Du hast deine Achseln ja gar nicht rasiert«, stellten mein Bruder und ich fest. Wir verzogen die Gesichter.

»Ach, haut ab!«, sagte sie nur, ohne die Augen zu öffnen.

Wie wertvoll es für mich als junges Mädchen war, diese Szene zu beobachten, konnte zu diesem Zeitpunkt wohl niemand von uns abschätzen. Meine Mutter hat mir vorgelebt, oft einfach mal Nein zu sagen. Von ihr kam in dieser Zeit häufig ein Nein – zu meinem Vater, zu Verpflichtungen und zu meinem Bruder und mir. Natürlich fand ich das damals doof. Ich sah meine Mutter als selbstverständlich an, weil unsere Gesellschaft kaum über die Opfer spricht, die Frauen bringen, um ihre Ehemänner zu unterstützen und ihren Kindern ein möglichst gutes Leben zu bieten. Dabei würde mich zum Beispiel wirklich interessieren, wie viele Familien in Deutschland jedes Jahr umziehen, weil der Vater versetzt wird oder einen neuen Job in einer anderen Stadt gefunden hat. Nach wie vor wird von Frauen erwartet, dass sie ihr gesamtes Leben nach der Familie ausrichten – und das schon, bevor die Kinder überhaupt auf der Welt sind.

Eine Gesellschaft voller Fallstricke

Traditionelle Geschlechterrollen machen Frauen abhängig. Mittlerweile weiß ich das und versuche, mich deshalb mit allen Mitteln gegen diese Rollenbilder zu wehren. Denn wer kann mir sagen, dass ich für immer eine genauso glückliche Partnerschaft wie meine Eltern führen werde? Wer garantiert mir, dass ich eines Tages nicht zu den Millionen Alleinerziehenden in Deutschland gehören werde, von denen fast die Hälfte in ärmlichen Verhältnissen lebt? Wer verspricht mir, dass mein Partner nach einer eventuellen Trennung für seine Kinder Unterhalt zahlen und nicht zu den Hunderttausenden Vätern in Deutschland gehören wird, die sich genau dieser Pflicht entziehen? Das kann mir niemand garantieren.

Als junge Frau ist es meine größte Angst, von meinem Partner in irgendeiner Form abhängig zu sein und mich in vorgegebene Rollenbilder fügen zu müssen. Diese Angst begründet sich darin, dass ich mit eigenen Augen gesehen habe, welche langfristigen Folgen das für Frauen aus älteren Generationen haben konnte: Altersarmut zum Beispiel, ein überwiegend weibliches Problem.[56] Emotionale Abhängigkeit, weil plötzlich das Gefühl aufkommt, allein nichts mehr zu schaffen. Es sind die Folgen ungleicher Machtverhältnisse im Privaten und im Beruflichen. Durch Medienberichte und Studien werden junge Frauen häufig vor dieser Entwicklung gewarnt. Durch all diese Warnungen entsteht bei uns das Gefühl, dass die Verantwortung, solche Abhängigkeiten zu verhindern, allein bei uns Frauen liege. Wenn wir dann am Ende doch auf irgendeine Weise von unserem Partner abhängig sind, haben wir schnell das Gefühl, es selbst verbockt zu haben. Schließlich wurden wir gewarnt, schließlich kennen wir die Statistiken. Aber die Verantwortung liegt nicht nur bei uns persönlich, sie liegt auch bei den anderen, zum Beispiel bei unseren Arbeitgeber*innen.

Eine Freundin – nennen wir sie hier Lara – hat mir mal erzählt, dass sie mit ihrem Partner die Abmachung habe, dass er ihr keinen Heiratsantrag machen dürfe, solange sie nicht eine bestimmte Gehaltsstufe erreicht habe.

»Wie bescheuert wäre ich denn, wenn ich in meinem Büro mit Ring am Finger auftauchen würde? Da wittern die Vorgesetzten die vollgekackten Windeln doch schon zehn Kilometer gegen den Wind, und am Gehalt ändert sich danach auch nichts mehr«, sagte sie entschlossen. Erschrocken über diese Worte schaute ich sie an. Ich war damals gerade 21 Jahre alt geworden. Lara war etwas älter als ich und schon seit über sechs Jahren mit ihrem Freund zusammen.

»Ist das wirklich wahr?«, fragte ich sie zweifelnd.

Ja, das ist wahr, weiß ich heute. Mittlerweile könnte ich auf der Stelle eine Handvoll Frauen aus meinem engeren Umfeld nennen, die nach einer Verlobung nicht entfristet wurden. War das wirklich bloß Zufall? Und dann fallen mir noch etliche weitere Frauen ein, die nach Verkündung ihrer Schwangerschaft keinen unbefristeten Vertrag bekommen haben. Wenn ich das erzähle, kommt als Reaktion häufig, dass es für ein Unternehmen einfach nicht wirtschaftlich sei, eine Arbeitskraft zu entfristen, die bald darauf ausfallen wird – ungewiss, für wie lange. Daran, dass insbesondere eine junge Person, die gerade ihre Familienplanung umsetzt, erst recht auf einen Job und ein Einkommen angewiesen ist, denkt niemand. Stattdessen wird automatisch davon ausgegangen, dass es da irgendwo einen Mann gebe, der schon genug Geld für die Familie verdienen wird. Unternehmen lassen ihre Mitarbeiterinnen damit im Stich. Diese überholte Denkweise bei Firmen steuert enorm zu Abhängigkeiten in privaten Beziehungen bei. Sie sorgt dafür, dass junge Frauen durchs Unterholz von Unternehmen robben müssen – aus Angst, als potenzielle Mütter erkannt zu werden. Das sollte so nicht sein, denn die Verantwortung, die Unabhängigkeit junger Frauen zu bewahren, liegt nicht nur bei uns selbst.

Die Arbeitgeber*innen tragen eine Mitverantwortung, den noch immer bestehenden Lohnunterschied zwischen Mann und Frau zu entkräften, statt ihn zu beflügeln. Diese Lohndiskrepanz beträgt in Deutschland laut dem Statistischen Bundesamt aktuell etwa 18 Prozent und fällt für Mütter oft noch höher aus.[57] Wenn Unternehmen sich weiterhin weigern, diesen Unterschied auszugleichen, können Vorschriften helfen. Es könnte zum Beispiel eine gesetzliche Garantie der Gehaltsentwicklung vorgeschrieben werden: Wenn jemand in Mutterschutz oder Elternzeit war, wären Arbeitgeber*innen dann dazu verpflichtet, das Gehalt bei der Rückkehr an den Arbeitsplatz um die Höhe der allgemeinen und individuellen im Unternehmen gewährten Gehaltsentwicklungen anzuheben. In Frankreich, wo mehr Mütter in Vollzeit arbeiten und es einen geringeren Lohnunterschied zwischen Mann und Frau gibt, besteht bereits ein ähnliches Gesetz. In Deutschland würde eine solche Vorschrift zu mehr Lohntransparenz im Allgemeinen führen, sie würde Mütter in ihrer finanziellen Unabhängigkeit unterstützen und sie vielleicht sogar dazu anspornen, früher in den Beruf zurückzukehren.

Ebenso ist es wichtig, dass die wenigen jungen Väter, die mittlerweile einen kleinen Teil der Elternzeit übernehmen wollen, vom Unternehmen in dieser Entscheidung bestärkt werden. Fragen wie »Warum überlassen Sie das nicht Ihrer Frau?« sind nicht förderlich. In der großen Mehrheit sind es nämlich immer noch Frauen, die häufiger und vor allem länger von der Elternzeit Gebrauch machen. Sicherlich entscheiden sich diese Frauen auch aus emotionalen Gründen dafür. Schließlich soll Mutterliebe angeblich die größte und bedingungsloseste Liebe auf der ganzen Welt sein – zumindest behauptet das unsere Gesellschaft. Diese Frauen haben sich über Monate hinweg ihren Körper mit einem anderen Menschen geteilt und wollen diesen dann auch endlich kennenlernen, ihn erleben und beobachten, wie er sich entwickelt. Ich würde das vielleicht auch wollen. Ich würde sehen wollen, wie mein Kind die ersten Schritte macht. Ich würde hören wollen, wenn es seine ersten Worte brabbelt. Und gleichzeitig würde ich es auch nicht wollen, denn ich habe gesehen, was das anrichten kann. Ich weiß, diese Wortwahl mag hart klingen. Aber so ist es: Kinder lassen Frauen oft in eine Abhängigkeit rutschen. Denn diese übernehmen häufig nicht nur aus emotionalen Gründen die Elternzeit, sondern auch aus finanziellen. Der Partner verdient oft mehr, weshalb es augenscheinlich mehr Sinn macht, wenn er weiterarbeitet und die Frau in Elternzeit geht. Die Weichen für eine finanzielle Abhängigkeit sind damit bereits gestellt.

Es sind ausgerechnet die kleinen Unternehmen, die diesem Umstand entgegenwirken wollen. So arbeiten in dem Berliner Kondom-Start-up einhorn zum Beispiel größtenteils Frauen. Das Unternehmen zahlt laut eigenen Angaben für jedes Kind vierhundert Euro netto mehr Gehalt, und auch die Pflege von Angehörigen wird finanziell honoriert. Derweil klagen große Unternehmen darüber, dass sie für solche familienfreundlichen Maßnahmen einfach kein Budget hätten. Das ist peinlich. Maßnahmen wie diese können verhindern, dass die Elternzeit automatisch an die Frau abgeschoben wird. Sie unterstützen Frauen in ihrer finanziellen Unabhängigkeit und sollten in mehr Unternehmen etabliert werden, damit diese endlich ihrer Mitverantwortung gerecht werden. Sind sie ihren Mitarbeiterinnen diese Geste nicht allein deshalb schon schuldig, weil Frauen ihren Ehemännern über Jahrhunderte hinweg den Rücken freigehalten haben, damit diese sich auf die Erwerbsarbeit konzentrieren konnten? Ich finde schon. Frauen dürfen fürs Kinderkriegen nicht mehr finanziell abgestraft werden.

Eine Bertelsmann-Studie aus dem Jahr 2020 zeigt, dass die Entscheidung für ein Kind bei Frauen durchschnittlich zu finanziellen Einbußen von rund vierzig Prozent führt. Bei drei oder mehr Kindern sind es sogar bis zu siebzig Prozent.[58] Vielen ist nicht klar, dass sie sich ihren Lebensstandard allein oft gar nicht leisten können. Leise schleicht sich die finanzielle Abhängigkeit ein. Auf dem Lebensweg junger Frauen sind überall Fallstricke ausgelegt, in die wir lieber nicht hineintreten sollten. Sie können uns in eine ungleiche Situation bringen, uns zu Boden reißen. Das hört sich vielleicht etwas melodramatisch an, aber es ist mein voller Ernst. Es erfordert viel Kraft, nach solch einem Sturz wieder auf die eigenen Beine zu kommen.

2020 habe ich für das Nachrichtenmedium *DER SPIEGEL* einen Artikel über eine junge Frau geschrieben, die über einen solchen Fallstrick gestolpert war. Sie wollte anonym bleiben, weshalb sie in dem Artikel den Namen Theda trägt.[59] Nennen wir sie auch hier so. Theda war 24 Jahre alt, als sie und ihr Partner ungeplant Eltern wurden. Vor der Schwangerschaft hatte sie als freie Musikjournalistin gearbeitet, er war ebenfalls in dieser Branche selbstständig. Dem Paar war relativ schnell klar, dass Theda in Elternzeit gehen würde, weil er mehr verdiente und als Geschäftsführer auch mehr Verantwortlichkeiten hatte. Als ich die junge Mutter zwei Jahre nach der Geburt zum Interview traf, hatte das Paar gerade eine große Krise hinter sich. Theda fand nicht mehr in ihren alten Job zurück und musste immer wieder feststellen, dass die Musikbranche und ein Kind nur schwer vereinbar waren.

Ihr fehlten die Flexibilität und die Ungebundenheit, die Arbeitgeber*innen in diesem Job voraussetzen. Zu sehen, wie ihr Partner in derselben Branche erfolgreich war, stimmte sie nachdenklich und sorgte für Frust. Die beiden waren gemeinsam Eltern geworden, aber während er auf dem Arbeitsmarkt ein Mann blieb, war sie nicht mehr nur eine Frau, sondern in erster Linie die Mutter eines Kleinkinds. Während der Beziehungskrise stellte Theda erschrocken fest:»Ich konnte mich gar nicht trennen, weil ich es mir schlichtweg nicht leisten konnte.« Die finanzielle Abhängigkeit hatte sich während der Elternzeit langsam eingeschlichen und dann überhandgenommen. Theda hatte nicht genug Geld, um für sich und ihr Kind eine Wohnung in der Großstadt zu finanzieren. Aufs Land zu ziehen, war aber auch keine Option, weil es dort beruflich keine Perspektive für sie gab.»Das hat mir Angst gemacht«, erzählte sie mir in dem Interview.

Theda und ihr Partner haben die Krise zwar überwunden, aber trotzdem stand für die junge Mutter fest, dass sie nicht in solch einem Abhängigkeitsverhältnis leben konnte. Sie studiert mittlerweile Lehramt, um in Zukunft einen mit ihrem Kind vereinbaren Job und ein festes Einkommen zu haben.»Nur so kann ich mit dem Mann, den ich liebe, eine Beziehung führen, ohne von ihm abhängig zu sein«, erklärte sie. Es ist ihr Versuch, nach dem Sturz durch die Fallstricke wieder auf die Füße zu kommen. Das Aufstehen ist mühsam und erfordert viel Energie. Sich aus der einmal entstandenen Abhängigkeit zu lösen, wird in Thedas Fall mehrere Jahre dauern. Andere Frauen verharren in ihr.

Es gibt natürlich keine Studien darüber, wie viele Frauen sich von ihren Partnern trennen würden, wenn sie nur finanziell freier wären. Es lässt sich aber erahnen, dass es einige wären. In der ehemaligen DDR war der Anteil der berufstätigen Frauen der höchste weltweit. Über neunzig Prozent verfügten ganz selbstverständlich über ein eigenes Einkommen. Diese finanzielle Unabhängigkeit führte dort zu einer sehr hohen Scheidungsrate. Zwei Drittel aller Scheidungen wurden damals von Frauen eingereicht.[60] Sie hatten mehr Mut, sich aus unglücklichen oder gar toxischen Beziehungen zu befreien, weil sie ihr eigenes Geld verdienten, damit eine eigene Rente hatten und unabhängiger waren.

Ich möchte die ehemalige DDR alles andere als gutheißen, aber mit der Wiedervereinigung erlebten die Frauen aus Ostdeutschland einen Rückschritt, was ihre Selbstbestimmung anging. Die Frage, welcher Platz der Frau in der deutschen Gesellschaft zukam, wurde von da an mit westdeutschen Ansichten beantwortet. Wer sich trotz Kindern beruflich verwirklichen wollte, sah sich plötzlich dem Vorwurf ausgesetzt, eine Rabenmutter zu sein. Dieser Vorwurf hält bis heute an, aber er passt nicht dazu, dass Frauen in unserer Gesellschaft auch noch die alleinige Verantwortung für ihre Unabhängigkeit tragen sollen. Es ist vollkommen paradox, Müttern vorzuwerfen, dass sie ihre Kinder zu früh in die Kita geben – was auch immer »zu früh« heißen mag –, und junge Frauen gleichzeitig davor zu warnen, sich bloß nicht finanziell abhängig zu machen. Keine Frau kann diesen gegensätzlichen Erwartungen gerecht werden – egal wie sehr wir es versuchen.

»Weißt du, was mich so nervt?«, fragte mich Mya. Trotz des stürmischen Wetters hatte sie ihre Schuhe am Elbstrand ausgezogen und ihre Füße im Sand vergraben. Ich schaute sie an. »Frauen waren schon immer diejenigen, die meist ungefragt einer Doppelbelastung aus unbezahlter Care-Arbeit und Erwerbsarbeit standhalten mussten. Früher wurde aber nicht von ihnen erwartet, dass sie beruflich dieselben Ambitionen haben wie Männer. Heute jedoch in gewisser Weise schon«, sagte sie.

»Der Druck wird erhöht, wenn Sätze fallen wie: ›Dir stehen doch als Frau heutzutage alle Türen offen.‹«

Ich grübelte kurz und stellte fest: »Ja, solche Aussagen suggerieren, dass die Frau naiv ist, wenn sie sich im Jahr 2021 in einer finanziellen Abhängigkeit wiederfindet. Sie trage schließlich die alleinige Verantwortung dafür, die eigene Unabhängigkeit zu bewahren. Genauso wie sie eben auch noch die Verantwortung für das glückliche Familienleben trägt, für eine gute Ehe, für einen sauberen Haushalt und für die Projekte in ihrem Job.« Bei dieser langen Auflistung musste ich lachen. Der immer stärker wehende Wind pustete mir etwas Sand ins Gesicht. Die feinen Körner flogen in meinen Mund, knirschten zwischen den Zähnen. Es war so ironisch. In Wahrheit ist es nämlich andersrum: Nicht die jungen Frauen sind naiv, sondern die Behauptung, dass ihnen heutzutage alle Türen offenstünden. Es war für Frauen früher nicht leicht, sich aus Abhängigkeiten zu lösen, und das ist es heute immer noch nicht. Die einzige Tatsache, die sich verändert hat, ist, dass junge Frauen mehr denn je für ihren eigenen Zustand – und damit auch für ihre Abhängigkeit – verantwortlich gemacht werden. Aber es ist nicht unsere Schuld, wenn wir in einen dieser Fallstricke treten und fallen. Es ist die Schuld jener, die sie da hingelegt haben, und es liegt auch in ihrer Verantwortung, sie da endlich wegzunehmen.

Ich weiß nicht, warum mir die Geschichte von Theda so wehtut. Es kann daran liegen, dass wir etwa gleich alt sind und zuvor in derselben Branche gearbeitet haben. Vielleicht hat es aber auch damit zu tun, dass sie gemeinsam mit den Geschichten vieler anderer Freundinnen ein großes Ganzes ergibt. Ich kenne viele Frauen, die nach der Elternzeit nicht wie geplant wieder in den Beruf einsteigen konnten, weil sie keinen Betreuungsplatz gefunden haben. Für viele macht es keinen Sinn, ihr Kind in eine private Kita zu bringen, die monatlich mehrere Hundert Euro kostet. Im Gespräch mit dem Partner oder vielleicht auch mit den eigenen Eltern wurde dann oft beschlossen, dass es sich für die Frau nicht lohne, in den Job zurückzukehren, weil ein großer Teil ihres Gehalts für die Betreuungskosten draufgehen würde. »Dann kannst du dich doch lieber selbst kümmern«, lautet in solchen Fällen häufig der lieb gemeinte Ratschlag. In Wahrheit handelt es sich dabei um einen weiteren Fallstrick. Er führt oft dazu, dass die berufliche Pause länger ausfällt als geplant und die Frau mit jedem Monat tiefer in die Abhängigkeit rutscht.

2020 – das Jahr der Fallstricke

Anstatt dass wir in großen Schritten vorangehen und Betreuungsangebote ausbauen, Genderklischees auflösen, die Arbeitswelt familienfreundlicher gestalten und die gläserne Decke in Unternehmen endlich gemeinsam zerstören, sprachen Expert*innen 2020 von einer Retraditionalisierung in der Arbeitsverteilung während der Coronakrise: Viele Männer übernahmen den Part der Erwerbsarbeit, während Frauen sich um die gelangweilten Kinder kümmerten, Homeschooling machten und auf dem Küchenboden kollabierten. Es war das Jahr der Fallstricke.

»Die Krisenstrategie der Regierung machte für unsere Generation plötzlich sichtbar, was jahrelang versucht wurde zu vertuschen: Familien und Kinder sind der deutschen Politik ziemlich egal«, sagte ich zu Mya. Meine Hände wanderten durch den feinen Sand neben mir, ertasteten glatte Steine, scharfe Muscheln und kleine Stöckchen. Eins davon zog ich aus dem Sand. Ich hielt es hoch und musterte es. Das Holz war krumm. »Der Spagat zwischen den privaten und beruflichen Verantwortlichkeiten, den Eltern in der Coronakrise meistern müssen, bleibt Privatsache. Ob sie sich dabei beide Beine brechen, spielt keine Rolle«, stellte ich fest. Knacks. Entschlossen brach ich das kleine Stöckchen durch. Der Schmerz von Eltern wird seit jeher romantisiert, und Kinder werden als das größte Glück überhaupt dargestellt. Aber im Jahr 2020 verlor das Märchen von der eigenen Familie für viele junge Menschen seinen Zauber. Wenn mir erschöpfte Eltern vom Homeschooling erzählten oder von dem Burn-out, den sie während der Coronapandemie erlitten hatten, klang mein Traum von einer eigenen Familie plötzlich eher wie ein Albtraum. Mit den Entscheidungen, die im Jahr 2020 von Politik und Wirtschaft getroffen wurden, hat man nicht nur gegenwärtig existierende Familien im Stich gelassen, sondern auch etliche zukünftige. Sich einen Beinbruch bei dem wahnwitzigen Spagat zwischen Arbeit und Familie einfangen? Nein, danke. Man hat vielen Menschen meiner Generation die Vorfreude auf eigene Kinder genommen und sie verschreckt, weil die vielen Fallstricke in unserer Gesellschaft während der Coronakrise plötzlich sichtbar wurden. Das war für die Verantwortlichen wie ein Schuss ins eigene Bein, weil unser System ohne Familie und Kinder nicht funktioniert. Unsere Wirtschaft ist auf Familien angewiesen, weil sie großartige Konsumierende sind. Unser ganzes Sozialsystem baut darauf auf, dass Kinder in die Welt gesetzt werden. Wenn dieser Albtraum von der eigenen Familie in den Köpfen vieler junger Menschen jedoch bestehen bleibt, wird in Zukunft alles wie ein Kartenhaus zusammenfallen. Die Frage ist, ob den Verantwortlichen in der Politik das Ausmaß der Entscheidungen, die sie 2020 getroffen haben, bewusst ist.

»Mya, wie würde die Politik reagieren, wenn unsere gesamte Generation beschließen würde, so lange keine Kinder in die Welt zu setzen, bis Familien, Mütter und Kinder den Stellenwert bekommen, der ihnen eigentlich zusteht?«, fragte ich sie.

Sie guckte mich grinsend an und erwiderte: »Bis zum Beispiel vierzig Stunden Erwerbsarbeit pro Woche nicht mehr die Norm sind und Eltern auch die Zeit gegeben wird, ihre Kinder zu erleben, ohne dabei Armut fürchten zu müssen?«

Ich nickte und stellte fest, wie absurd das System war, in dem wir gerade lebten. Schließlich gründet man doch eine Familie, um Zeit mit ihr zu verbringen – oder?

»Wahrscheinlich würde die Menschheit eher aussterben, als dass sich etwas ändert«, sagte Mya und zog ihre Schuhe an. »Man kann nur von Glück sprechen, dass es immer genügend Menschen geben wird, die sich so einem Experiment verweigern würden«, meinte sie, während sie sich ihren Rucksack auf den Rücken schwang und mir ihre Hand hinhielt.

»Du meinst Menschen, die sich trotz dramatischer Umstände von der Familiengründung nicht abbringen lassen?«, fragte ich. Ich hielt noch immer das zerbrochene Stöckchen zwischen meinen Fingern und musterte die zwei Teile. »Vielleicht auch weil ein Kinderlachen eine heile Welt verspricht. Es ködert mit der Vorstellung, den Schmerz beim täglichen Spagat wert zu sein«, sagte ich und brach beide Teile noch mal durch. Knacks, knacks. »Ein Kinderlachen soll den Beinbruch einer erwachsenen Person legitimieren«, stellte ich fest, schmiss die mehrfach gebrochenen Stöckchen weg und griff nach Myas ausgestreckter Hand.

Über Fruchtbarkeit
und Kinderfreisein

Nicht alle, aber viele Menschen haben einen Kinderwunsch. Doch die Erfüllung dieses Wunsches bleibt einigen verwehrt. Ich war etwa 14 Jahre alt, als ich das erste Mal mit dieser Tatsache konfrontiert wurde. Es war die Zeit in meiner Jugend, in der wir Mädchen zum ersten Mal in eine Gynäkologiepraxis geschickt wurden.

»Und, wie wars?«, fragte ich Pia, die ein Jahr älter war als ich, neugierig nach ihrem ersten Termin. Sie war am Tag zuvor ohne ihre Mutter zu ihrer ersten Vorsorgeuntersuchung gegangen.

»Hm, ja«, druckste sie herum. Wir saßen im Garten ihrer Familie, und ihre Mutter unterbrach unser Gespräch, indem sie herauskam und uns beiden ein Eis in die Hand drückte.

»Ich ruf da noch mal eben an«, sagte sie in ernstem Tonfall zu Pia und ging wieder ins Haus.

»Wo will sie anrufen?«, fragte ich meine Freundin verwirrt, aber sie zuckte nur mit den Schultern. Das Küchenfenster stand auf Kipp, und ich sah, wie ihre Mutter eine Nummer ins Telefon tippte und sich dabei auf die Lippe biss.

»Meine Tochter war gestern bei Ihnen. Ich würde gern mit dem zuständigen Arzt sprechen«, sagte sie. Sie ging in der Küche auf und ab, während sie wild ins Telefon redete. »Wie können Sie einer Minderjährigen ganz beiläufig die Diagnose ›unfruchtbar‹ stellen?«, wütete sie ins Telefon. »Sie ist 15 Jahre alt.« Dann realisierte sie, dass das Küchenfenster offen stand, und machte es zu. Irritiert guckte ich Pia an, die ganz blass geworden war. Mit einem abwesenden Gesichtsausdruck schleckte sie an ihrem Eis.

Wie ich später erfuhr, hatten weder meine Freundin noch ihre Mutter damit gerechnet, dass der ältere Mann im weißen

Kittel bei der Untersuchung von Pias Eileitern eine Vermutung äußern würde, die alles veränderte: »Es ist unwahrscheinlich, dass du eines Tages Mutter wirst, Mädchen.« Wir konnten diese Aussage damals nicht einordnen, ihr Ausmaß nicht einschätzen, aber nach dem wütenden Anruf ihrer Mutter ahnten wir, dass es riesig sein musste.

Dieses Wort: »unfruchtbar«. Auch heute als junge Erwachsene habe ich nicht das Gefühl, es emotional besser einordnen zu können. Auch wenn ich für mich persönlich noch nicht entschieden habe, ob ich jemals Kinder haben möchte, löst die Vorstellung, unfruchtbar zu sein, ein komisches Gefühl in mir aus. Ich weiß mittlerweile, dass in Deutschland der Kinderwunsch jedes zehnten Paares unerfüllt bleibt.[61] Expert*innen sagen, dass es in Zukunft noch mehr werden könnten. Trotz dieser Warnungen beschäftigen wir uns nicht ausreichend mit den potenziellen Ursachen.

Warum immer mehr Paare oder Einzelpersonen Probleme haben, auf natürliche Weise schwanger zu werden, ist nicht abschließend geklärt. Forschende debattieren seit Jahren darüber. Da heute im Vergleich zu früher mehr Menschen übergewichtig sind, vermuten viele Mediziner*innen darin den Grund.[62] Sie empfehlen eine Ernährungsumstellung, einen gesünderen Lebensstil ohne Zigaretten und alkoholische Getränke und stattdessen mehr Bewegung. Eine andere, recht einfache Annahme, die von den Medien immer wieder aufgegriffen wird, ist, dass es sich um einen Selbstregulierungsprozess der Natur handeln könnte. Zu Beginn der 1950er-Jahre lebten laut der UN-Bevölkerungsabteilung rund 2,7 Milliarden Menschen auf der Erde. Heute liegt diese Zahl bereits bei über 7,5 Milliarden.[63] Der Mensch als Spezies habe derzeit einfach keinen biologischen Druck, sich weiter fortzupflanzen, lautet die Schlussfolgerung. Die Natur versuche, eine Überbevölkerung zu verhindern. Man hat dieses Phänomen auch bei Ratten beobachtet: Der amerikanische Verhaltensforscher John Bumpass Calhoun untersuchte 1947 eine Kolonie von Wanderratten, die er in einem 930 Quadratmeter großen Außenareal hielt. Theoretisch hätten die fünf Weibchen in einem Areal dieser Größe über eine Zeitspanne von 28 Monaten etwa fünftausend gesunde Nachkommen produzieren können. Der Experte stellte jedoch fest, dass sich auf der Fläche nie mehr als zweihundert Nager befanden.[64] Sind wir Menschen einfach wie Ratten, die auf einer begrenzten Fläche herumspringen? Werden wir unfruchtbar, weil wir regelmäßig im Feierabendverkehr noch schnell durch die sich schließende Tür der U-Bahn springen und uns wenige Sekunden später fühlen wie die Sardinen in der Dose? In solchen Situationen wünsche ich mir manchmal schon mehr Platz. Und gleichzeitig ist das kein Dauerzustand, er hält nur ein paar Fahrtminuten an. Einige Forschende halten diese Annahme deshalb für sehr überspitzt und eher unrealistisch.

Einer Studie aus Taiwan zufolge sei es eher die zunehmende Luftverschmutzung, die zu Fruchtbarkeitsproblemen beitrage.[65] Forscher*innen sehen besonders in einer hohen Belastung durch Feinstaubpartikel oder Ozon große Gefahren für uns Menschen, die sich Untersuchungen zufolge auch auf den Verlauf einer Schwangerschaft auswirken können.[66] Darüber hinaus sollen Chemikalien, wie sie zum Beispiel in Kosmetik und Kunststoffverpackungen zu finden sind, die Tendenz zu Fruchtbarkeitsproblemen unterstützen. Dazu gehört auch der umstrittene Plastikgrundstoff Bisphenol A. Er fließt in Form winziger Teilchen durch unsere Blutbahnen,[67] kommt seit Jahren in den Seen vor, in denen wir Fische fangen, und auch im salzigen Meereswasser, das

143

wir uns im Urlaub gegenseitig von den Lippen küssen[68] – vielleicht sogar in den Flitterwochen, wo manche jungen Paare Kinderpläne schmieden. Wir haben keine Möglichkeit, uns diesen giftigen Stoffen zu entziehen. Untersuchungen zufolge ist Bisphenol A in fast jeder Urinprobe festzustellen. Die Europäische Union berät sich regelmäßig über einen neuen Umgang mit dem Stoff. Vor einem konsequenten Verbot scheut sie sich allerdings bis heute. Wohl besonders weil viele kritische Stimmen aus der Wirtschaft dagegenhalten, denn würde der Stoff verboten werden, müssten Tausende Unternehmen ihre Produktionsweisen umstellen. Und auch bereits entwickelte Alternativen seien oft nicht viel besser als das Original, warnt das Bundesumweltamt.[69]

Wissenslücken und aufklaffende Wunden

Zehn Jahre später saß ich zusammen mit meiner Schulfreundin Pia auf dem Balkon ihres Berliner WG-Zimmers und streckte meine nackten Füße übers Geländer. Es war Sommer, die Sonne knallte auf unsere Köpfe. Mittlerweile wurde Pia nicht mehr blass, wenn das Wort »unfruchtbar« fiel, sondern rot – vor Wut.

»Ich frage mich, ob die Versuche, Schadstoffe zu regulieren, erfolgreicher ausfallen würden, wenn die Entscheidungen darüber von jungen Personen, die größtenteils noch keine Kinder haben, getroffen würden. Wenn die Entscheidenden selbst Angst hätten, persönliche Konsequenzen davonzutragen«, dachte ich laut nach und verteilte etwas Sonnencreme auf meiner Nase.

»Du denkst, junge Menschen würden mehr Geld in die notwendige Forschung investieren, damit wir statt vieler Vermutungen endlich handfestes Wissen hätten?«, fragte Pia zurück.

Ich nickte.»Ich weiß nicht. Dazu gehört auch, dass wir als Gesellschaft erst mal anerkennen, dass Unfruchtbarkeit kein rein weibliches Problem ist«, sagte sie.»Das Thema ist immer noch so stark mit Geschlechterklischees behaftet. Frauen wird seit jeher die ›Schuld‹ gegeben, wenn es mit dem Kinderkriegen nicht klappt. Nicht dass wir Frauen uns daran gewöhnt hätten – auf keinen Fall. Trotzdem vermute ich, dass in Zukunft eher die Kerle darunter leiden werden. Die meisten haben nämlich keine Ahnung von dem Thema.«

Zeugungsfähigkeit wird von uns Menschen nach wie vor oft mit Männlichkeit und Stärke gleichgesetzt – der erste Fehler. Oft ist es auch pure Unwissenheit, die Betroffene in dem Irrglauben lässt, dass Unfruchtbarkeit mit Impotenz gleichzusetzen sei – der zweite Fehler. Diese Annahme ist falsch, denn Unfruchtbarkeit bedeutet nicht, dass es mit dem Sex nicht funktioniert. Im Gegenteil, fruchtbare und unfruchtbare Männer haben gleichermaßen ihren Spaß, nur ahnen die einen nicht, dass sie mit Platzpatronen schießen. Das Problem der Männer beginnt letztlich schon in ihrer Jugend, denn dort entsteht für sie das Informationsdefizit. Während heranwachsende Mädchen ganz selbstverständlich in eine Praxis für Gynäkologie geschickt werden und von da an jährlich einen Kontrolltermin wahrnehmen, bleiben vergleichbare Untersuchungen für gleichaltrige Jungs oft aus – der dritte Fehler. Das kann verhängnisvoll sein, denn dadurch ergibt sich eine Vorsorgelücke, und Erkrankungen werden oft nicht rechtzeitig erkannt.[70]

Es gibt viele Gründe, warum junge Männer regelmäßig eine Arztpraxis aufsuchen sollten. So bestätigen ganze 185 Einzelstudien, dass die Konzentration von Spermien in der Samenflüssigkeit von Männern in den letzten vierzig Jahren um die

Hälfte abgenommen habe. Vor allem in westlichen Ländern sei ein Spermienschwund von rund fünfzig bis sechzig Prozent zu beobachten, wie zwei voneinander unabhängige Untersuchungen der Hebräischen Universität in Jerusalem und der Universität in Genf darlegen. Dahingegen soll die Zahl der missgebildeten Spermien gestiegen sein.[71] [72] Sowohl Quantität als auch Qualität sind demzufolge gefährdet.

Die Weltgesundheitsorganisation (WHO) gibt Normwerte an, die Spermien erfüllen sollten. So müssen sie in ausreichender Zahl vorwärts schwimmen können, die DNA muss intakt verpackt sein, und sie müssen eine bestimmte Form haben, um in die Eizelle eindringen zu können.[73] Heute wissen Forschende zum Beispiel bereits, dass in der Schweiz die Spermien bei sechs von zehn Männern zwischen 18 und 22 Jahren diese Normwerte nicht erfüllen.[74] Wenn junge Männer schon bei einem Kontrolltermin davon erfahren würden, bekämen sie die Möglichkeit, frühzeitig zu handeln. Nicht zuletzt senkt es die Hemmschwelle, später wegen dieses Themas eine Fachpraxis aufzusuchen, wenn man in jungen Jahren schon mal da war. Nur so können Informationslücken gefüllt und Hilfsangebote genutzt werden.

»Diese Unwissenheit kann dazu führen, dass Männer sowie Frauen im Stillen ihre Wunden lecken, dass aus Trauer eine Depression wird und aus Hilflosigkeit Ohnmacht«, erklärte mir Pia. So war es bei ihr gewesen. Natürlich hatte sie mit 15 Jahren noch keinen Kinderwunsch gehabt. Der wütende Anruf ihrer Mutter suggerierte ihr aber durchaus, dass irgendetwas mit ihr nicht stimmte. Dieses Gefühl verwirrte sie. Als wir älter wurden, erzählte Pia oft überzeugt, dass sie sich nicht vorstellen könne, mal Kinder haben zu wollen. »Da habe ich gar keinen Bock drauf. Babys sind voll anstrengend«, sagte sie einmal in der Schule. Ich schaute sie damals nachdenklich an, denn ich wusste als Einzige, warum sie das wirklich sagte. Sie tat es aus Selbstschutz. Mittlerweile weiß Pia, dass sie sich damit auf dünnes Eis begeben hat. »Im Freundeskreis ist es leichter zu behaupten, man habe sich bewusst gegen ein Kind entschieden, um sich zum Beispiel auf den Job zu konzentrieren. Wenn beruflich dann jedoch die Erfolge ausbleiben, gerät die Identität erst recht ins Wanken, und aus dieser kleinen Unwahrheit kann die Flucht in die Einsamkeit werden«, erklärte sie mir später einmal. Sie hat sich irgendwann psychologische Hilfe gesucht und ist zu dem Entschluss gekommen, nie wieder wegen ihrer Unfruchtbarkeit Unwahrheiten zu erzählen. »Am Ende lügt man sich doch nur selbst an«, sagte sie. Wenn heute irgendwo das Thema Familie aufkommt, erzählt Pia ganz offen, dass sie mit großer Wahrscheinlichkeit keine leiblichen Kinder bekommen könne. »Warum erzählst du das so direkt?«, hatte eine Bekannte sie mal gefragt, die diese Info für zu privat hielt. »Ich will anderen zeigen, dass sie damit nicht allein sind. Das Thema ist nicht privat«, war Pias knappe Antwort.

Wir sprechen kaum offen über die Gefühle, die Menschen mit einem unerfüllten Kinderwunsch mit sich herumtragen. Mittlerweile gibt es zwar Beratungsstellen, die sich auch mit den psychischen Folgen der Betroffenen auseinandersetzen, allerdings werden sie kaum aufgesucht. Wie Daten des Bundesministeriums für Familie, Senioren, Frauen und Jugend (BMFSFJ) bestätigen, nehmen nur 3,4 Prozent der Frauen und gerade einmal 0,4 Prozent der Männer eine psychosoziale Beratung zu diesem Thema wahr.[75] Manchmal liegt es an der Unwissenheit darüber, dass diese Hilfe existiert, weshalb die Beratungsstellen nicht genutzt werden. Oft auch am Schamempfinden. Gelegentlich auch an Schuldgefühlen.

Das Pokern mit der Fruchtbarkeit

»Es sind Gefühle, an denen jüngere Generationen in Zukunft vielleicht noch häufiger verzweifeln werden. Das weißt du selbst am besten, Ronny«, sagte Pia auf ihrem Balkon und nahm mir die Sonnencreme aus der Hand. Großzügig schmierte sie sich die weiße Masse ins Gesicht. Mit dieser Aussage traf sie ins Schwarze, denn natürlich wusste ich, dass ich beim Thema Familienplanung pokerte. Für mich stand fest, dass, sollte ich eines Tages Kinder haben wollen, das erst mit Mitte oder Ende dreißig passieren würde. Mit dieser zeitlichen Planung war ich nicht allein. Viele junge Frauen wünschen sich Umfragen zufolge auf jeden Fall Kinder, verschieben ihre Familienplanung aber bewusst immer weiter nach hinten.[76] Das bestätigen auch Untersuchungen des BMFSFJ, nach denen knapp vierzig Prozent der Frauen in Deutschland ihr erstes Kind zwischen dem dreißigsten und vierzigsten Lebensjahr bekommen.[77] Meist sind es Akademikerinnen, die erst spät mit der Familienplanung beginnen. In dieser Zeit hat die Fruchtbarkeit allerdings schon rapide abgenommen.

»Ich würde das nicht tun. Wieso handhaben Frauen wie du das so, Ronny?«, wollte Pia wissen und schaute mich dabei eindringlich an. Ich spürte einen kleinen Stich in meinem Inneren. Schließlich schwang in ihrer Frage der Vorwurf mit, dass ich womöglich eine kostbare Chance verspielte – eine Chance, die Pia für immer verwehrt bleiben würde. Dennoch war ihre Frage wichtig: Wenn so viele Frauen den Wunsch verspüren, ein Kind zu bekommen, warum spielen wir dann mit der Zeit? Warum pokern wir bei einem so wichtigen Thema?

Ich erinnerte mich an ein Skype-Gespräch, das ich mal mit meiner Unifreundin Clara geführt hatte. Sie hatte die Frage damals folgendermaßen beantwortet:»Ich will mich dem Zwang, eine Familie zu gründen, nicht beugen.« Sie machte zu dieser Zeit gerade ihren Master im Ausland und spielte mit dem Gedanken, auch noch ihren Doktor hinten dranzuhängen. Ihre Eltern versuchten sie ständig zu überreden, doch mal auf ein paar Dates zu gehen, um jemanden kennenzulernen.»Clara, was ist denn los?«, sagten sie immer wieder.»Du verpasst so viel! Fühlst du dich nicht einsam?« Während sie mir auf Skype davon erzählte, schüttelte sie sich und schnaubte wie ein wütendes Tier.»Es nervt so! Sie verstehen meine Prioritäten nicht. Ich will gar niemanden Festes kennenlernen«, beschwerte sie sich. Wieder ein Schnauben. Für sie war klar, dass sie erst mit Ende dreißig Kinder haben wollte. Dementsprechend wollte sie nicht verfrüht auf Partnersuche gehen. Meine Freundin wollte erst ihre eigene Unabhängigkeit auskosten. Sie wollte sich selbst verwirklichen und ihre eigenen Träume leben, bevor sie sich um die einer anderen Person kümmerte. Die Träume eines Kindes. Ich hielt das für das beste Argument, um die Familienplanung aufzuschieben. Leider ist es aber nicht das Einzige, wie Clara damals betonte:»Kinder muss ich mir außerdem erst mal leisten können. Ich muss genug Geld verdienen und im Job ein gewisses Level erreicht haben.«

Ein Kind kostet die Eltern bis zu seinem 18. Lebensjahr durchschnittlich hundertfünfzigtausend Euro. Das hat das Statistische Bundesamt ermittelt.[78] Claras finanzielle Sorge war also berechtigt. Laut Umfragen des BMFSFJ wollen die meisten jungen Menschen erst gewisse Rahmenbedingungen schaffen, finanziell abgesichert sein, einen unbefristeten Arbeitsvertrag und eine ausreichend große Wohnung oder sogar ein Haus haben, bevor sie ein Kind bekommen. Einige dieser Punkte können sie selbst aber gar nicht beeinflussen. Sie sind von den Entscheidungen in der Chefetage des Unternehmens abhängig, in dem sie arbeiten, oder von den Immobilienpreisen in der Stadt, in der sie wohnen. Dabei müssen wir jungen Menschen heutzutage länger warten denn je, wie auch Clara damals in unserem Gespräch feststellte: »Alte Menschen gehen immer später in Rente und machen keinen Platz für die Jüngeren in den Chefetagen. Junge Menschen müssen demnach heute länger warten, bis sie beruflich aufsteigen und sich eine Familie leisten können.«

Dieser Umstand macht mich wütend. Die jüngere Generation verschiebt den Kinderwunsch teilweise aus Angst, mit einem Kind aus dem wirtschaftlichen System und in ein finanzielles Loch zu fallen. Wir verschieben diese wichtige Entscheidung, weil wir unter Druck stehen, erst mal genug Leistung auf dem Arbeitsmarkt zu erbringen. Junge Frauen wollen sich erst mal selbst absichern, um später auf keinen Fall von einem Partner oder einer Partnerin abhängig zu sein. Das gilt sicherlich nicht für alle jungen Menschen, aber es gilt für mich, und damit bin ich bestimmt nicht allein. Und weil auch wir jungen Frauen schon ständig auf das Ticken unserer biologischen Uhr aufmerksam gemacht werden, kann man dieses Thema auch nur schwer ignorieren.

»Hast du Angst, dass man dir eines Tages den Vorwurf machen wird, dass du dich zu sehr auf deine Karriere fokussiert hast, wenn es mit den Kindern am Ende dann doch nicht mehr klappt?«, rutschte mir Clara gegenüber die sehr direkte Frage in unserem Videocall heraus. Ich beobachtete ihr Gesicht auf meinem Handybildschirm.

»Ich weiß nicht. Ich wäre schon traurig, wenn ich diese Chance verpassen würde«, antwortete sie nachdenklich. Sie drehte ihren Kopf weg, die Pixel auf dem Bildschirm verschwammen kurz.

Das ist wieder mal so ein Paradox in unserer Gesellschaft, aus dem wir nicht herauskommen: Konzentrieren sich Frauen in jungen Jahren erst mal auf ihre Karriere und schaffen so die nötigen Grundbedingungen für eine Familie, werden sie dafür im Beruf zwar gelobt und manchmal auch belohnt, im Privaten werden sie jedoch häufig bestraft. Plötzlich stehen sie als egoistisch da und sollen einen Fehler gemacht haben, nur weil sie mit spätestens vierzig Jahren keine Mutter sind. Haben sie mit der Familienplanung zu lange gewartet, wird es ihnen zum persönlichen Vorwurf gemacht. Schuldgefühle können die Folge sein, wir Frauen halten uns dann tatsächlich oft selbst für Egoistinnen oder gar für dumm, weil wir nicht besser vorgesorgt haben.

Die vermeintliche Garantie der Reproduktionsmedizin

Auf dem Balkon erzählte ich Pia von Claras Ansichten, und sie nickte. »Ihr fühlt euch also zum Pokern gedrängt«, schlussfolgerte sie, und ich verzog mein Gesicht, weil es mir körperlich wehtat, wenn sie diese Fremdbestimmung, unter der ich stand, so klar definierte.

»Ich hol mal Wasser«, sagte ich und schnappte mir die Glaskaraffe, die auf dem Tisch vor uns stand. In der Küche drehte ich den Wasserhahn auf und hielt zuerst meine Hände darunter, danach die Karaffe. Ich schnitt eine Zitrone auf und ließ die Viertel ins Leitungswasser plumpsen. Dann zog ich die vereisten Schubladen vom Gefrierschrank auf und suchte nach Eiswürfeln. »Ganz unten!«, rief Pia von draußen. Wenig später saß ich wieder neben ihr und füllte unsere Gläser auf.

»Also wenn du jetzt pokerst ... Würde es dann nicht Sinn machen, wenn du dir deine Eizellen einfrieren lässt?«, fragte Pia mich, als hätte sie während meiner Abwesenheit die ganze Zeit über dieses Thema gegrübelt. Perplex streckte ich meine Füße wieder über das Geländer des Balkons. Ich hatte mir noch nie ernsthaft Gedanken über diese Frage gemacht .

»Ähm, keine Ahnung ... Das müsste ich ja jetzt mit Mitte zwanzig machen«, überlegte ich laut. Pia schaute mich forschend an, als würde sie auf eine konkretere Antwort warten. »Ich weiß nicht ... Dafür hab ich gar kein Geld gerade. Letztlich ist die Reproduktionsmedizin doch auch nur ein milliardenschweres Geschäft. Außerdem: Wer sagt mir, dass es dann später auf jeden Fall funktioniert? Dafür gibt's ja keine Garantie«, sagte ich skeptisch.

Die Reproduktionsmedizin bietet Männern und Frauen mittlerweile Möglichkeiten, für die Zukunft vorzusorgen. Dazu gehört zum Beispiel das Einfrieren von Spermien oder unbefruchteten Eizellen in jungem Alter. Als Faustregel gilt: je früher, umso besser. Das Problem dabei ist allerdings, dass nur wenige Studierende oder Azubis die finanziellen Möglichkeiten haben, diese Vorsorge überhaupt zu treffen. Kaum eine Frau hat mit Anfang oder Mitte zwanzig die nötigen viertausend bis fünftausend Euro herumliegen, um sich einfach so Eizellen entnehmen und einfrieren zu lassen. Das Einfrieren von Spermien ist mit fünfhundert Euro deutlich günstiger. Dazu kommt dann noch die Lagerung in einem professionellen Gefrierfach, die pro Jahr etwa dreihundert Euro kostet. Wird diese Vorsorge tatsächlich getroffen, besteht später einmal die Möglichkeit einer künstlichen Befruchtung. Diese schlägt je nach Verfahren pro Versuch mit zwischen viertausend und sechstausend Euro zu Buche. Wer in jungen Jahren die Möglichkeit verpasst hat vorzusorgen, kann es später noch mit einer Samenspende, einer Hormontherapie oder einem vergleichbaren Verfahren versuchen – allerdings sind diese Prozeduren auch nicht gerade günstig und können außerdem teilweise mit starken Nebenwirkungen einhergehen.

»Das ist schon etwas dämlich.« Ich richtete mich auf Pias Balkonstuhl auf und setzte zu einem Monolog an: »Junge Menschen passen ihre Familienplanung dem Job und der Wirtschaft an. Und dann, wenn wir uns dazu entscheiden, den Wunsch nach Kindern in die Tat umzusetzen, sollen viele von uns auch noch Geld dafür bezahlen?« Irritiert schüttelte ich den Kopf.

Während das Großziehen von Kindern bereits für frühere Generationen eine teure Angelegenheit war, ist es durchaus wahrscheinlich, dass bereits das Zeugen von Nachwuchs für immer mehr Menschen in der Zukunft zu einer gigantischen Investition wird. Wenn gewisse Voraussetzungen erfüllt werden, übernimmt zwar die Krankenkasse einen Teil der Kosten für eine künstliche Befruchtung, allerdings deckt sie nur eine bestimmte Anzahl an Versuchen ab. Und: Alleinstehenden und gleichgeschlechtlichen Paaren bleibt diese Unterstützung verwehrt. Wenn die von den Krankenkassen vorgegebenen, teils veralteten Voraussetzungen nicht erfüllt werden, müssen Menschen mit unerfülltem Kinderwunsch also selbst tief ins Portemonnaie greifen, um sich die Behandlungen leisten zu können. Wir müssen uns deswegen die Frage stellen, ob ein Baby damit nicht zum Privileg wird. Wird in Zukunft ein Kinderlachen nur noch denen vorbehalten sein, die gewisse Voraussetzungen erfüllen, von denen andere Menschen von vornherein ausgeschlossen werden? Werden nur noch wohlhabende Menschen eine Familie gründen, die für die nötigen Fruchtbarkeitsbehandlungen aus eigener Kasse aufkommen können?

»Na ja, es muss auf jeden Fall klar sein, dass das Thema Familienplanung unsere Gesellschaft nicht weiter spalten darf, wenn Entscheidende aus Medizin, Ethik und Politik darüber diskutieren«, sagte Pia. Sie hatte recht. Es ist unbequem und emotional, aber wir müssen uns damit beschäftigen, wer in Zukunft ein Recht auf leibliche Kinder haben soll. Wir müssen abwägen, was die Folgen davon sind, wenn sich der Lebensentwurf jüngerer Generationen in unserer Gesellschaft verändert und damit erst mal die Karriere in den Mittelpunkt rückt, während die Familiengründung nach hinten geschoben wird. Nicht zuletzt ist es so, dass finanziell schlechter aufgestellte Menschen, die keine Vorsorge in Form von Freezing-Methoden treffen können, dazu gedrängt werden, sich früher mit der Familienplanung zu beschäftigen als finanziell gut aufgestellte Menschen. Dabei besteht die Gefahr, dass Erstere entscheidende Momente im Berufsleben verpassen, die ihnen dabei helfen könnten, auf der Karriereleiter nach oben zu klettern und ihre Einkommenssituation zu verändern. Die Kinderfrage ist schon längst kein privates Thema mehr.

»Wenn die Politik zulässt, dass die Wirtschaft sich indirekt so stark in die Familienplanung einmischt, dann muss sie auch mehr Verantwortung übernehmen und weitreichende Unterstützung für alle bieten«, sagte ich zu Pia. Mein Blick fiel auf die Wasserkaraffe, in der die Eiswürfel langsam zu schmelzen begannen. Schon die naturwissenschaftlich-medizinische Gelehrtengesellschaft Leopoldina hat 2019 in einer Stellungnahme empfohlen, dass der Staat seine finanziellen Leistungen erweitern solle. In dem Schreiben steht auch, dass dringend mehr Forschung zum Thema Fruchtbarkeit betrieben werden müsse.[79] »Ja, das wäre sinnvoll«, sagte Pia. Auch ihr Blick blieb an den dahinschmelzenden Eiswürfeln hängen. »Außerdem ist es absolut notwendig, dass die Reproduktionsmedizin für junge Menschen transparenter wird. Schließlich setzen sie all ihre Hoffnungen darauf.« Pia hatte einen wichtigen Punkt gemacht: Es muss klarer formuliert werden, dass in Europa zwar jährlich über neunhunderttausend künstliche Befruchtungen mittels sogenannter IVF-Zyklen stattfinden, aber nur zweihunderttausend davon tatsächlich zur Geburt eines Kindes führen. Deutschland ist dabei nach Russland und Spanien das Land mit den meisten Eingriffen. Das Durchschnittsalter der Frauen liegt hierzulande bei fast 36, bei Männern bei fast 39 Jahren. Diese Zahlen gehen aus dem Jahrbuch 2019 des Deutschen IVF-Registers hervor.[80]

Wenn eine junge Frau mit Mitte zwanzig ihre Eizellen einfrieren lässt, muss ihr deutlich kommuniziert werden, dass später bei einer künstlichen Befruchtung die Wahrscheinlichkeit auf Mehrlinge steigt und damit auch das Risiko, dass die Kinder womöglich nicht gesund zur Welt kommen. Sie hat ein Recht darauf, das zu erfahren, und zwar nicht erst, wenn sie selbst gezielt danach fragt. Es sollte nicht erlaubt sein, eine medizinische Leistung zu verkaufen, wenn dabei nicht ausreichend auf die möglichen Risiken für die schwangere Person und das zukünftige Kind hingewiesen wird. Deshalb ist es auch so wichtig, dass die Marketingbotschaften von Kinderwunschkliniken nicht die Realität beschönigen und den Anschein absoluter Sicherheit erwecken. Wenn in Broschüren ausschließlich Fotos von glücklichen Paaren mit Baby auf dem Arm zu sehen sind und online in erster Linie Videos mit emotionalen Erfahrungsberichten von Wuscheltern gezeigt werden, bei denen die künstliche Befruchtung erfolgreich war, dann kommt es dadurch zu einer Wahrnehmungsverzerrung. Über die vielen Eltern, deren Wunsch nie in Erfüllung gegangen ist oder deren Behandlung mit einer Fehlgeburt geendet hat, wird zu wenig gesprochen. Genauso wie über die vielen Kinder kaum ein Wort verloren wird, die nach einer künstlichen Befruchtung mit einer Fehlbildung zur Welt kommen. Eine Pariser Studie aus dem Jahr 2020 ergab, dass Herzerkrankungen und Fehlbildungen im Harn- und Geschlechtsapparat im Zusammenhang mit künstlichen Befruchtungen übermäßig häufig auftreten. Gleiches gilt für Tumore auf der Haut oder das Auftreten des Beckwith-Wiedemann-Syndroms, das auf eine Genmutation zurückzuführen ist. Die Folgen davon sind häufig ein asymmetrisches Wachstum der Zunge oder der inneren Organe.[81] Paare und Einzelpersonen investieren viel Geld und Hoffnung in Fruchtbarkeitsverfahren, aber die Medizin kann längst noch keine Erfolgsgarantie geben. Das muss deutlicher werden.

Popkultur und Baby-Business

»All diese Risiken müssen transparenter kommuniziert werden und in der Mitte der Gesellschaft ankommen«, sagte Pia, die sich intensiv mit dem Thema auseinandergesetzt hatte.

»Ja, du hast recht. Wenn das nicht langsam passiert, haben wir das Problem, dass junge Menschen bei einer künstlichen Befruchtung weiterhin nur an die gesunden Zwillinge von Beyoncé oder Mariah Carey denken«, sagte ich. Es klang ironisch, aber ich meinte es ernst: Die Marketingmaßnahmen der Kinderkliniken und Erfolgsgeschichten bekannter Persönlichkeiten führen dazu, dass die Reproduktionsmedizin in unseren Augen als unfehlbar dasteht. Junge Menschen schieben deswegen ihre Familienplanung oft unbeirrt in die späten Dreißiger, nichts ahnend, was das wirklich für sie bedeuten kann.

»Oder guck dir Kim Kardashian an! Ich meine: Ich freu mich ja für sie, weil eine erneute Schwangerschaft für sie selbst aus diversen Gründen lebensgefährlich gewesen wäre ... Was hatte sie noch mal?«, fragte Pia mich. Ich war ihr wandelndes Promi-Lexikon.

»Keine Ahnung, irgendwie war die Gebärmuttermuskulatur verwachsen oder so«, erinnerte ich mich vage.

»Na ja, ist ja auch egal. Jedenfalls wurde durch Kim das ganze Thema Leihmutterschaft enorm gepusht, aber insbesondere von den ganzen Klatschblättern überhaupt nicht kritisch hinterfragt«, sagte Pia. Ihre Bedenken waren berechtigt: Dem sogenannten Baby-Business in Form einer Leihmutterschaft wird durch die Popkultur gefährlich viel Wind in die Segel gespielt.

Leihmutterschaft – das ist ein Thema, das unsere Gesellschaft seit Jahrhunderten beschäftigt und Arm und Reich weiter spaltet. Während der Coronapandemie wurde sichtbar, welche Prozesse sich bei diesem Verfahren im Hintergrund abspielen. Wegen der Reisebeschränkungen konnten etliche Babys, die von Leihmüttern in einem anderen Land zur Welt gebracht wurden, nicht von den internationalen Wunscheltern abgeholt werden. In Deutschland entfachte dadurch eine Diskussion, ob die Leihmutterschaft hierzulande legalisiert werden sollte. Derzeit befinden wir uns in einer Grauzone: Eine Leihmutterschaft in Deutschland ist eigentlich nicht erlaubt, aber sie ist längst nicht unmöglich. Laut Auswärtigem Amt heißt es zwar, dass die im Zusammenhang mit einer Leihmutterschaft ausgeführten Tätigkeiten von Ärzt*innen nach dem Embryonenschutzgesetz in Deutschland strafbar seien. Auch die Leihmutterschaftsvermittlung werde nach dem Adoptionsvermittlungsgesetz unter Strafe gestellt. Nicht strafbar machen sich allerdings die Wuncheltern selbst, also jene Menschen, die eine Leihmutter für ihre Zwecke beauftragen. Der Wunschmutter werden Eizellen entnommen, der Wunschvater steuert seine Spermien bei, irgendwo auf der Welt trägt eine Leihmutter das Kind aus. Natürlich stoßen die Wunscheltern auf rechtliche Schwierigkeiten, wenn es zum Beispiel darum geht, das Kind nach Deutschland zu bringen oder die Wunschmutter auch als solche anerkennen zu lassen. Aber es haben sich mittlerweile eine Handvoll Rechtsanwaltschaften darauf spezialisiert, dem Kind die Einreise zu ermöglichen und zumindest die Anerkennung der Vaterschaft durchzuboxen. Schlupflöcher in der Gesetzeslage machen es möglich. Es ist schön, wenn damit für ein Elternpaar ein langersehnter Wunsch in Erfüllung geht. Wenn wir in Zukunft aber darüber sprechen, ob wir in Deutschland die Leihmutterschaft legalisieren wollen, dürfen wir nicht vergessen, dass es sich dabei oftmals um eine moderne Form der Ausbeutung von meist armen Menschen in armen Ländern handelt. Es ist ein Irrglaube zu denken, dass wir den Leihmüttern durch dieses Geschäft eine Art Unabhängigkeit ermöglichen.

Manche Wuncheltern zahlen in den USA bis zu achtzigtausend Euro für eine Leihmutterschaft, was allerdings nicht bedeutet, dass die gesamte Summe bei der Leihmutter ankommt.[82] Je nach Vertrag geht es den Leihmüttern, die hier Geschäfte machen, im Vergleich zu anderen Ländern etwas besser, aber das gilt sicher nicht für alle Frauen. In der Regel gehen Leihmütter in Ländern wie Südafrika, Ukraine, Mexiko und Russland den Pakt mit dem Teufel aus dem Westen ein, weil sie keine andere Option haben. Es sind Länder, in denen besonders Frauen häufig in Armut leben, weniger Zugang zu Bildung und kaum Möglichkeiten zur Selbstverwirklichung haben. Zum Teil werden sie zur Leihmutterschaft gedrängt oder sie haben keine andere Wahl, weil sie ihre eigenen Familien ernähren müssen. Je nach Land und Bedingungen bekommen die Leihmütter zwischen fünftausend und vierzigtausend Euro.[83] Es kann aber auch sein, dass sie mit ihrem Leben bezahlen, weil die medizinische Versorgung vor Ort so schlecht ist.

Dieses Problem könnte sich in Zukunft verschärfen, wenn noch mehr Menschen im Westen Schwierigkeiten haben, leibliche Kinder zu bekommen – sei es, weil sie zu lange gewartet haben oder weil sich die Forschung nicht ausreichend mit den zunehmenden Fruchtbarkeitsproblemen beschäftigt. Daraus ergibt sich auch die Gefahr, dass mehr Menschen aufgrund ihrer Sehnsucht nach einem Kind ihre soziale Verantwortung abgeben und existierende Schlupflöcher im Gesetz nutzen. Diese Verantwortung haben wir in den letzten Jahren in anderen Bereichen bereits oft genug beiseitegeschoben, indem wir Entwicklungsländer als billige Produktionsstätten mit menschenunwürdigen Bedingungen missbraucht haben. Wir müssen um jeden Preis verhindern, dass die globale soziale

Verantwortung, die wir tragen, noch mehr in den Hintergrund gerät und in Zukunft auch Menschenleben zu Produkten werden, die in fremden Ländern unter teils sehr schlechten Bedingungen »hergestellt« werden. Dazu bedarf es einer Erneuerung des gesetzlichen Rahmens, bei dem das Wohl der Leihmutter und des Kindes, das durch diesen Vertrag zur Welt kommt, von genauso großer Wichtigkeit ist wie die Rechte der Wunscheltern. Die Schlupflöcher im System dürfen jedenfalls nicht unkontrolliert größer werden.

Die Kinderwunschfrage wird für kommende Generationen womöglich weitaus emotionaler ausfallen, als sie es für frühere Generationen war. Wir müssen uns nicht nur mit der Frage beschäftigen, ob wir überhaupt Kinder haben möchten, sondern im Zweifel auch damit, auf welche Weise wir diesen Wunsch erfüllen wollen. Eventuell müssen wir uns dabei mit vielen sehr persönlichen und zum Teil auch ethischen Hürden auseinandersetzen. Das wird nicht leicht sein, und es wird wehtun. Die Politik darf zukünftige Generationen mit diesem Schmerz nicht allein lassen.

Der Kinderwunsch, der Generationen überdauert

»Ich frage mich eher, warum es überhaupt so was wie einen Kinderwunsch gibt. Ist die Sehnsucht nach einem Baby wirklich etwas, das tief in uns verwurzelt ist, um unsere Spezies zu erhalten, oder wird uns das im Kindesalter vielleicht auch einfach nur eingetrichtert?« Ich schaute Pia an, ihre Gedanken dazu interessierten mich.

Sie zuckte mit den Schultern. »Ein gewisser Teil wird uns wohl schon beigebracht, oder warum hast du deine komische Puppe Lisa früher überallhin mitgeschleppt? Warum werden Mädchen Puppen geschenkt, wenn nicht aus dem Grund, um ihre Fürsorglichkeit zu fördern?«, fragte sie mich.

Ich überlegte. An meine kahlköpfige Puppe in ihrem blauen Kleid erinnerte ich mich noch gut. Sie liegt mittlerweile auf dem Dachboden meiner Eltern in einem Karton, den ich als Teenager selbst gepackt habe. Damals hatte ich wie selbstverständlich den Gedanken, dass ich eines Tages Mutter werden wollte. Neben Lisa liegen in dem Karton auch die Bücher mit den Abenteuern der kleinen Hexe von der Autorin Lieve Baeten, meine Mutter hat noch das Reisebuch vom kleinen Hasen Felix dazugelegt. Auf den Karton habe ich einen Zettel geklebt: »Für meine Kinder.« Rückblickend hört sich das ziemlich verrückt an, und ich weiß gar nicht, warum ich das damals unbedingt so machen wollte.

Der Gedanke, etwas aus der eigenen Kindheit für seinen Nachwuchs aufzubewahren, ist zwar schön, aber er wird bei manchen später womöglich umso mehr Schmerz verursachen, wenn die Buchseiten niemals von kleinen Händen umgeblättert werden und kein Kind fragen wird, ob man ihm die Geschichten vom kleinen Hasen Felix vorlesen kann. In meinem Fall war ich diejenige, die den Karton gepackt hat. Aber nicht selten gehen auch Eltern zweifelsfrei davon aus, dass ihre eigenen Kinder sie eines Tages zu Großeltern machen werden. Dann sind sie es, die für ihre Enkelkinder Lieblingsspielsachen und -klamotten in einer Kiste auf dem Dachboden sammeln. Ein Kinderwunsch kann Generationen überdauern und sich zum Enkelkinderwunsch entwickeln. Wenn er nicht in Erfüllung geht, kann sich auch der Schmerz wie ein Riss durch diese Generationen ziehen.

Das hat mir auch die Geschichte von einer guten Freundin aus Bremen – nennen wir sie hier Lena – gezeigt. Sie selbst wollte nie Nachwuchs, das hat sie als Jugendliche schon gesagt. Sie wollte frei von Verantwortung sein, für immer sorglos und schwerelos wie in Schulzeiten bleiben. Lena wuchs als Einzelkind auf, obwohl das anders geplant war. Ihre Mutter hatte vor ihrer Geburt mehrere Fehlgeburten. Als sie mit Lena endlich ein gesundes Kind im Arm hielt, war ihr Glück perfekt und der Wunsch nach einer Großfamilie auf später vertagt, wenn Lena ihnen eine Handvoll Enkelkinder schenken würde. »Ich ahnte gar nicht, was es mit meinen Eltern anstellte, als ich ihnen als Jugendliche immer wieder klarmachte, dass ich keine Kinder haben will«, sagte Lena rückblickend mal zu mir. Dieser Satz riss jedes Mal wieder alte Wunden auf und brachte sie später, als Lena ungeplant schwanger wurde, unerbittlich zum Bluten. »Ein kleines Mädchen ... in meinem Bauch. Ich wollte es zuerst nicht haben«, erinnerte sich Lena. Ein Kind habe nicht in ihr Leben gepasst. Als sie ihren Eltern erzählte, dass sie über eine Abtreibung nachdenke, riss es ihrer Mutter den Boden unter den Füßen weg. Sie bekam Herzrasen und Panikattacken, plötzlich holte ihr eigener Kinderwunsch sie wieder ein, und die Erinnerungen an die vielen Fehlgeburten wurden erneut wachgerüttelt. Am Ende beschloss Lena, das Kind in ihrem Bauch doch zu behalten. »Ich habe die Entscheidung für mich getroffen, nicht für sie«, sagte meine Freundin, die mittlerweile komplett in ihrer neuen Rolle aufgeht. Aber so wie ihre Mutter auch vier Jahre nach der Geburt ihrer Enkelin nicht die Angst ablegen kann, ein weiteres Kind zu verlieren, wird Lena nun das Gefühl nicht los, dass sie für diese neuen Angstattacken mitverantwortlich sei. Aber das ist sie nicht.

»Wenn Lena sich für eine Abtreibung entschieden hätte, wäre das auch in Ordnung gewesen. Sie hätte auch ohne Kind ein erfülltes Leben gehabt, wenn sie diesen Weg gewählt hätte. Ein Kinderwunsch darf einem Menschen weder von engsten Angehörigen noch von der Gesellschaft auferlegt werden«, sagte Pia, als ich ihr von meiner Freundin aus Bremen erzählte. Sie schüttelte kräftig den Kopf. »Wahrscheinlich hätten viel weniger Menschen den Wunsch nach einem eigenen Kind, wenn unsere Gesellschaft uns nicht ständig sagen würde, dass Kinder der Sinn des Lebens seien. Dauernd bekommen wir zu hören, wie einsam wir später im Alter mal sein werden, wenn wir uns in jungen Jahren bewusst gegen Kinder entscheiden. Was soll diese bedingungslose Liebe zwischen Eltern und Kindern überhaupt sein, und ist es nicht anmaßend, darüber zu entscheiden, dass nur Mütter und Väter sie empfinden können? Ständig wird über das eigene Fleisch und Blut gesprochen, aber warum?«, grübelte Pia. Sie band sich ihre blonden Haare zu einem Zopf zusammen. Ihre Stirn war von der Sonne leicht rot.

»Hätte ich einen akuten Kinderwunsch, dann würde ich wollen, dass in unserer Gesellschaft zuerst gute und transparente Rahmenbedingungen geschaffen werden, bevor ich diesen Wunsch in die Tat umsetze – ob auf natürliche Art oder mithilfe der Reproduktionsmedizin. Die Ängste, als Elternteil durch ein wirtschaftliches System oder in ein finanzielles Loch zu fallen, sollten zudem unbegründet sein«, sagte ich, wohl wissend, dass wir davon in diesem Land noch weit entfernt waren. »Und wenn ich diesen Wunsch nicht hätte, dann wäre ich nicht ›kinderlos‹. Dieses Wort impliziert, dass Paaren oder auch Alleinstehenden ein Teil fehlt, wenn sie kein Kind haben«, fuhr ich fort. In unserem

Sprachgebrauch sind die meisten Wörter, die auf »-losigkeit« enden, negativ behaftet: Antriebslosigkeit, Appetitlosigkeit, Ausweglosigkeit, Hilflosigkeit, Bedeutungslosigkeit. Es ist ein Makel. Dabei kann doch auch das Leben ohne Kind ein Gewinn sein.

»Du würdest wie ich viele Privilegien und Zeit gewinnen, wenn du auf deinen Wunsch hin für immer ohne Kinder bleiben würdest. Du hättest das Glück, dich anderen Dingen und Menschen widmen zu können. Am Ende wäre dieses Glück genauso groß. Du wärst also nicht kinder*los,* sondern kinder*frei*«, vergewisserte mir Pia und goss mir den letzten Schluck Zitronenwasser ein. Die Eiswürfel in der Karaffe waren mittlerweile vollständig geschmolzen, und die Sonne bewegte sich langsam in Richtung Horizont.

Achtsamkeit oder
Selbstoptimierung?

Triggerwarnung: In diesem Kapitel wird eine Essstörung thematisiert. Wenn die Auseinandersetzung mit diesem Thema persönliche Folgen für dich haben könnte, dann lies dieses Kapitel nicht oder zumindest nicht allein.

Alles fing an einem heißen Sommertag mit einer Entschlackungskur an. Lange bevor Clara für ihren Master ins Ausland zog, kam sie mich in der Mittagspause in meiner Wohnung in Hamburg besuchen. Während ich hungrig meinen Tortellinisalat hinunterschlang, trank sie eine kalte Tomatensuppe.

»Okay, also wieso machst du das jetzt?«, fragte ich sie mit vollem Mund.

Sie antwortete, dass sie mit der Kur ihr Völlegefühl loswerden und ihrem Körper einfach mal eine Pause gönnen wolle. Wenn sie dabei noch ein paar Kilo abnehmen würde, wäre es auch nicht verkehrt. Schließlich sei Sommer.

»Aber danach isst man doch eh wieder normal und hat im Zweifel einen Jo-Jo-Effekt«, sagte ich skeptisch. Als sie mir von einer professionellen Bauchmassage erzählte, die sie ausprobieren wollte, fiel meine Reaktion nicht anders aus. Die kreisenden Bewegungen sollten angeblich den Darm unterstützen und den Stoffwechselprozess antreiben. Ich runzelte die Stirn.

»Kannst du bitte mal aufhören, immer so kritisch zu sein? Das nervt«, fuhr meine Freundin mich an. Meine Skepsis konterte sie mit einer Aussage, der nur schwer etwas entgegenzusetzen war: »Ich tue das für mich!« So weit, so gut, dachte ich mir.

In der heutigen Zeit rechtfertigt dieser Satz fast alles. Viele Menschen haben das Bedürfnis, etwas für sich selbst zu tun, zu entschleunigen, sich selbst ein Stückchen näherzukommen und die Signale des eigenen Körpers klarer deuten zu können. Dazu gehört auch, zu einer gewissen »Natürlichkeit« zurückzukehren, auf Industriezucker zu verzichten und dafür mehr frische Lebensmittel wie Obst und Gemüse zu essen. Ich habe das auch mal probiert, aber als ich verstanden habe, wie viel Zucker in nahezu allen Produkten steckt, die wir im Supermarkt kaufen können, wurde mir das schnell zu anstrengend.

Das Streben nach einem gesünderen, »besseren« Körper und damit auch einem ausgeglichenen Geist ist alt, allerdings hat man es früher offensichtlicher gemacht. Seit jeher tappen besonders Frauen häufig in die Selbstoptimierungsfalle. Sie probieren Diäten aus Magazinen, die neusten Sportprogramme und Beauty-Tricks aus, um so viel wie möglich aus sich selbst »herauszuholen«. Jüngere Generationen hingegen, die achtsamer mit sich selbst umgehen wollen, machen keinen Sport mehr, um irgendwelche Körperideale zu erreichen – zumindest behaupten wir das. Wir sagen stattdessen, dass wir es der Gesundheit und des Ausgleichs wegen tun. Anstatt Kohldiäten zu machen, entschlacken wir mit Saftkuren. Aber gehen wir damit tatsächlich aufgeklärter und wohlwollender mit uns selbst um? Oder ist das nur eine Wahrnehmungsverzerrung? Denn: Der Drang zur Selbstoptimierung ist nach wie vor da, er versteckt sich nur häufiger hinter industriellen Achtsamkeitspraktiken und dem Satz: »Ich tue das für mich!« Self-Care lautet das große Schlagwort unserer Zeit. Das Ziel, wirklich besser auf die eigenen Bedürfnisse einzugehen, kann bei diesen Praktiken allerdings leicht aus den Augen verloren werden. Wenn eine Person in diesem Prozess dann tatsächlich in eine Abwärtsspirale gerät, macht es die Überzeugung »Ich tue das für mich!« nur noch schwieriger, sie darauf aufmerksam zu machen.

So war es auch bei meiner Freundin Clara. Nach der Entschlackungskur hatte sie keinen Jo-Jo-Effekt, weil sie auch danach für eine lange Zeit nicht zu einem normalen Essverhalten

zurückkehrte. Ein halbes Jahr nach der gemeinsamen Mittagspause saßen wir zusammen im Kino und warteten darauf, dass
der Film *Little Women* losging. Während sich die Plätze um uns
herum langsam füllten, erzählte Clara von ihrem Tag. Ich konnte
ihr kaum zuhören, denn das Einzige, was ich wahrnahm, war ihr
Atem. Ihr Magen war leer, das konnte ich riechen.

»Willst du Popcorn?«, fragte ich und hielt ihr den Eimer hin,
den ich vor der Vorstellung gekauft hatte.

»Nö, danke«, antwortete sie.

»Was hast du heute gegessen?«, fragte ich.

»Ich hab mir zum Mittagessen eine Quesadilla mit Käse gemacht«, antwortete sie.

»Nur mit Käse?«, fragte ich weiter. Clara nickte und wollte das Thema wechseln. Was ich zuvor immer nur zaghaft an-
gedeutet hatte, wenn sie mir wieder mal erzählte, dass sie beim
Joggen Herzrasen bekommen hatte, platzte plötzlich mit voller
Wucht aus mir heraus: »Du isst zu wenig, Clara! Dein Atem
riecht, weil dein Bauch immer leer ist!«

Das Licht ging aus, Clara rückte in ihrem großen Kinosessel
so weit wie möglich von mir weg. Schlechtes Timing. Der Film
ging los, und während ich Emma Watson dabei zuschaute, wie sie
vor mir über die Leinwand tanzte, bereute ich meinen Ausbruch.
Wenige Minuten vor einer Filmvorstellung, zwischen zahlreichen
fremden Personen, war wohl der denkbar schlechteste Augenblick gewesen, um Claras Essverhalten anzusprechen. Idiotin!,
sagte ich innerlich zu mir selbst. Das war wirklich unsensibel von
mir gewesen. Ich war mit der Situation komplett überfordert.

Ich verlor den Zugang zu meiner Freundin und ließ sie
die nächsten Monate einfach ihr Ding machen, auch wenn
ich merkte, dass mich ihre Erzählungen von den täglichen

Work-outs selbst unter Druck setzten. Wenn sie in ihrer Instagram-Story ihre Joggingstrecke inklusive Kilometer- und Zeitangabe postete und dazuschrieb: »Laaangsam wird's«, skippte ich genervt weiter. Manchmal fragte Clara, ob ich heute schon Sport gemacht hätte, und dann schlich sich bei mir ein schlechtes Gewissen ein. Insgeheim fragte ich mich, ob sie das nur wissen wollte, damit sie sich selbst besser fühlen konnte, wenn sie mir von ihren Work-outs erzählte. Ich merkte, dass der Zwang, den sie sich selbst auferlegte, auch mich in Bedrängnis brachte. Wir trieben immer weiter voneinander weg. Wenn Clara mir mitteilte, dass sie sich ihre Sommersprossen weglasern lassen wolle, und dabei erneut betonte, dass sie das »für sich tue«, zuckte ich nur mit den Schultern. Wenn sie mir abends am Telefon erzählte, dass sie vor lauter Stress den ganzen Tag lang nur einen Apfel gegessen habe, ging ich nicht darauf ein. Wenn sie mal wieder Anzeichen einer Erkältung zeigte und sich darüber beschwerte, dass ihr ständig kalt sei, hielt ich ihr keinen Vortrag mehr darüber, dass der Körper Kohlenhydrate als Energielieferanten brauche. Wenn ein Typ, den sie datete, ihr sagte, dass sie ein komisches Verhältnis zum Essen habe und sie deshalb verletzt war, sagte ich gar nichts, denn alles, was ich hätte sagen können, hätte sie nur noch mehr verletzt. Clara war zu weit weg, um mich wirklich zu hören. Gleichzeitig sprach ich zu leise. Es war vielleicht das Schlimmste, was einer Freundschaft passieren konnte: Eine Person entwickelte ein ernsthaftes Problem, und die andere war davon überfordert und ignorierte es deshalb.

Etwa ein Fünftel der Kinder und Jugendlichen in Deutschland im Alter von elf bis 17 Jahren zeigt laut der Bundeszentrale für gesundheitliche Aufklärung Symptome einer

Essstörung. Mädchen sind häufiger betroffen als Jungs, und die Zahlen steigen. Litten früher etwa zwanzig von hunderttausend jungen Frauen zwischen 15 und 24 Jahren unter einer Essstörung, sind es heute schätzungsweise rund fünfzig.[84] Genaue Zahlen sind schwer zu ermitteln, weil viele Essstörungen unerkannt bleiben. Sie schleichen sich langsam ein, fallen nicht direkt auf oder verstecken sich hinter dem Satz: »Ich tue das für mich.« Self-Care eben, kein Grund zur Sorge, ich tue mir doch was Gutes! Bei nahezu allen Süchten oder gestörten Verhaltensmustern handelt es sich nur um Symptome. Die wahren Auslöser sitzen meist tief im Inneren der betroffenen Person. Es kann Jahre dauern, diese klar benennen zu können, und noch viele weitere Jahre, bis man diese inneren Konflikte lösen kann – manchmal gelingt es auch gar nicht.

Eineinhalb Jahre nach Claras erster Entschlackungskur im Sommer gelang es uns endlich, ein ehrliches Gespräch über ihr Essverhalten zu führen. Ich gab zu, dass ich eine schlechte Freundin gewesen war, weil ich ihr nicht wirklich zur Seite gestanden hatte. Sie gestand, dass der Selbstoptimierungswahn bei ihr überhandgenommen und sie vieles in Wahrheit nicht »für sich selbst« getan habe, sondern um mithalten zu können und im Urlaub die perfekte Figur zu haben. Aber was heißt das eigentlich: »perfekt«?

Für meine Mutter war eine Weile lang Cindy Crawford ziemlich perfekt. Ich erinnere mich daran, dass wir zu Hause eine ihrer Fitness-DVDs hatten. In dem Video trainierte das Topmodel mit Föhnfrisur am Strand und hob kleine pinke Hanteln in die Luft. Ihr Körper war schlank und durchtrainiert. Wenn sie auf den Covern von Magazinen abgebildet war, sah sie noch ein wenig perfekter aus. Oder anders formuliert: Photoshop ließ sie noch makelloser erscheinen. Obwohl damals eigentlich alle wussten, dass die Bilder in Zeitschriften bearbeitet waren, eiferten trotzdem viele Frauen Cindy Crawford nach. Heutzutage wird der jungen Generation nicht mehr nur von Frauenmagazinen ein Bär aufgebunden. Wir veräppeln uns selbst. Wir erzählen uns gegenseitig Märchen, indem wir nahezu jedes Bild, das wir auf Instagram posten, vorher bearbeiten. Leberflecke und Pickel werden einfach wegretuschiert, wenn sie nicht gefallen. Überall wird ein Filter drübergelegt, der die Haut glatter, straffer und ebenmäßiger erscheinen lässt. Die Wangenknochen werden betont, die Lippen bekommen eine Herzform. Die Beine werden länger gezaubert, mit einem Wisch über den Bildschirm bekommt jeder Mensch schnell eine Wespentaille. Fotos, auf denen sich junge Frauen ungeschminkt zeigen, bekommen den Hashtag #formorerealityoninstagram aufgedrückt. Gleichzeitig spiegelt sich das Ringlicht in ihren Augen. In den sozialen Netzwerken haben wir alle plötzlich die Möglichkeit, perfekt auszusehen. Aber was passiert, wenn wir in den Spiegel gucken? Erschrecken wir dann? Wünschen wir uns den Instagram-Filter auch im echten Leben?

Es gab schon immer Schönheitsideale, sowohl für Männer als auch für Frauen. Und es war früher schon schwer, sie zu erreichen. Die wenigsten Menschen hatten in ihrem turbulenten Alltag die Kapazitäten, die Optimierung des eigenen Körpers zu ihrer Hauptaufgabe zu machen. Genügend schlafen, täglich trainieren und sich gesund ernähren, das war zwar möglich, aber auch zeitaufwendig. Heute ist das Erreichen der gängigen Schönheitsideale nahezu unmöglich, weil sie nicht der Realität entsprechen und ohne Beauty-Eingriffe teilweise gar nicht umsetzbar sind. Und trotzdem hecheln wir ihnen nach und behaupten: »Ich mache das für mich, weil ich es schön finde!« Diese Art von Schönheitsidealen ist weitaus toxischer als diejenigen, mit denen frühere Generationen konfrontiert waren. Denn egal wie viel Selbstdisziplin man an den Tag legt – am Ende ist es nie genug, das Idealbild bleibt weiterhin unerreichbar.

Ein Mangel an Selbstdisziplin? Im Gegenteil!

Aber nicht nur unrealistische Schönheitsideale führen dazu, dass junge Menschen dem Optimierungswahn verfallen. Mittlerweile geht es um mehr: Wir versuchen sogar, das eigene Wohlbefinden durch Selbstdisziplin zu optimieren, um dadurch »besser« zu werden, in allen Bereichen. Wirklich gefährlich wird es, wenn dabei ernst zu nehmende Erkrankungen wie Depressionen, Ess- oder Angststörungen auf überwindbare Charakterzüge reduziert werden, die sich Betroffene mit genügend Selbstdisziplin angeblich abtrainieren können. Du bist zu depressiv, um morgens aus dem Bett zu kommen? Schreib einfach am Abend davor eine To-do-Liste und schwing dich auf die Yogamatte, dann wird das schon! Aber so einfach ist das eben nicht. Wenn psychische Erkrankungen mit im Spiel sind, braucht es oft nicht nur Stärkung von innen, sondern eben auch von außen, im Rahmen einer professionellen Behandlung. Und das ist okay.

Den Satz »Ich tue das für mich« hören wir heutzutage immer häufiger in Verbindung mit Achtsamkeitsritualen aller Art. Wir gehen spazieren und versuchen, regelmäßig Zeit an der frischen Luft zu verbringen. Wir ernähren uns gesund und wollen unseren Körper mit vitaminreichen Smoothies und Frühstücksbowls unterstützen. Wir meditieren, um in uns einen Ort der Ruhe zu finden. Das ist alles sinnvoll, und es scheint uns auf den ersten Blick gutzutun. Allerdings sollten wir uns hin und wieder auch fragen, ob wir all das wirklich ausschließlich für uns selbst machen. Denn Achtsamkeit ist der perfekte Deckmantel für Selbstoptimierung, die darauf abzielt, immer noch leistungsfähiger zu werden. Die Begriffe »Selbstoptimierung« und »Achtsamkeit« beschreiben zwei komplett unterschiedliche Dinge, sind aber trotzdem gefährlich schnell zu verwechseln. Hinter beiden Ansätzen steckt das Bedürfnis, »besser« zu werden und sich von innen heraus zu stärken, sodass Einflüsse von außen uns nicht so viel anhaben können. Wir wollen uns mentale Stärke antrainieren, unumstößlich werden. Aber das eigene Wohlbefinden ist kein Problem, das wir mit Selbstdisziplin »lösen« können.

Mehr Achtsamkeit scheint für viele die Antwort auf alles zu sein, aber in Wahrheit droht diese Lebenseinstellung zum Problem zu werden, wenn sie zu übertriebener Selbstoptimierung führt. Zumal aus dem kollektiven Bedürfnis, sich von innen heraus zu stärken, mittlerweile eine Industrie entstanden ist, die sich besonders an junge Menschen richtet. Selbsthilfeliteratur ist zu einem Millionengeschäft geworden, Apps erinnern uns an die tägliche Meditationseinheit und sollen uns dabei helfen, Achtsamkeit mit ein paar Klicks in unseren stressigen Alltag zu integrieren. Anwendungen wie Calm oder Headspace sind dabei besonders beliebt. Sie verdienen Millionen damit, uns eine weitere App unterzujubeln, obwohl es für uns eigentlich das Beste wäre, das Handy einfach mal auszuschalten. Unterstützt wird der Hype durch Social Media: Auf Instagram testen

Influencer*innen die Programme und erzählen, dass sie dadurch endlich wieder klarer denken könnten. Es sei kein Chaos mehr in ihrem Kopf, sondern da sei endlich Struktur! Sie würden nachts wieder mehr träumen und tagsüber dadurch ihre Kreativität voll auskosten können. Aber wozu das alles? Was wollen die Influencer*innen uns damit sagen? Auch sie propagieren letztlich Selbstoptimierung unter dem Deckmantel von Achtsamkeit. Die beworbenen Apps sollen uns dabei helfen, uns ausgeglichener und belastbarer zu fühlen, um so im Alltag noch besser zu funktionieren. Wir sollen uns anpassen, Leistung erbringen. Statt innezuhalten und zu hinterfragen, warum wir so gestresst sind, dass wir nachts nicht mehr träumen, schieben wir eine zehnminütige Meditationssession in unseren vollen Kalender. Problem gelöst – oder?

Wir sehnen uns nach Selbstbestimmung, erhoffen uns durch Meditation und andere Achtsamkeitspraktiken mehr Freiheit, doch uns fällt dabei nicht auf, wie fremdbestimmt wir durch die Achtsamkeitsindustrie tatsächlich sind. Viele von uns suchen auf der Yogamatte nach Antworten, wir richten den Blick nach innen und legen Scheuklappen an, um uns von dem hektischen Treiben um uns herum nicht unter Druck setzen zu lassen. Ich tue das auch. Im selben Moment verschließen wir die Augen vor der eigentlichen Problemursache. Wir versuchen, die Lösungen bei uns selbst zu finden, wollen lernen, mit Stress anders und besser umzugehen, und unseren Körper von innen heraus stärken. Das ist nicht grundlegend verkehrt, allerdings übersehen wir dabei oft, dass es sich nicht nur um unser persönliches Empfinden handelt, das wir mit diesen Techniken in den Griff bekommen wollen, sondern um eine kollektive Gefühlslage. Wir klammern uns an unsere

Yogamatte und an Meditationsapps, anstatt uns zu fragen, was wirklich falsch läuft. In unserer verzweifelten Suche nach Entschleunigung ziehen wir noch mal einen Gang an, wir bürden uns immer mehr auf, fügen unserer endlos langen To-do-Liste noch mal einen Bulletpoint hinzu. Statt uns wirklich einmal Ruhe zu gönnen, klammern wir uns an Produkte, die Besserung versprechen, und treten damit aufs Gaspedal, statt langsamer zu werden.

Achtsamkeit mit Hang zur Produktivität

Jedes Jahr gegen Ende Dezember erreicht das Keyword »Achtsamkeitstagebuch« in den Google-Trendcharts einen Peak. Das ist typisch: Die Leute suchen kurz vor dem Jahreswechsel im Internet nach einem solchen Journal, um es dann pünktlich zum ersten Januar des neuen Jahres aufklappen zu können und ihren Neujahrsvorsätzen nachzugehen. Die da wären: positiv in den Tag starten, aufschreiben, wofür sie dankbar sind, was sie an sich selbst gut finden und welche Ziele sie haben. Während die meisten Vorsätze normalerweise innerhalb weniger Monate, wenn nicht sogar Tage, gebrochen werden, hielt der Wunsch nach Achtsamkeit und innerer Ruhe im Jahr 2020 länger an. Er verstärkte sich sogar, denn im Juni 2020 hatte das Keyword einen weiteren Peak, die Suchanfragen häuften sich. Mitten im Jahr, in der Jahreszeit, in der wir normalerweise am meisten Sonne und Vitamin D abbekommen und vor Energie nur so strotzen. Diese Beobachtung ist nicht nur untypisch, sondern auch ein Indiz dafür, dass es sich bei dem Bedürfnis nach mehr Achtsamkeit nicht nur um den emotionalen Zustand einer einzelnen Person handelt. Es ist der Zustand vieler Menschen, eine kollektive Sehnsucht. Doch wer hat eigentlich die Zeit, diesem Wunsch nach Achtsamkeit überhaupt nachzugehen? Handelt es sich dabei nicht um ein Luxusgut, das einer privilegierten Gruppe vorbehalten ist? Interessant ist in diesem Zusammenhang, dass viele der angebotenen Achtsamkeitstagebücher Titel tragen wie *Das 6-Minuten-Tagebuch*. Manche bieten die Entschleunigung sogar in fünf Minuten oder weniger an. Achtsamkeit ist ein Muss, aber sie soll bitte schön schnell gehen und produktiv sein. Ist das allerdings nicht schon ein Gegensatz in sich?

Clara und ich schreiben mittlerweile beide Journals. »Das Runterschreiben ist sowohl ein Loswerden von Emotionen als auch ein Filtern«, versuchte Clara mal den Prozess in Worte zu fassen, als wir im Park auf einer Decke lagen. Wie bei einem Sieb blieben für sie beim Schreiben in ihr Journal am Ende die großen Brocken übrig, während alles Überflüssige hindurchrinne. Hinterher könne man sich dann überlegen, ob man die Brocken noch länger betrachten, sie behalten oder wegwerfen wolle. »Hört sich eso an, oder?«, sagte sie lachend, aber ich schüttelte den Kopf. Mit Esoterik hat das in meinen Augen nichts zu tun. Vielmehr ist es eine Bewusstseinsschärfung.

Ich selbst schreibe die sogenannten *morning pages* und versuche, vor dem Aufstehen immer dieselben drei Fragen zu beantworten: Wofür bin ich heute dankbar? Was wird heute gut? Und welche Version meiner selbst möchte ich heute sein? An manchen Tagen sitze ich eine Stunde im Bett und schreibe die Antworten auf. Langsam, wenn ich verunsichert bin und keine Energie habe. An anderen Tagen geht es schnell, weil ich genau weiß, was ich brauche. An wieder anderen Tagen schreibe ich überhaupt keine *morning pages*, weil mein Motivationslevel schon seinen Höchststand erreicht hat oder ich mich einfach nicht danach fühle. Meine Antworten schreibe ich in ein Blankobuch und nicht in ein vorgedrucktes Heft, in dem ich mich an eine bestimmte Zeilenanzahl halten muss. Genauso wenig würde es für mich funktionieren, diesen morgendlichen Prozess in ein vorgegebenes Zeitfenster zu quetschen.

»Mich zeitlich oder inhaltlich einzuschränken, würde mich nur stressen und den Effekt kaputtmachen«, erklärte ich Clara. »Das ist genauso sinnfrei, wie wenn eine Firma ihren Teams Meditationskurse in der Mittagspause anbietet. Es ist einfach nur anstrengend, innerhalb einer Stunde zu einem Yogakurs zu sprinten, danach in die Kantine zu hetzen, um sich noch schnell was zu essen zu holen, und dann wieder zurück an den Schreibtisch zu rennen.«

»Tja, es gibt eben für alles ein Zeitfenster, und das muss eingehalten werden«, lachte Clara. »Überzogene Mittagspausen werden schließlich auch nicht gern gesehen, auch wenn eine Stunde dir vielleicht nicht ausreicht, um vollständig zu entspannen.« Scherzend hob sie ihren rechten Zeigefinger in Richtung des wolkenlosen Himmels und wedelte tadelnd damit herum. Es war schwer zu sagen, wie ernst sie diese Aussage meinte. Ich schloss die Augen und dachte über diese Kurse nach, die Firmen so gern anbieten, um ihren Mitarbeiter*innen etwas Gutes zu tun – angeblich.

Durch Yoga, Meditationskurse und Co sollen Mitarbeiter*innen lernen, ihren Umgang mit Stress zu verändern und zu optimieren, aber über die Ursachen von diesem Stress wird in den Unternehmen nur selten gesprochen. Wie wäre es zum Beispiel mal damit, das Arbeitspensum zu verringern oder die Teams zu vergrößern, sodass weniger Verantwortung auf einem einzelnen Paar Schultern lastet? Doch solche Ansätze werden nur in den seltensten Fällen verfolgt. Hinter den zahlreichen Angeboten zur Entschleunigung steckt also nicht nur liebevolle Fürsorge, sondern auch wirtschaftliches Kalkül. Die Firmen verkaufen Achtsamkeitskurse als einen Benefit, den sie ihren Arbeitnehmer*innen anbieten. In Jobausschreibungen steht dann: »Was wir dir bieten: Yoga- und Meditationskurse in der Mittagspause, frisches Obst, Getränke und ein dynamisches Team!« Es ist etwas Gutes, wofür man dankbar sein soll. Dieselben Firmen werden dann als »Unternehmen des Jahres« ausgezeichnet, weil sie ihren Mitarbeiter*innen dabei helfen, Körper und Geist so strapazierfähig wie möglich zu machen, um so am Ende des Tages mehr Leistung zu erbringen. Wer mit dem Stress im Büro nicht umgehen kann, wird in der Mittagspause zum Yogakurs geschickt. Wem das wiederum nicht hilft, ja, der sei wirklich ein verlorener Fall – das Unternehmen bietet schließlich schon alle grandiosen Tools zum Stressmanagement an, was sollen sie denn sonst noch machen? Ist es nicht ironisch, dass Unternehmen sich mehr darauf fokussieren, den richtigen Umgang mit Stress zu schulen, anstatt die Stressquellen selbst zu vernichten?

Arbeitnehmer*innen in Deutschland haben im ersten Halbjahr 2019 zusammen rund 960 Millionen Überstunden geleistet. Davon waren laut Berechnungen 490 Millionen unbezahlt.[85] Die vermeintliche Fürsorge in Form von Yogakursen in der Mittagspause lenkt von diesem Missstand ab. Sie führt dazu, dass Mitarbeiter*innen versuchen, das eigene Anpassungsvermögen zu optimieren, und an sich selbst zweifeln, wenn es ihnen nicht gelingt. Was folgt, ist ein unangenehmes

Gefühl. Die Angst vor persönlichem Versagen wächst. Teammitglieder möchten nicht mehr zugeben, dass sie trotz zahlreicher Tools und Kurse gestresst sind. Das wäre ja schon fast undankbar. Sie sprinten also weiterhin zum Yogakurs und von dort aus in die Kantine, um sich schnell das Mittagessen reinzustopfen und ihre Pause auch ja nicht zu überziehen. Industrielle Achtsamkeit wird ein weiteres To-do auf ihrer langen Liste.

Sie haben keine Zeit mehr, um den zunehmenden Stress und die wachsenden Anforderungen am Arbeitsmarkt kritisch zu betrachten. Auch hier herrscht das Scheuklappensystem: Probleme werden der einzelnen Person überlassen, sie werden aufs Individuum geschoben, sodass auch ja niemand auf die Idee kommt, dass es sich um einen kollektiven Missstand handeln könnte, für den das Unternehmen die Verantwortung übernehmen sollte.

Abgrenzung statt Achtsamkeit

»Ich glaube, es wäre besser, wenn Unternehmen ihre Teams darin schulen würden, häufiger Nein zu sagen. Abgrenzung statt Achtsamkeit. Laut werden, statt im Stillen für sich nach Lösungen zu suchen«, sagte ich zu Clara, als ich nach einer Weile meine Augen wieder öffnete und mich auf den Bauch drehte.

»Schwierig. Der Hauptgrund, warum es uns schwerfällt, Nein zu sagen, liegt in unserem Wunsch nach Anerkennung. Wir haben das Bedürfnis, immer zu gefallen«, sagte Clara und runzelte ihre Stirn. Sie hatte recht. Wir brauchen Lob wie die

Luft zum Atmen. Positives Feedback ist unser Treibstoff. Eins unserer größten Ziele in unserem Alltag ist es, niemanden zu enttäuschen und erst recht nicht zu verärgern. Auch das ist Fremdbestimmung.

Ich blinzelte in die Sonne und sah meine Freundin, der es lange nicht leichtgefallen war, sich abzugrenzen, von der Seite an. »Was hilft dir heute?«, fragte ich sie leise. »Zum Beispiel das Eingeständnis, dass ich harmoniesüchtig bin«, antwortete sie ziemlich schnell. »Ich mochte Auseinandersetzungen noch nie, sie fallen mir immer noch schwer. Ich finde es leichter, es allen um mich herum recht zu machen und mich selbst anzupassen, als für mich und meine Bedürfnisse einzustehen. Aber mit jeder guten Auseinandersetzung, die ich führe, merke ich auch, dass diese kleinen Konflikte nötig sind. Ich glaube, viel davon ist Übungssache«, sagte sie.

Ich nickte, denn ich glaubte das auch. Diese Harmoniesucht, der besonders Frauen oft zum Opfer fallen, macht die Selbstentfaltung schwer.

»Fällt es *dir* leicht, dich abzugrenzen und Nein zu sagen?«, fragte Clara mich.

Ich rupfte einen Grashalm aus der Wiese und zwirbelte ihn zwischen den Fingern. »Nicht wenn es Menschen sind, die mir privat sehr wichtig sind. Dann kann ich das gar nicht und bin total emotional«, sagte ich nachdenklich. »Im Job und bei den meisten anderen Menschen hingegen fällt es mir sehr leicht – zum Glück.«

Wenn junge Menschen im Job nicht früh genug lernen, auch mal etwas für sich einzufordern und sich abzugrenzen, werden sie später immer Probleme damit haben. Sie werden schweigend dabei zusehen, wie ihr Überstundenkonto wächst, und werden nichts sagen, wenn sie überfordert sind und immer mehr Aufgaben auf sie abgeschoben werden, die sie in dieser Menge nicht händeln können. Statt laut und deutlich Nein zu sagen, machen diese Menschen Atemübungen und versuchen, den Stress wegzupusten. Ich frage mich, ob sich in Zukunft mehr Unternehmen trauen werden, ihren Teams Abgrenzung statt industrieller Achtsamkeit beizubringen. Sie im Neinsagen statt im Jasagen zu schulen. Die wenigsten Führungskräfte rufen ihre Angestellten dazu auf, Forderungen zu stellen. Für sie wird es dann nämlich ungemütlich, vielleicht sogar richtig anstrengend. Es besteht die Gefahr, dass die Unternehmen sich damit ins eigene Fleisch schneiden, zum Beispiel wenn die Mitarbeiter*innen am Ende Überstunden ablehnen oder deutlich sagen, dass sie nicht die Kapazitäten für weitere Aufgaben haben und sie deshalb nicht übernehmen können. Wenn mehr Menschen lernen würden, ohne Schuldgefühle Nein zu sagen und das Gefühl von Überlastung klar zu formulieren, würde in vielen Unternehmen eine andere Dynamik herrschen. Auch wenn das im Moment sehr utopisch klingt, könnte eine solche ausgeglichenere Dynamik eine Chance für alle sein. Die Mitarbeiter*innen wären durch den reduzierten Stress zufriedener, ausgeglichener und damit auch produktiver. Die Unternehmen würden von diesem Umstand profitieren. Damit wäre eine tatsächliche Entschleunigung eine langfristige Optimierung für alle von uns.

Im Zwiespalt des Klimawandels

Mein Bruder Robin und ich saßen in seinem Zimmer und fuhren mit unseren Spielzeugautos auf dem bedruckten Kinderteppich herum. Auf der großen Stoffmatte war eine Stadt mit vielen Straßen, Kreisverkehren, Ampeln und Häusern abgebildet.

»Brummmm ... Ich fahr nach ALDI, Schnupp kaufen!«, rief ich und bewegte mein rotes Auto die Straße entlang.

»Zu ALDI!« Mein Vater streckte seinen Kopf durch die Tür herein.

»Wat?«, fragte ich. Robin und ich hatten uns den Slang unserer neuen Heimat an der holländischen Grenze schnell angewöhnt, für unsere Eltern war das anfangs ein Graus.

»Ich mach mal das Licht aus, das braucht ihr ja nicht«, sagte mein Vater und drückte auf den Schalter an der Wand.

»Nein, anlassen!«, rief ich empört. Eigentlich kam genug Tageslicht durch das Fenster, aber ich mochte es immer ultrahell.

»Davon sterben aber die Eisbären«, sagte mein Vater, und ich schaute ihn verdutzt an. Ich wusste, dass die weißen Bären irgendwo weit weg im Schnee lebten, und hatte sogar selbst einen Stoffeisbären, der den Namen Lars trug. Natürlich wollte ich nicht, dass Bären wie Lars starben. Also erlaubte ich meinem Vater an diesem Tag das Ausschalten des Lichtes.

Der Satz wurde zu Papas Lieblingsspruch. Er wiederholte ihn, wann immer er uns zum Fahrradfahren animieren wollte, statt das Auto zu nehmen, ich mein Eis doch lieber in der Waffel statt im Plastikbecher essen sollte oder mein Bruder mal wieder zu lange unter der Dusche stand. Irgendwann hatte er uns so weit, dass ich manchmal mit meinem Schultornister noch mal die Treppe hochrannte, zurück in mein Zimmer, um mich zu vergewissern, dass ich auch wirklich meine Nachttischlampe ausgeschaltet hatte. Erst dann konnte ich beruhigt zur Schule gehen. Als Kind gab ich mir große Mühe, die Eisbären zu retten – allerdings vergeblich. Heute stecken wir trotzdem in einer Klimakrise. Die globale Erderwärmung zerstört nicht nur nach und nach unseren Planeten, sie bedroht auch unsere mentale Gesundheit und endet oft im Streit – nicht nur zwischen Alt und Jung.

Dieses Kapitel ist nichts für Klimawandelleugner*innen. Es ist mir zu mühsam, an dieser Stelle sämtliche Zahlen, Fakten und Argumente aufzuzählen, um ein Problem zu erklären, das mittlerweile jede*r verstanden haben sollte.[86] Auf den nächsten Seiten soll es stattdessen um die Gefühle gehen, die der Klimawandel in jungen Menschen auslöst. Gefühle, die jeden Freitag Tausende Menschen – zeitweise waren es sogar Millionen – weltweit auf die Straße treiben, um dort lautstark zu fordern, dass das Pariser Abkommen sowie das 1,5-Grad-Ziel eingehalten werden. Wie geht es uns eigentlich, wenn wir unsere Pappschilder in die Luft strecken, laut schreien und trotzdem nicht gehört werden?

Viele Klimaaktivist*innen haben das Gefühl, von Entscheidungsträger*innen nicht ernst genommen zu werden. Das löst Frustration, Wut und ein Gefühl von Machtlosigkeit aus. Gleichzeitig denken wir oft, dass wir Privatpersonen, wenn von der Politik schon keine weitreichenden Konsequenzen ergriffen werden, es in unserem täglichen Leben umso besser machen müssen. Der Fokus auf die individuelle Verantwortung verschärft sich, wir haben das Bedürfnis, als Individuen unser Bestes zu geben, wenn es Politik und Wirtschaft schon nicht tun. Deswegen haben F. und ich eine Joghurtmaschine im Schrank stehen – weil wir denken, damit zumindest teilweise auf Joghurtbecher aus Plastik verzichten zu können. Deshalb habe ich mir von meinen Eltern eine neue Regenhose zum letzten Geburtstag gewünscht – damit ich weiterhin bei Wind und Wetter mit dem Fahrrad überallhin fahren kann. Und aus diesem Grund teilen wir uns auch das Auto mit dem Vater von F. – weil wir ein eigenes Auto in der Stadt für unnötig halten und es nur hin und wieder für einen Wochenendtrip an die Nordsee brauchen.

Die Last der Verantwortung

Gleichzeitig wissen wir mittlerweile aus wissenschaftlichen Berichten, dass die wachsende individuelle Verantwortung und das Gefühl, quasi allein den Klimawandel aufhalten zu müssen, die Psyche belasten kann. Es kann zum Stressfaktor werden und Schuldgefühle, Überforderung oder gar Panik auslösen.[87] Was das im konkreten Fall bedeutet, zeigt das Verhalten meiner Freundin Sarah. Sie, Pia und ich kennen uns seit der Schule. Mittlerweile leben wir drei in unterschiedlichen Städten: Dortmund, Berlin und Hamburg. Wir sehen uns nur noch unregelmäßig, aber haben die unausgesprochene Regel, unsere Geburtstage miteinander zu verbringen. Ich feiere meinen großen Tag am 6. August immer im Garten meiner Eltern. Meistens grillen wir mit ein paar Leuten, sitzen bis spät in die Nacht unter den Lichterketten, die meine Mutter um den Baum gewickelt hat, und quatschen einfach. Dabei trage ich jedes Jahr eine pinke Prinzessinnenkrone, die mir meine

Eltern an meinem 18. Geburtstag zum ersten Mal auf den Kopf gesetzt haben. Das ist eine absurde, aber so schöne Tradition, die ich jedes Jahr fortsetzen will.

Meine zwei Freundinnen hingegen wollten an ihren Ehrentagen meist wegfahren und ein Wochenende irgendwo anders verbringen. Mit der Zeit änderte sich allerdings Sarahs Einstellung hierzu.

»Ich würde an meinem Geburtstag im April gern nach Zürich! Von Donnerstag bis Sonntag. Ich habe nach Flügen geguckt, und das sollte easy für alle passen«, verkündete Pia ihre Pläne bei einem unserer Telefonate zu dritt.

»Ui, das wird teuer! Aber gut, machen wir«, stimmte ich zu und blockte meinen Kalender für die Daten.

»Kommt man da auch mit dem Zug hin? Ich guck mal eben ...«, sagte Sarah.

»Lohnt sich das dann?«, fragte ich skeptisch. Ich hatte keine Lust, pro Strecke einen ganzen Tag im Zug zu sitzen, und fing parallel ebenfalls an zu googeln. »Uff, jeweils acht Stunden Fahrt und insgesamt knapp dreihundert Euro für Hin- und Rückweg. Fliegen spart Zeit und Geld«, meinte ich.

»Ja, aber es ist auch beschissen für die Umwelt«, entgegnete Sarah. Natürlich hatte sie damit recht.

»Wegen des Praxissemesters habe ich das ganze letzte Jahr keinen wirklichen Urlaub gemacht, außer ein paar Tage bei meinen Eltern in der Heimat. Ich muss endlich mal wieder weg«, sagte Pia, die tatsächlich wegen sämtlicher Uniprojekte im letzten Jahr nicht verreist war und den verlängerten Wochenendtrip daher als unproblematisch empfand.

»Dann fahrt ihr ohne mich«, forderte Sarah.

»Das geht nicht«, entgegnete ich und bestand darauf, dass wir das Wochenende gemeinsam verbrachten.

»Warum? Du hast ja recht: Wenn die Bahnfahrt teurer ist als der Flug und dann auch noch ultralange dauert, hat es wirklich keinen Sinn«, sagte Sarah, die an ihrem Vorsatz, in keinen Flieger steigen zu wollen, festhielt.

»Schön, ich brauche aber wirklich ein paar Tage Urlaub und eine Auszeit von allem. Im Zweifel fliege ich allein«, gab Pia entschieden zurück. Ich saß zwischen den Stühlen.

Ein paar Wochen später flog ich mit Pia über ihren Geburtstag in die Schweiz. Das kann man verurteilen, wenn man das möchte.

»Es ist so komisch, dass Sarah nicht mitkommen wollte. Wir haben uns seit Weihnachten nicht mehr gesehen«, stellte Pia fest, während wir am Ufer des Zürichsees saßen und unsere Füße ins Wasser streckten. Schnell zogen wir sie wieder raus, das Wasser war eisig kalt.

»Ja, schon. Sie hat ja auch recht, dass wir unser Flugverhalten überdenken sollten. Ich persönlich sehe allerdings die täglichen Geschäftsreisen, bei denen Menschen morgens nach München und abends wieder zurück nach Berlin fliegen, als das größere Problem an. Im Vergleich dazu sind doch private Flugreisen, die wir vielleicht viermal im Jahr machen, ziemlich irrelevant, oder?«, fragte ich und merkte, dass ich versuchte, mein eigenes Verhalten zu relativieren, um dieses komische Schuldgefühl zu verdrängen, das sich in meinem Inneren breitmachte. Berichte zeigten nämlich, dass tatsächlich eher die Privatreisen das Problem waren.[88] Dass ich Problemverursacherin war, konnte ich mir nur schwer eingestehen. »Ich meine: Wie viel Verzicht ist für jede einzelne Person wirklich notwendig? Reicht es nicht, wenn ich versuche, mir im Alltag Mühe zu geben, und zum Beispiel kein Auto fahre?«, grübelte ich laut nach. Auf Urlaub in fremden Städten zu verzichten, fiel mir schwer. Wenn ich Fernreisen mache, bleibe ich gewöhnlich mindestens einen Monat, was die Reise in meinen Augen legitimiert. Die Trips über ein verlängertes Wochenende innerhalb Europas hingegen zwickten in diesem Gespräch an meinem Gewissen, aber verzichten wollte ich auch nicht auf sie.

»Na ja, warum sind uns solche kurzen Reisen so wichtig?«, stellte Pia die Gegenfrage.

»Weil sie eine Auszeit sind und wir dadurch mal rauskommen – ich aus meiner Zweizimmerwohnung und du aus deinem WG-Zimmer«, mutmaßte ich. Ich bildete mir ein, dass Urlaub in den eigenen vier Wänden vielleicht erholsamer wäre, wenn man etwas mehr Platz oder sogar einen eigenen Garten hätte. Ein Versuch der Rechtfertigung.

Flugreisen sind der nicht so grüne Schwachpunkt meiner Generation. Statistiken zufolge haben sich in den letzten Jahren alle Altersgruppen immer häufiger in den Flieger gesetzt, aber bei keiner war der Anstieg so groß wie bei den unter 29-Jährigen.[89] Die Realität ist: Die große Mehrheit wird sich Flugreisen nicht mehr abgewöhnen. Wir sind verwöhnt und kennen es nicht anders, als schnell und teilweise wirklich günstig von A nach B zu kommen. Lieber verzichten wir auf andere Dinge im Alltag. So fällt es Jüngeren zum Beispiel leichter, kein oder weniger Fleisch zu essen, als aufs Fliegen zu verzichten.[90]

Pia zwirbelte einen Grashalm zwischen ihren Fingern und überlegte, ob ein Verzicht im kleineren Rahmen angesichts der aktuellen Situationen ausreichen würde: »Vorherige Generationen haben in den letzten Jahrzehnten im Übermaß gelebt.

Jetzt müssen wir Jungen definieren, wie viel zu viel ist. Gleichzeitig werden wir von allen Seiten zum Konsum angetrieben.« Ich schaute über den Zürichsee auf die weißen Berge in der Ferne. Die Sonne knallte auf die schneebedeckten Spitzen, und ich stellte mir vor, wie das Eis zu Wasser zerschmolz. Ich schüttele den Kopf. »Ich glaube nicht, dass wir es schaffen, den Großteil der Menschen dazu zu bringen, wirklich weniger zu fliegen. Wir schaffen es in Deutschland ja nicht mal, die Bahnpreise so zu gestalten, dass sie ein Anreiz zum Zugfahren sind«, sagte ich kritisch. Ich erklärte, dass es in meinen Augen auch keine Lösung sei, Flugreisen einfach teurer und damit exklusiver zu machen. Sie müssen wirklich nachhaltiger werden. Das Gute ist, dass in der Luftfahrtindustrie bereits daran getüftelt wird. Angeblich sollen in 15 Jahren bereits die ersten mit Wasserstoff angetriebenen Flugzeuge durch die Lüfte düsen. Weil die Pandemie der Branche jedoch gehörig zugesetzt hat, bleibt nur zu hoffen, dass die einzelnen Airlines sich bis dahin so weit finanziell erholt haben, dass sie die neuen, nachhaltigen Alternativen auch kaufen können.

»Okay, Schluss jetzt!«, rief Pia und sprang auf. »Nun sind wir hier und sollten es auch genießen. Ich bekomm langsam Hunger«, sagte sie und schlüpfte in ihre Schuhe.

»Okidoki«, rief ich und tat es ihr gleich. Wir spazierten durch die bunte Augustinergasse, verliefen uns und kauften spontan ein Baguette, Antipasti und eine Flasche Wein. Dann setzten wir uns in die Bahn und fuhren den Uetliberg hoch, wo wir uns auf unsere Jacken setzten, den Wein aufmachten und uns der kühle Wind Gänsehaut zauberte, während wir das Baguette aßen.

Ein halbes Jahr später trafen wir uns bei Sarah in Dortmund, um ihren Geburtstag zu feiern. Am Tag davor liefen wir durch den Lebensmittelladen, um alles fürs Frühstück am nächsten Morgen einzukaufen.

»Avocado?«, fragte Pia und hielt die Frucht hoch. Wir beide wussten, wie sehr Sarah Avocadobrot liebte.

»Nee, ich versuche, darauf zu verzichten«, sagte Sarah und schob den Einkaufswagen weiter.

»Aber du liebst Avocadobrot?«, beharrte Pia.

»Tue ich, ja, aber für nur zwei Avocados werden über tausend Liter Wasser verbraucht. Das will ich nicht unterstützen«, argumentierte Sarah.

»Aber du liebst Avocadobrot, und morgen ist dein verdammter Geburtstag?!«, wiederholte Pia und schrie dabei fast. Verwundert schaute sie mich an, ich war auch ein wenig irritiert.

»Leute, ihr checkt es nicht, oder? Ich versuche, wirklich mein Bestes zu geben und mein Konsumverhalten zu reflektieren. Das sollten wir alle tun, okay?«, sagte Sarah scharf und schob den Einkaufswagen um die nächste Ecke.

Pia wollte gerade erneut ansetzen, als ich einwarf: »Hey, lass gut sein. Es ist ihr Geburtstag ...« Zaghaft hielt ich sie am Ärmel fest.

»Ja, genau, deswegen kann sie sich ja wohl eine verdammte Avocado gönnen, oder?«, wetterte Pia.

»Aber sie will eben nicht. Das ist doch okay«, versuchte ich, sie zu beschwichtigen.

»Ihr Ökoverhalten in allen Ehren, aber sie kasteit sich total. Das ist doch nicht gut«, zischte Pia mich an und hielt dabei immer noch die Avocado in der Hand. Wir wussten beide, dass es eigentlich nicht wirklich um die Avocado ging. »Ja, aber was willst du denn machen?«, fragte ich schulterzuckend.

»Ihr klarmachen, dass sie übertreibt! Ihr sagen, dass sie allein damit nicht die Welt retten kann!«, antwortete Pia geradeheraus, und ich war mir nicht sicher, ob ich ihr zustimmen sollte oder nicht. Zumindest mit einem Teil ihrer Aussage hatte Pia jedoch recht: Sarahs Wirken war begrenzt.

Nachhaltigkeit ist keine Privatsache

Natürlich war Sarahs nachhaltiges Denken richtig, und trotzdem drohte es eine ungesunde Form anzunehmen. Es war der verzweifelte Versuch, die Klimakrise im Privaten unter Kontrolle zu bringen. Ihre Überzeugung, dass Endverbraucher*innen allein durch ihre täglichen Konsumentscheidungen diese Krise auf eigene Faust bewältigen können, war gleich aus mehreren Gründen eine Illusion. Erstens ist es recht unwahrscheinlich, dass sich in naher Zukunft tatsächlich der Großteil unserer schnell konsumierenden Wohlstandsgesellschaft freiwillig dazu durchringen wird, sich im Verzicht zu üben und dadurch die Umwelt zu schonen. Solange es keinen schärferen gesetzlichen Rahmen gibt, werden die Kaufentscheidungen Einzelner kaum einen Unterschied machen. Wird zum Beispiel aber tatsächlich bald vorgeschrieben, dass ab Juli 2021 in der EU ein Verkaufsverbot für Plastikbesteck gilt, könnte uns das unserem Ziel weitaus schneller näherbringen, als wenn wir verzweifelt darauf warten, dass die Menschen freiwillig Nein zu Plastikmesser und -gabel sagen.

Zweitens kann sich Sarah so viel Mühe geben, wie sie möchte: Solange unser Wirtschaftssystem nicht für die nötige Transparenz sorgt, damit sich tatsächlich feststellen lässt, ob ein Produkt oder eine Dienstleistung nachhaltig und fair produziert wurde, tappen die Endverbraucher*innen weiter im Dunkeln. Sie werden nie genug Durchblick haben, um wirklich gute Kaufentscheidungen treffen zu können. Wollen wir das ändern, muss zum Beispiel das Lieferkettengesetz, das 2023 in Kraft treten wird, wirklich konsequent umgesetzt werden. Es müssen klare Standards formuliert werden, die sogenanntes Greenwashing, also eine vermeintlich nachhaltige Herstellung, auffliegen lassen. Viele Unternehmen wollen durch PR-Strategien ein grünes Image bekommen, lügen dabei den Endverbraucher*innen aber dreist ins Gesicht, indem sie zum Beispiel angeben, dass eine Produktverpackung recycelt sei, wenn in Wahrheit nur ein winziger Bruchteil davon wirklich recycelt wurde. Oft erfinden Firmen auch einfach Siegel oder Zertifikate, die ihre Produkte als nachhaltig auszeichnen. Das Wirtschaftsministerium muss konsequent gegen dieses Greenwashing vorgehen, um Konsumierende zu schützen. Nur dann haben die privaten Bemühungen Einzelner auch tatsächlich einen Sinn.

Der dritte Aspekt – und das ist der wichtigste: Unsere individuelle Macht ist nun mal begrenzt. Es ist eigentlich relativ egal, ob ein paar Menschen keine Bioprodukte kaufen, weil ihnen sonst am Ende des Monats das Geld nicht ausreicht. Man kann sie dafür nicht verantwortlich machen. Genauso verzeihbar ist es, wenn ein kleines Mädchen mal vergisst, seine Nachttischlampe auszumachen, bevor es zur Schule geht. Und es spielt auch keine Rolle, ob jemand doch mal ausnahmsweise eine Plastiktüte im Supermarkt kauft, weil er oder sie den Jutebeutel vergessen hat. Was macht das schon? Diese kleinen Versuche im Privaten taugen nichts, wenn die großen, globalen Prozesse nicht umgestellt werden, die unsere Umwelt nachhaltig schädigen und den Klimawandel so immer weiter vorantreiben.

Die Ängste der Einzelnen

»Kannst du vegetarische Schinkenwurst mitbringen? Und Leberwurst, aber die normale, bitte«, diktierte ich meinem Vater den Einkaufszettel. Wir standen in der Küche, und mein Vater krakelte Worte auf ein Blatt Papier, die außer ihm niemand lesen konnte.

»Warum keine vegetarische Leberwurst? Die auf Erbsenbasis?«, fragte mein Vater.

»Die fand ich letztes Mal eklig«, gab ich ehrlich zu.

»Oh, oh, oh, du bist aber nicht sehr konsequent!«, warf mein Bruder ein, der am Küchentisch saß und wie immer wild auf seinem Stuhl herumwackelte. In den letzten 28 Jahren hatte er es nicht gelernt, ruhig sitzen zu bleiben. Der Holzstuhl quietschte leise bei jedem Wippen.

»Robin, du machst den Stuhl kaputt«, ermahnte mein Vater meinen Bruder, und er blieb für dreißig Sekunden still sitzen. Dann begann der Stuhl wieder zu quietschen. Robin lebte nach dem Motto »Ganz oder gar nicht«, ich hingegen suchte immer das Mittelmaß.

Seit geraumer Zeit scheint die goldene Mitte beim Thema Nachhaltigkeit aber nicht mehr auszureichen. Es heißt eher: Wenn du das ganze Jahr über kein Fleisch isst, dann darfst du auch die Weihnachtsgans nicht probieren. Wenn du einmal im Unverpacktladen eingekauft hast, dann darfst du danach nie mehr einen normalen Supermarkt betreten. Wenn du kein Fell trägst, dann darfst du auch kein Leder tragen. Wenn du deinen Cappuccino mit Hafermilch trinkst, dann musst du auch sonst streng darauf achten, keine Kuhmilch zu verzehren. Wenn du sonst immer bewusst im Secondhandladen shoppen gehst, darfst du dir auch keine neue Unterwäsche bei H&M kaufen. Wenn du wiederverwendbare Abschminkpads benutzt, dann sind normale Q-tips tabu für dich. Wenn du keine importierten Superfoods wie Chiasamen essen willst, dann darfst du auch kein Kokosöl zum Kochen benutzen. Wenn du unter der Dusche zu Stückseife greifst, um auf die Plastikverpackung zu verzichten, dann musst du auch festes Shampoo für deine Haare verwenden – ganz egal ob du danach aussiehst wie ein Strohkopf.

Dabei vergessen wir: Der Versuch, im Privaten alles richtig zu machen, wird sowieso scheitern. Das gilt sowohl für uns selbst als auch für alle anderen. Und trotzdem führen wir Diskussionen darüber, wer zu wenig tut und wer mit seinem Verhalten übertreibt. Nicht selten enden diese Gespräche im Bashing, nach einem vermeintlich katastrophalen Fehltritt wird von allen Seiten geätzt und gehetzt. Das kann im kleinen, privaten Kreis zwischen einzelnen Menschen passieren, aber auch im großen Rahmen auf digitalen Plattformen.

Wenn Greta Thunberg zum Beispiel während einer Zugfahrt ein in Plastikfolie eingewickeltes Brötchen isst, springt die Meute auf sie. Die junge Schwedin ist zur Galionsfigur der »Fridays for Future«-Bewegung geworden und damit zum Ziel jener Menschen, die sich gegen alle Veränderungen sträuben, die dabei helfen könnten, die Klimakrise unter Kontrolle zu bringen. Oft leugnen diese Kritiker*innen sogar, dass das Klima sich überhaupt verändert. Es gibt weltweit wohl keine andere Person, die so viel geballte Aggression abbekommt wie Greta. Die Angreifer*innen projizieren ihre Angst und ihre Wut auf eine junge Frau, die sich für ein kollektives Umdenken einsetzt.

Ein Teil dieser Wut richtet sich auch gegen das Alter der Klimaaktivistin. Laut einiger Hasskommentare im Netz sollten Jugendliche generell den Mund halten, wenn es um Themen wie die Klimakrise geht. Sie hätten da nichts mitzureden. Greta wird von den aufgebrachten Massen als »Göre« bezeichnet, sie wird als unwissend und vorlaut dargestellt. Die Klimakrise ist damit eine direkte Abbildung unseres autoritären Gesellschaftsbilds: Kinder und Jugendliche sollen das Reden lieber den Erwachsenen überlassen, die wichtigen Entscheidungen sollen von vermeintlichen »Expert*innen« getroffen werden. Doch woher nehmen die Entscheidungsträger*innen eigentlich ihre Expertise? Und ist es nicht möglich, dass junge Menschen sich genauso umfassend, wenn nicht sogar besser informieren?

Ein anderer Teil der Wut richtet sich gegen Gretas Geschlecht. So ist zum Beispiel der Vorwurf, dass ihre Reden »hysterisch« oder »viel zu emotional und unsachlich« seien, eine klassische sexistische Beleidigung, die Frauen immer wieder zu hören bekommen. Geschlechterspezifische Eigenheiten werden häufig genau dann ins Visier genommen, wenn die Argumente fehlen.

Darüber hinaus ist Greta wegen ihres Asperger-Syndroms einer besonders widerwärtigen Form des Ableismus ausgesetzt. Die Angreifer*innen versuchen, verzweifelt etwas an der jungen Frau zu finden, was sie gegen sie verwenden können. Und das alles nur, weil sie selbst Angst haben. Die Leugner*innen des Klimawandels fürchten sich vor Wohlstandsverlust und radikalen Veränderungen. Die Tatsache, dass sie bestimmte Dinge schon seit Jahrzehnten auf dieselbe Art und Weise machen, gibt ihnen Sicherheit in unsicheren Zeiten. Es sind tägliche Gewohnheiten, die sie auf keinen Fall ablegen wollen. Die vielen Informationen über mögliche Handlungs- und Konsumalternativen überfordern sie. Sie möchten sich nicht damit beschäftigen. Die Frage ist: Müssen sie das?

Tendenziell schon, denn mittlerweile steht fest, dass wir die Klimakrise lediglich abwenden können, wenn wir alle zusammenarbeiten. Das funktioniert aber nur, wenn jede*r individuell so viel tut, wie ihm oder ihr auch zuzumuten ist. Eben so viel, dass es die einzelne Person nicht überfordert und sie womöglich in eine neue, diesmal persönliche Krise stürzt, die eventuell noch verheerendere Auswirkungen für ihr Wohlergehen hat.

Unser derzeitiger Umgang mit dem Klimanotstand spaltet uns als Gesellschaft immer mehr und stößt uns nicht selten in persönliche Krisen. Anstatt dass wir Hand in Hand das Problem bekämpfen und gemeinsam vorankommen, schubsen wir uns gegenseitig auf der Stelle hin und her. Das liegt nicht zuletzt daran, dass die globale Krise zu sehr ins Private verlagert wurde. Wir drehen die kleinen Stellschrauben verzweifelt immer enger, aber lassen die großen fast unberührt. Das muss sich ändern.

Die Ängste der Einzelnen müssen ernster genommen werden. Dafür muss die Regierung ihr Narrativ verändern und Umweltschutz als eine Möglichkeit kommunizieren, bei der die bestehenden Wohlstandsverhältnisse nicht komplett umgewälzt werden. Eine progressive Klimapolitik sollte nicht automatisch radikale Veränderungen für einzelne Personen mit sich bringen, sondern als ein positiver, struktureller Systemwandel formuliert werden: ein Wirken im Großen und Ganzen. Eine Mobilitätswende birgt Chancen, genauso wie großflächige Veränderungen in der Landwirtschaft und Viehhaltung etwas Gutes bedeuten können. Wichtig ist dabei allerdings, dass zum Beispiel die Verantwortlichen in der Fleischindustrie stärker darin unterstützt werden, ihre Betriebe und Prozesse umzustellen. Derzeit erfahren sie viel Ächtung, ihnen wird von großen Teilen der Gesellschaft vorgeworfen, dass ihre Branche jedes Jahr für die Freisetzung von Millionen Tonnen CO_2 verantwortlich sei. Indem wir sie zum Buhmann machen, lassen wir diese Menschen mit ihren Ängsten allein. Kein Wunder, dass Einzelne deshalb wütend und aggressiv werden, oder? Dasselbe gilt für die Landwirtschaft im Allgemeinen. Trotz des Notstands, in dem wir uns befinden, müssen wir wieder konstruktiver und positiver miteinander umgehen und die Krise als das bezeichnen, was sie wirklich ist: ein globales Problem, das nicht durch Lösungen im Privaten behoben werden kann.

Alte Gewalt,
neue Gewalt

Triggerwarnung: In diesem Kapitel werden Vorfälle sexueller, körperlicher und psychischer Gewalt thematisiert. Es geht außerdem um Polizeigewalt und Rassismus. Wenn die Beschäftigung mit diesen Inhalten persönliche Folgen für dich haben könnte, dann lies dieses Kapitel nicht oder zumindest nicht allein.

Du kannst dich nicht immer davor drücken! Was denkst du denn, wer du bist?«, blaffte mein Bruder mich an. Ich guckte weiter auf mein Handy und sagte nichts. Das machte ihn noch wütender. »Du bist so eine eingebildete, dumme ... ach, ey!«

Wir saßen im Wohnzimmer und stritten wie jedes Jahr über dasselbe Thema: eine Veranstaltung, zu der ich nicht mitkommen wollte. Ich hatte ganz bewusst meine Schicht im Restaurant so gelegt, dass ich das ganze Wochenende über arbeiten musste.

»Hey! Jetzt geh hoch, Robin«, versuchte meine Mutter zu schlichten und schickte meinen Bruder aus dem Raum. Ich saß mit angewinkelten Beinen auf dem Sofa und spürte ihren Blick auf mir. »Du bist die letzten fünf Jahre nicht mitgefahren, ich versteh es nicht«, redete jetzt auch sie auf mich ein.

»Ich muss eben immer arbeiten! Außerdem wird mir auf der langen Autofahrt schlecht«, redete ich mich heraus. Im Flur hörte ich die Schritte meines Vaters. Auch der noch, dachte ich und presste die Lippen zusammen.

»So, haben wir es jetzt geklärt?« Er streckte seinen Kopf durch den Türrahmen und sah meine Mutter fragend an. Als er unsere Gesichter sah, war ihm klar, dass noch nichts geklärt war. »Dein Verhalten ist unmöglich, Ronja. Da sind so viele Menschen, die dich seit Jahren mal wieder sehen möchten. Sollen wir ihnen sagen, dass du keinen Bock hast? Dass du dir zu schade bist, um einmal im Jahr vorbeizukommen?« Er versuchte, mich moralisch unter Druck zu setzen.

»Mach das, ich hab nämlich wirklich keinen Bock! Da sind nur alte Leute, die ich eh nicht kenne! Was soll ich da?!«, schrie ich ihn an.

»Ich fass es nicht ... Komm, Wolfi! Wir gehen raus.« Kopfschüttelnd drehte er sich wieder um und rief unseren Hund.

Ich hasste diese jährliche Diskussion, bei der ich jedes Mal wieder die Arrogante, die Egoistische oder die Unfaire war. Es war mitten im Juni, und trotzdem war mir kalt. Mein Herz pochte bis zum Hals. Das war der Moment, in dem ich normalerweise aufstehen und in mein Zimmer gehen würde. Ich würde mich unter meiner Bettdecke verkriechen und unter Tränen so lange in mein Kissen atmen, bis ich mich beruhigt hätte. In diesem Jahr fand ich keine Kraft mehr, um aufzustehen. Die Panik überkam mich, als ich noch vor meiner Mutter auf der Couch saß. Plötzlich hob sich mein Brustkorb unregelmäßig, alles in mir zitterte, Tränen liefen über mein Gesicht.

»Was ist jetzt? ... Ronny?«, hörte ich meine Mutter sagen, während sie meine Hand nahm.

Ich hechelte, schnappte nach Luft, alles in mir brach zusammen. »Ich will da nicht hin, Mama«, japste ich panisch. Alles drehte sich, mir war übel. Meine Maske verrutschte. In diesem Moment erkannte meine Mutter, dass ich ihr den biestigen Teenager in den letzten Jahren nur vorgespielt hatte und in Wahrheit ein verängstigtes Kind vor ihr saß. Während sie mich in den Arm nahm und meinen Kopf streichelte, konnte ich nicht aufhören zu zittern. Auch ihr liefen plötzlich Tränen übers Gesicht. Sie ahnte bereits, was ich ihr gleich erzählen würde, als sie mir mit wackliger Hand ein Wasserglas reichte.

»Sag mir, was passiert ist!«, flüsterte sie fast lautlos und trotzdem eindringlich. Ich brauchte eine halbe Stunde, bis ich wieder einigermaßen ruhig atmen konnte. Während ich mich beruhigte, schaute meine Mutter mir in meine roten, verquollenen Augen, so lange, bis ich mein Schweigen brach und alles erzählte.

Es war auf einer dieser Veranstaltungen passiert. Ich war in jenem Sommer gerade 16 Jahre alt geworden und hatte mein eigenes Hotelzimmer. Meine Eltern schliefen auf demselben Flur, nur ein paar Räume weiter. Es war mitten in der Nacht, als sich jemand den Ersatzschlüssel zu meinem Zimmer nahm. Ich erinnere mich an das Geräusch der Türklinke, an die Gestalt des Mannes, das blaue Licht vom Fernseher und daran, dass ich in dieser Nacht meinen Schlafanzug vergessen hatte. Mehr weiß ich nicht mehr. Ich dachte nämlich, dass ich am Vorabend Fanta getrunken hätte, aber das war keine. Das war's. Der Rest der Nacht ist schwarz.

Als ich am nächsten Tag in meinem Hotelzimmer aufwachte, war mir übel. Ich fand ein paar Pillen, auf denen Donald Duck abgebildet war, und steckte sie ein, weil sie für mich der einzige Beweis waren, dass in dieser Nacht etwas Komisches passiert war. Sie waren greifbar, während in meinem Kopf alles miteinander verschwamm.

»Hey«, sagte ich nur, als ich mich morgens zu meiner Familie an den Tisch setzte und beim Frühstücksbüfett nach dem Mann Ausschau hielt, der in der Nacht in meinem Zimmer gewesen war. Er tauchte nicht auf.

Ein paar Wochen später bekam ich einen Brief mit Geld zugeschickt. Zwanzig Euro. Ich starrte den Umschlag lange erst mal nur an, bevor ich ihn öffnen und den darin enthaltenen Brief lesen konnte. Nach einigen Tagen traf ich die Entscheidung, das Geld an den Absender zurückzuschicken.

Allerdings legte ich nicht den Originalgeldschein in den Umschlag, sondern einen anderen. Aus irgendeinem Grund wollte ich den Geldschein, den seine Hände berührt hatten, damals behalten. Ich legte ihn zusammen mit dem Brief und den Pillen ganz nach hinten in meinen Schrank. Ich versteckte ihn und damit alles, was passiert war.

Das tun die meisten. Wenn Kinder und Jugendliche einen Übergriff erleben, dann reden sie oft jahrelang nicht darüber, genau wie ich. Sie versuchen, es zu verdrängen. Sie bauen sich im Kopf eine Fantasiewelt auf, um sich mit den Geschehnissen nicht auseinandersetzen zu müssen. Oft schützen sie dabei sogar die Tatperson. Erst recht, wenn sie aus dem engeren Umfeld oder gar der eigenen Familie stammt – und das ist meistens der Fall. Sie haben Angst, dass es ihretwegen Streit gibt.

Dieses Verhaltensmuster ist uralt. Etliche Generationen haben Missbrauch und sexuelle Übergriffe erlebt – im Erwachsenenalter oder als Kind. Und etliche Generationen haben kaum darüber gesprochen. Auch heute ist das nach wie vor ein Tabu, weshalb Betroffene schwer einschätzen können, ob es sich bei dem, was ihnen passiert ist, tatsächlich um einen Übergriff handelt. Sie fragen sich, ob Missbrauch immer körperlicher und sexueller Natur ist oder ob er auch psychisch sein kann, ob auch eine andere Form von Machtmissbrauch als Übergriff gilt. Sie fragen sich all das und finden keine Antworten, weil wir als Gesellschaft davor zurückschrecken, laut und deutlich in unserem Alltag darüber zu sprechen, was ein Übergriff eigentlich ist. Das fängt bei vermeintlichen Kleinigkeiten an, die wir nicht klar genug benennen, und endet damit, dass Betroffene von sexueller Gewalt oft ihr Leben lang über das Erlebte schweigen. Sie haben nach der Tat nicht den Mut, laut über das, was ihnen passiert ist, zu sprechen und eine Anzeige aufzugeben. Warum tun das die Wenigsten? Warum fehlt ihnen der Mut? Was hindert sie?

Ich war hin- und hergerissen, ob ich diese Kapitel wirklich schreiben und erklären sollte, was mich persönlich daran gehindert hat, mich direkt an dem Tag jemandem mitzuteilen. Ich war mir nicht sicher, ob ich das überhaupt in Worte fassen könnte. Letztlich bin ich aber davon überzeugt, dass es den Versuch wert ist, weil wir den falschen Umgang mit solchen Vergehen, mit Übergriffen und Missbrauch, auf keinen Fall an die nächste Generation weitergeben dürfen. Taten wie diese passieren jeden Tag, sie hinterlassen teilweise sichtbare Verletzungen, aber auch viele unsichtbare Wunden. Als Gesellschaft tun wir oft so, als würden wir das alles nicht sehen. Wir nennen diese Übergriffe Einzelfälle und sagen, dass die Betroffenen großes Pech gehabt hätten. Es wird jedoch Zeit, dass wir über diese Taten sprechen, und zwar jeden Tag, weil sie auch jeden Tag stattfinden. Sie sind Teil unseres Alltags, aber noch längst nicht Teil unserer täglichen Gespräche. Wir müssen unseren Umgang mit diesen Vorfällen verändern, weil sich auch die Art der Übergriffe verändert.

Nachdem ich ihr alles erzählt hatte, saß meine Mutter lange neben mir auf dem Sofa und hielt meine Hand. Auch ihre Augen waren jetzt rot und verquollen. »Warum hast du nichts gesagt?«, flüsterte sie. Mein Körper zuckte. Ich konnte diese Frage nicht beantworten. Mein Kopf war leer und trotzdem schwer.

Als ich am nächsten Morgen mit meinen Eltern am Frühstückstisch saß, hatte ich Angst. Dabei zweifelte ich nicht daran, dass meine Eltern mir glaubten und hinter mir stehen würden. Das Problem war, dass ich selbst nicht wusste, ob ich mir glauben konnte. Ich war unschlüssig, ob ich die wenigen Erinnerungsfetzen, die ich hatte, richtig zusammensetzte.

»Warum hast du nichts gesagt?«, flüsterte meine Mutter noch mal, und ich zuckte erneut mit den Schultern. Die Frage hatte sich in ihren Kopf gebohrt, sie ließ sie verzweifeln. Meine Mutter fühlte sich machtlos, weil ich ihr durch mein jahrelanges Schweigen die Chance genommen hatte, sich vor mich zu stellen, so wie sie es sonst immer tat. Die Einsicht, dass Eltern ihre Kinder nicht vor allem beschützen können, tat uns allen weh. Meiner Mutter besonders. Ich wollte ihr nicht das Gefühl geben, versagt zu haben. Ich wollte nicht, dass sie dachte, ich würde ihr nicht vertrauen, denn so war es nicht. Die Wahrheit war, dass ich mir selbst nicht vertraute, weil ich das Gefühl hatte, nicht genug zu wissen. Ich verstand lange Zeit nicht, dass es egal war, an wie viel oder wie wenig von dem, was passiert war, ich mich erinnerte. Es machte keinen Unterschied, ob der Täter mich in dieser Nacht berührt, mich fotografiert oder mich einfach nur angestarrt hatte. Es spielte keine Rolle, weil schon allein die Tatsache, dass er mich unter Drogen setzte und in mein Hotelzimmer kam, eine klare Grenzüberschreitung war. Allein das als klaren Übergriff zu benennen, kam mir lange gar nicht in den Sinn.

Betroffene verarbeiten das ihnen Zugestoßene oft erst im jungen Erwachsenenalter, wenn sich ihr Umfeld verändert, sie sich vom Elternhaus lösen und vielleicht in einer anderen Stadt wohnen. Erst dann gelingt es ihnen oftmals, die Tat mit etwas mehr Distanz zu betrachten und besser einzuordnen. Auch ich schaffte es erst einige Jahre später, alle Teile aus dieser Nacht wie ein Puzzle zusammenzusetzen. Ich erinnerte mich an frühere Situationen mit dem Mann:»Du hast aber auch einen geilen Arsch bekommen!« – Sprüche wie diese konnte ich plötzlich einordnen. Berührungen, bei denen ich mich schon als Kind unwohl gefühlt hatte, fügten sich endlich in das große Gesamtbild ein. Ich wollte meinen Eltern all das erzählen, aber irgendwie auch nicht. Ich wollte mich bei ihnen fallen lassen, gleichzeitig wollte ich sie wegschubsen, weil ich es nicht aushielt. Es zerriss mich, es zerriss uns.

Erst sechs Jahre nach der Tat fand ich mich in einer Beratungseinrichtung für Kinder und Jugendliche wieder, die Missbrauch erlebt haben. Ich war damals 22 Jahre alt und fühlte mich etwas fehl am Platz. Wie die meisten Betroffenen, die eine solche Einrichtung aufsuchen, hatte ich kaum handfeste Beweise. Das Zimmer in der Beratungseinrichtung war hell, die Stühle waren rosafarben, die Psychologin, die mir gegenübersaß, schaute mich mit einem offenen Blick an und wartete, bis ich sprach.

»Wofür ist der?«, fragte ich und zeigte auf einen Stahlball mit Stacheln. Er sah aus wie diese bunten Gummibälle, die man für Massagen benutzen kann, um die Blutzirkulation anzuregen. Nur war dieser hier nicht aus Gummi, sondern kalt, hart und spitz.

»Na ja ...«, setzte die Psychologin an, als wollte sie das Gespräch eigentlich nicht mit dem Ball beginnen. »Es besteht die Möglichkeit, dass Sie mir erzählen, an was Sie sich erinnern. Sie halten den Ball dabei in der Hand. Ich werde Ihnen Fragen stellen. Wenn Sie merken, dass Sie in das Geschehene hineingezogen werden, können Sie fester zupacken«, erklärte sie mir. Ich nickte stumm und überlegte, ob der Ball spitz genug wäre, um von meinen eigentlichen Empfindungen abzulenken.

Dieses komische Ohnmachtsgefühl, das ich immer dann spürte, wenn mich das, was mir damals passiert war, übermannte, obwohl ich mich doch kaum daran erinnern konnte. Dieses Gefühl kann durch eine Berührung ausgelöst werden, durch einen bestimmten Gesichtsausdruck, durch einen gewissen Gang, durch eine bestimmte Länge eines Bartes, der bei einem Kuss meine Haut berührt, oder durch eine Raumaufteilung. Jedes Mal, wenn ich ein Hotelzimmer betrete, hoffe ich kurz vor dem Öffnen der Tür, dass das Zimmer anders aufgeteilt ist als der Raum damals. Dass es kein Einzelbett gibt, das rechts neben der Tür steht. Dass der Fernseher nicht direkt am Fußende auf einem kleinen Holzhocker steht. Dass auf dem Nachtschrank kein hässliches Häkeltischdeckchen liegt.

Ich ging mit Anfang zwanzig zu dieser Beratung, weil ich dachte, dass es meine Pflicht sei, mich endlich mit dem Geschehenen auseinanderzusetzen und eventuell Jahre später eine Anzeige zu erstatten. Die Psychologin erklärte mir dann, dass dem nicht so sei. Als Betroffene eines Übergriffs habe ich gar keine Pflichten. Weder die Pflicht, andere Betroffene zu schützen, noch die Pflicht, Anzeige zu stellen. »Ich bin hier, um Sie zu beraten. Dabei steht nicht im Fokus, den Mann zur Rechenschaft zu ziehen«, erklärte sie. »Ihr Wohlbefinden ist jetzt wichtig: Wenn Sie eine Anzeige stellen möchten, wird man Ihnen sehr viele hässliche Fragen stellen. Unabhängig vom Urteil kann Sie das am Ende entweder kaputtmachen, oder aber Sie werden triumphieren, weil Sie den Mut hatten, laut zu werden. Was denken Sie: Wird eine Anzeige dafür sorgen, dass Sie sich besser fühlen?« Bei dieser Frage schaute ich sie zuerst mit offenem Mund an. Ich war perplex über die Wucht dessen, was sie gerade gesagt hatte. Dann bedankte ich mich, stand auf und ging.

Die nie aufgegebenen Strafanzeigen

Eine Anzeige hätte nicht dazu geführt, dass ich mich besser gefühlt hätte. Am Ende hätte ich nicht triumphiert. Das wusste ich, weil ich davor schon mal versucht hatte, jemanden anzuzeigen. Der Typ trieb auf dem Reiseportal Couchsurfing sein Unwesen und versuchte, dort unter falschem Vorwand junge Frauen in seine Wohnung zu locken.

»Also für so was haben wir jetzt wirklich keine Zeit«, hatte mir der dicke Polizist mit gelbem Bart damals genervt entgegnet, als ich mit dieser Info auf der Düsseldorfer Polizeistation auftauchte. Er saß hinter seinem Schreibtisch, ich stand im Vorzimmer der Polizeiwache.

»Aber dieser Typ lockt Frauen in seine Wohnung und vergeht sich an ihnen«, entgegnete ich mit zittriger Stimme und hielt ihm mein Handy mit einer Textnachricht von einer Gleichaltrigen hin, in der sie mir beschrieb, was ihr widerfahren war.

»Aber Ihnen selbst ist ja nichts passiert, oder?«, fragte der Polizist.

Ich schüttelte den Kopf. »Nein, ich konnte abhauen, aber ich will jetzt trotzdem was machen. Ich habe ihn auf der App gemeldet, und seitdem schreibt er mir über Facebook. Er ist wütend und hat mittlerweile sogar rausgefunden, wo ich wohne«, erklärte ich, während ich ihm immer noch mein Handy vor die Nase hielt.

»Aber wenn Ihnen doch nichts passiert ist ... Diese Frau ist nicht mal deutsch. Ich kann da nichts machen.« Er zeigte auf mein Handy, zuckte mit den Schultern und tauchte seinen gelben Bart wieder in seine Kaffeetasse.

»Aber ...«, setzte ich erneut an, fand jedoch keine Worte.

»Er wird schon aufhören, Ihnen zu schreiben. Ansonsten melden Sie sich noch mal. Der Mann wohnt in den Niederlanden, diese Frau wohnt irgendwo anders, Sie wohnen in Deutschland. Das wäre also ein internationaler Fall. Für so einen Kleinkram haben die Kollegen gar keine Zeit«, sagte er trocken.

Irritiert stand ich vor ihm. Ich fühlte mich dumm und merkte, wie mir die Tränen in die Augen schossen. »Ähm, Entschuldigung ... Schönen Tag noch«, murmelte ich und verließ die Station. Vor der Tür angekommen, kam ich mir vor wie ein kleines, naives Kind. Ich hatte geglaubt, die Polizei wäre die richtige Anlaufstelle für mein Problem, aber dem Beamten war es offensichtlich ziemlich egal.

Lange habe ich mich über diesen Vorfall geärgert und dachte, ich sei ein Einzelfall. Ich war überzeugt, dass es an mir lag, dass ich aus irgendeinem Grund nicht imstande dazu sei, von der Polizei ernst genommen zu werden und eine Anzeige wirklich durchzubringen. Doch ich bin nicht die Einzige, die so eine Erfahrung gemacht hat – das weiß ich mittlerweile. Wer Straftaten dieser Art anzeigen will, muss auf dem Weg oft viele Hürden nehmen. Es gibt ein paar wenige journalistische Texte, die davon berichten, wie Betroffene, die sich nach einem Übergriff an die Polizei oder das Justizsystem wenden, von diesen Stellen nicht für voll genommen werden und zusätzlich zu dem übergriffigen Erlebnis noch einmal eine schlechte Erfahrung machen.[91] Ihnen wird nicht geglaubt, sie werden weggeschickt oder ihnen wird gar selbst die Schuld an dem Übergriff gegeben. Das sind jedoch nur Erfahrungsberichte, repräsentative Studien gibt es zu diesem Thema keine in Deutschland. Warum eigentlich nicht?

In Europa wird jede dritte Frau im Erwachsenenalter Betroffene von körperlicher und/oder sexualisierter Gewalt. Das zeigt eine EU-Studie, in der 2014 42.000 Frauen befragt wurden.[92] Das bedeutet, dass jede*r von uns rein rechnerisch gesehen gleich mehrere Personen im eigenen Umfeld hat, die körperliche und/oder sexualisierte Gewalt erlebt haben oder ihr immer noch ausgesetzt sind. Rein rechnerisch kennen wir auch alle eine minderjährige Person, die betroffen war oder ist. Aber wieso sehen wir diese Menschen nicht? Wie viele Betroffene kennen wir, die tatsächlich eine Anzeige aufgegeben haben und offen über das Erlebte sprechen?

Viele Betroffene haben Angst davor, eine Anzeige aufzugeben. Das Schamgefühl lähmt uns ohnehin schon, die Befürchtung, dass unsere Erfahrung als Nichtigkeit abgetan oder uns nicht geglaubt wird, macht die Vorstellung unerträglich, über das Geschehene zu sprechen. Die Ungewissheit darüber, wie die gegenübersitzende Person wohl reagieren wird, und auch die Angst davor, danach für immer in der Opferrolle festzustecken, stellen ein riesiges Hindernis dar. Wir stellen uns die Frage, ob eine Anzeige tatsächlich etwas bringt, ob es uns danach wirklich besser gehen wird. Viele Übergriffe werden aus diesem Grund nie angezeigt. Schätzungen zufolge stellen 85 Prozent der betroffenen Frauen nach einer Vergewaltigung keine Anzeige.[93] Ich muss das noch mal wiederholen, damit auch niemand es überliest: 85 Prozent der vergewaltigten Frauen stellen nach der Tat keine Anzeige! Das bedeutet auch, dass 85 Prozent der Tatpersonen sich noch nicht einmal ansatzweise darum sorgen müssen, dass ihr Verhalten Konsequenzen hat.

Die Gründe dafür, dass keine Anzeigen gestellt werden, werden oft bei den betroffenen Personen selbst gesucht. In meinen

Augen sind es aber auch die Anzeigeprozesse selbst, die einfach nicht betroffenenfreundlich sind und dadurch abschreckend wirken. Schließlich gilt vor dem Gesetz die Unschuldsvermutung gegenüber der Tatperson so lange, bis rechtskräftige Beweise auf dem Tisch liegen. Gleichzeitig fühlt es sich für Betroffene oft so an, als gelte für sie die Schuldvermutung, solange sie nicht ausreichend Beweise liefern. Es muss sich etwas ändern, am Umgang mit Betroffenen, an der ganzen Situation.

Wenn sich Menschen an offizielle Stellen wenden und um Hilfe bitten, muss ihnen zugehört werden. Sie müssen ernst genommen werden. Auf vielen Polizeistationen ist es leider noch nicht mal die Regel, dass eine betroffene Person erst mal von einer weiblichen, in diesem Bereich geschulten Beamtin in einen Nebenraum geführt wird. Es ist nicht selbstverständlich, dass die betroffene Person gefragt wird, ob sie eine Freundin oder einen Freund dabeihaben möchte. Stattdessen müssen sie häufig einem desinteressierten Beamten ihr Anliegen erklären, während sie völlig exponiert im Vorzimmer einer Polizeiwache stehen – nur um dann auch noch abgewiesen zu werden. Es ist essenziell, dass es für solche Fälle eine unabhängige Beschwerdestelle gibt, die das Verhalten der Polizei kontrolliert. Nur so können wir die Anzeigeprozesse für Betroffene erträglicher gestalten und dadurch auch tatsächlich mehr Übergriffe zur Anzeige bringen.

Das Opfer-Image

Uns ist es in den letzten Jahrzehnten nicht gelungen, Betroffene von körperlicher und/oder sexueller Gewalt so zu unterstützen, dass sich mehr von ihnen trauen, über das Erlebte zu sprechen. Wir als Gesellschaft haben es nicht geschafft, ihnen ein Sicherheitsgefühl zu vermitteln und ihnen so den Weg zu ebnen, um die Straftat bei der Polizei anzuzeigen. Unter diesem Missstand haben schon frühere Generationen gelitten. Jetzt sind wir dabei, die alten Fehler zu wiederholen und den problematischen Umgang mit solchen Gewalttaten an die nächste Generation weiterzugeben: Betroffene schweigen weiter, die Gesellschaft schweigt weiter.

Um den Emanzipationsprozess der Betroffenen zu fördern, müssen wir die Art und Weise ändern, wie wir im öffentlichen Diskurs über Straftaten und Betroffene sprechen. Zuerst einmal darf Letzteren keine Teilschuld mehr suggeriert werden. Fragen nach der Kleidung, nach dem Tatort und nach der Uhrzeit wird nach wie vor zu viel Relevanz beigemessen. Dabei sollte das alles keine Rolle spielen. Gleichzeitig strotzt die reißerische Berichterstattung vieler Medien vor unangemessenen Werturteilen. Formulierungen wie »unglaublich«, »man will und kann es kaum glauben«, »es ist kaum zu fassen«, »unfassbar« und so weiter legen nahe, dass es sich bei dem Geschehen um etwas Außerordentliches, etwas abseits der Norm handelt. Damit kommen auch Zweifel auf. Oft klingt es in diesen Medien so, als sei es schwer, der betroffenen Person Glauben zu schenken.

Wenn wir über Straftaten sprechen, ist zudem meist von »Opfern« die Rede. Aber wer will schon ein Opfer sein? Ich behaupte, dass diese Bezeichnung einer der Gründe ist, warum diese Straftaten oft nicht zur Anzeige gebracht werden. In meinen Augen fördert das Wort »Opfer« den passiven Zustand der Betroffenen. Es trägt dazu bei, dass ich mich nach dem Erleben eines Übergriffs verkriechen will. Im Stillen versuche ich, mich gegen dieses Wort zu wehren. Ich will verhindern, dass es mich definiert. Deswegen sage ich nichts. Ich will den »Opfer«-Stempel nicht. Wenn wir bei Übergriffen jedes Mal von »Opfern« sprechen und sich dieses Wort in den Köpfen der Menschen einbrennt, dann nehmen wir potenziellen Betroffenen die Macht, selbst zu definieren, was passiert ist. Wir hindern sie daran, ihre Handlungsmacht zu nutzen und sich nach einer Gewalttat rechtlich zu wehren. Denn Opfer lehnen sich nicht auf. Sie bleiben passiv. Ich glaube, dass mehr Betroffene aktiv werden würden, wenn sie nicht mehr in der Opferrolle feststecken und sich über dieses Wort definieren würden. Der Emanzipationsprozess ist nötig, um aus der passiven Rolle auszubrechen, um aktiv zu werden und am besten direkt nach der Tat eine Anzeige zu erstatten.

Die Polizei – dein Freund und Helfer?

»Vertraust du der Polizei?«, hat mich Pia mal gefragt, als wir gemeinsam an ihrem Küchentisch einen Tee tranken.

»Hmmm«, machte ich erst. Ich hielt die warme Tasse an meine Wange, überlegte und stellte sie nach einer Weile wieder ab. »Ganz im Ernst: Mein Vertrauen hat schon einen Knacks.«

Ich erinnerte mich an einen stressigen Arbeitstag im September 2020. Ich musste in jener Woche die Produktion einer Kochshow vorbereiten und wollte nach der Arbeit nur schnell mein Fahrrad in den Keller bringen, um anschließend noch Kürbisse im Supermarkt zu kaufen, die ich als Deko fürs Set brauchte. Es war Abend, und ich war in Gedanken versunken,

als ich mein Fahrrad über den Bürgersteig in Richtung meiner Haustür schob. In Hamburg war es an diesem Tag warm gewesen, ich hatte einen Rock an. Als ich an der Tür ankam, sah ich, dass ein Mann in unserem Hauseingang saß.
»Entschuldigung, ich müsste einmal mit meinem Fahrrad da rein. Kannst du kurz aufstehen?«, fragte ich ihn.

Er war betrunken, schaute mich von unten an und nuschelte: »Das passt schon!«

Ich war genervt. »Das ist zu eng, ich muss mit dem Fahrrad durch die Tür. Steh bitte kurz auf!«, sagte ich mit fester Stimme. Ich hatte nichts dagegen, wenn Leute vor unserer Tür saßen, aber ich war der Meinung, dass sie aufstehen mussten, wenn ich sie darum bat.

»Jetzt geh, verdammt!« Er machte eine Handbewegung über seine Schulter hinweg.

Es hatte keinen Sinn, also hielt ich die Luft an und quetschte mich mit meinem Fahrrad an ihm vorbei. Mein Rock auf der Höhe seines Kopfes. Während ich mein Fahrrad im Keller anschloss, fluchte ich. Dann erinnerte ich mich, dass ich noch diese verdammten Kürbisse kaufen musste. »So eine Scheiße schon wieder ...«, sagte ich zu mir selbst, als ich die Kellertreppe wieder hochstiefelte und sah, dass sich mittlerweile ein weiterer Typ in den Hauseingang gesetzt hatte. Ich atmete aus und öffnete die Tür hinter ihnen. »Ich muss noch mal raus. Steht bitte auf!«, sagte ich. Dieses Mal war wirklich kein Platz mehr, um mich an ihnen vorbeizuschlängeln.

»Steig drüber, ey ...«, sagte der Mann von vorhin, aber ich dachte gar nicht daran, in meinem Rock über die zwei Männer zu klettern – überhaupt über sie drüberzuklettern, egal was ich anhatte.

»Steht jetzt auf!«, sagte ich wütend. Mein Herz pochte bis zum Hals, und tatsächlich sprang Mann Nummer zwei auf. Ich nutzte den Moment, um mich an ihm vorbeizuschlängeln, als ich seine Hand auf meine Schulter spürte und er mich wegschubste. »Fass mich nicht an!«, rief ich laut und deutlich. In dem Augenblick lief ein anderer Mann auf dem Bürgersteig an uns vorbei. Ich schaute ihn direkt an, er schaute zurück. Erst zögerte er einen Moment, dann ging er wortlos weiter. Wütend riss ich mich los und rannte um die Ecke. Mit zitternden Händen wühlte ich in meiner Tasche nach meinem Handy und rief F. an. Er ging nicht dran. Fluchend googelte ich die Telefonnummer der Polizeiwache in meinem Stadtteil, die nur einige Straßen entfernt war. Ein Beamter ging ran, ich erklärte ihm den Vorfall. »Ich muss jetzt Kürbisse kaufen«, schloss ich etwas konfus meinen Monolog ab. Ich merkte, wie aufgewühlt ich war. »Auf jeden Fall möchte ich, dass die Typen danach da weg sind. Ich komme nicht in mein Haus rein ... Ich habe einen Rock an ... Er hat mich geschubst, das geht so nicht!«, erklärte ich abgehackt, weil mir die richtigen Worte fehlten.

»Beruhigen Sie sich. Ich verstehe Sie, und wir werden uns kümmern. Wir sind in zehn Minuten da. Wenn Sie Ihre Kürbisse gekauft haben, dann werden die Männer nicht mehr vor Ihrem Haus sitzen«, versicherte mir der Beamte am Telefon empathisch, und ich atmete erleichtert auf.

»Danke!«, rief ich und legte auf.

Ich spazierte zum Supermarkt, wanderte extra langsam durch die Gänge und suchte sorgfältig die sechs Kürbisse für den Dreh am nächsten Tag aus. Als ich wieder zurück zu meiner Wohnung ging, sah ich schon von Weitem, dass die zwei Männer noch immer im Hauseingang saßen. Verwirrt schaute ich mich nach einem Polizeiauto um, die zehn Minuten waren längst vergangen. Die Henkel der zwei mit Kürbissen gefüllten Jutebeutel schnitten mir in die Schulter, und ich überlegte fieberhaft, wen ich jetzt auf der Straße ansprechen und um Hilfe bitten könnte, als mein Telefon klingelte. F. war dran: »Sorry, war eben duschen. Wo bist du?«, wollte er wissen, und ich erklärte, dass ich unten auf unserer Straße stünde, aber nicht reinkäme. »Was? Warte, ich komm runter!«, sagte er und legte auf. Langsam ging ich in Richtung Hauseingang. Die beiden Kerle musterten mich, hinter ihnen machte F. mit nassen Haaren die Tür auf. »Platz machen!«, sagte er, und die Männer sprangen, ohne zu zögern, auf. Stumm ging ich an ihnen vorbei, F. schloss hinter mir die Tür. »Alles gut?«, fragte er mich und nahm mir die Taschen mit den Kürbissen ab.

»Wie kann das sein, dass sie bei dir direkt aufstehen und bei mir nicht?«, fragte ich zurück.

Von unserer Wohnung aus hielt ich nach einem Polizeiauto Ausschau. Es war mittlerweile neun Uhr abends. Nach einer Stunde griff ich erneut zum Handy und rief wieder auf der Wache in meinem Stadtteil an. Dieses Mal ging eine Frau dran. »Ich habe vor über einer Stunde angerufen und um Hilfe gebeten! Mir wurde versprochen, dass sofort jemand vorbeikommen würde. Sie sitzen nur ein paar Straßen weiter. Was soll das?«, fragte ich die Beamtin.

»Wir haben leider kaum Kapazitäten«, erklärte sie zaghaft. Ich schätzte sie auf ungefähr mein Alter.

»Mir wurde versichert, dass jemand kommen würde. Ich habe mich darauf verlassen, dass Sie mir helfen! Das war vor über einer Stunde!«, sagte ich erneut und merkte, wie meine Stimme brach.

»Es tut mir leid ... Aber Sie sind jetzt in Ihrer Wohnung?«, fragte sie.

»Ja, bin ich! Ich rufe aber nicht nur für mich an, sondern auch für meine Nachbarin, die vielleicht mit einem Kinderwagen da durch muss, oder für die alte Frau, die in meinem Haus wohnt und die nicht einfach über diese Männer steigen kann. Ihre Entschuldigung bringt mir gar nichts!«, fauchte ich und schnappte nach Luft. Am liebsten hätte ich sie angeschrien und ihr vorgeworfen, dass auf die Polizei kein Verlass sei. Verärgert legte ich auf und warf mein Handy in die Sofaecke.

»Hey, ist doch jetzt alles gut!«, versuchte F. mich zu beruhigen.

»Es ist überhaupt nichts gut! Es ist einfach nur scheiße, wenn ich als Frau nicht in mein Haus komme und auf dich oder die Polizei angewiesen bin. Was, wenn ich Single wäre und allein hier wohnen würde? Stünde ich dann immer noch draußen vor der Tür?«, fragte ich aufgebracht. Vor lauter Wut liefen mir Tränen übers Gesicht.

»Ich wäre so sauer gewesen«, sagte Pia, nachdem ich ihr beim Teetrinken von diesem Vorfall erzählt hatte.

»Na ja, enttäuscht eher«, druckste ich herum. »Dass mein Vertrauen einen Knacks hat, liegt nicht nur an meinen eigenen Erfahrungen, sondern auch an der verstärkten Rassismusdebatte und den rechten Whatsapp-Chats innerhalb der Polizei, die aufgetaucht sind«, sagte ich. 2020 wurde mir so richtig bewusst, dass ich als weiße Frau vermutlich nur einen Bruchteil der Demütigung und verweigerten Hilfe vonseiten der Polizei erfahre, denen sich eine Schwarze Frau ausgesetzt sieht.

»Du meinst also, wenn schon du dir unsicher bist, ob du der Polizei vertrauen und in einer Notsituation Hilfe von ihr erwarten kannst, sieht das für Schwarze und People of Colour wohl noch schlechter aus?«, fragte Pia mich.

»Ja, bestimmt, und diese Zweifel und Ängste sind berechtigt – sowohl von Frauen als auch von Männern«, sagte ich und erinnerte mich im selben Moment daran, wie die Comedyautorin Jasmina Kuhnke und ihre Familie 2021 von einer rechtsextremistischen Gruppe so stark bedroht wurden, dass sie aus ihrem Berliner Zuhause fliehen mussten. In Medienberichten beklagte sie, von der Polizei keinen Schutz bekommen zu haben.[94] »Sie wurde im Stich gelassen«, erklärte ich Pia. »Schlimmer noch: Damit hat die Polizei erneut signalisiert, dass Schwarze und People of Colour eher nicht mit Hilfe rechnen können.« Das Problem war gewaltig und wurde seit Jahren kleingeredet. Rechte Strukturen unterwanderten immer mehr unser System, wie ein von Schädlingen befallener Baum, der sein Wurzelwerk unter der Erde ausbreitet und alles ansteckt. Den Boden, die anderen Pflanzen, das Grundwasser. Wir sehen dabei zu, wie er wächst und alles vergiftet.

Wenn in Umfragen herauskommt, dass es mit großer Mehrheit Menschen mit Migrationshintergrund sind, die häufiger schlechte Erfahrungen mit der Polizei machen, ignorieren wir es. Wir sprechen immer noch von Einzelfällen, anstatt das Problem endlich beim Namen zu nennen und daran zu arbeiten, es in den Griff zu bekommen. Wenn herauskommt, dass Schwarze oder People of Colour im Alltag häufiger Kontrollen durch die Polizei erleben, macht uns das nicht stutzig. Wir tun so, als seien das alles nur Zufälle.[95] Dabei wächst die Liste rassistischer Fehltritte bei der Polizei stetig. Der Anwältin eines NSU-Opfers wurden Drohbriefe geschickt, unterzeichnet mit »NSU 2.0«. Die Spuren sollen Medienberichten zufolge zur hessischen Polizei führen. In Mecklenburg hortete ein Polizist für die rechtsextreme Gruppe Nordkreuz Munition und Waffen, inklusive Listen mit den Namen von Politiker*innen und Journalist*innen. Er bekam eine Bewährungsstrafe. Nachdem Ferhat Unvar, Gökhan Gültekin, Hamza Kurtović, Said Nesar Hashemi, Mercedes Kierpacz, Sedat Gürbüz, Kaloyan Velkov, Fatih Saraçoğlu und Vili Viorel Păun am 19. Februar 2020 von einem Rechtsextremisten in Hanau getötet worden waren, kritisierten die Angehörigen mehrfach eine Kette des behördlichen Versagens. Die Frage ist: Wie lange wollen wir diesen vergammelten Baum noch wuchern lassen? Wann fangen wir endlich mit der Aufarbeitung, mit dem Bessermachen an, anstatt immer nur leere Versprechungen und Entschuldigungen zu wiederholen? Ich möchte an dieser Stelle nicht für die Menschen sprechen, die Rassismus seitens der Polizei erfahren und keine Hilfe bekommen, wenn sie danach fragen. Das wäre übergriffig. Vielmehr möchte ich mich hinter sie stellen, wenn sie selbst das Wort ergreifen, und von dort aus all diejenigen mahnend angucken, die mit dem Gedanken spielen, ihnen dazwischenzureden. Ich möchte nicht für die Betroffenen sprechen, weil sie es selbst tun – in genau diesem Augenblick. Wir müssen ihnen nur endlich zuhören, dazulernen und handeln.

»Ich glaube nicht, dass da nur unfähige Deppen sitzen, denen es an Empathie fehlt«, sagte ich hoffnungsvoll zu Pia. Laut einer Umfrage haben 62 Prozent der Bevölkerung noch immer großes Vertrauen in die Polizei.[96] »Ich behaupte aber, dass dieses Vertrauen auf der Kippe steht, wenn die Polizei es nicht bald schafft, ihre Probleme zu lösen und interne rechte Gruppen, die es ja anscheinend gibt, aufzulösen und die Mitglieder rauszuschmeißen«, erklärte ich. Die Polizei hat mehr als nur ein Imageproblem. In den letzten zehn Jahren hat sich die Zahl der unbesetzten Ausbildungsplätze in einigen Bundesländern verdoppelt.[97] Früher war der Beamte in Uniform noch ein Traumjob, mittlerweile ist das anders. Das liegt sicherlich auch daran, dass Polizist*innen häufiger Pöbeleien ausgesetzt sind. »Wenn dieses gewaltige Problem bestehen bleibt, verstärkt sich der Nachwuchsmangel bei der Polizei und damit auch das Kapazitätsproblem«, meinte ich. Das würde im Zweifel bedeuten, dass beispielsweise mehr Menschen am Telefon abgewiesen werden, wenn sie Hilfe brauchen, oder dass es ewig dauert, bis die Polizei kommt. Es würde bedeuten, dass rechte Strukturen in den Behörden weiter wuchern können. Die gesamte Betreuung von Betroffenen, zum Beispiel nach einem sexuellen Übergriff, würde sich durch fehlende Kapazitäten noch verschlechtern.

Ich drehte mit dem Löffel einen Strudel in meine Teetasse. Immer schneller, bis die gesamte Flüssigkeit sich im Kreis drehte. Gedankenverloren starrte ich in meine Tasse.

»Weißt du noch, als mein Bruder früher immer so ausgerastet ist?«, fragte mich Pia aus dem Nichts. Sie schaute auf ihre Teetasse. Ich erinnerte mich, dass ihr älterer Bruder früher schnell hochfuhr und sehr laut wurde. In unserer Kindheit hatte er mal ein Loch in ihre Zimmertür geschlagen. »Letztes Jahr habe ich meine Eltern besucht, und mein Bruder und ich haben uns gestritten. Er hatte wieder einen dieser Wutausbrüche, schrie rum und so ... Ich saß auf dem Stuhl am Esstisch, und plötzlich hat er meinen Kopf von hinten weggeschlagen. Nicht doll, aber es tat trotzdem weh im Nacken«, sagte Pia und schaute immer noch ihren Teebeutel an. »Früher, als ich noch jünger war, habe ich nie die Polizei gerufen, egal was er gemacht hat. Aber das hat das Fass zum Überlaufen gebracht«, erzählte sie weiter. Sie hatte schließlich die Polizei verständigt, und nach zwanzig Minuten waren drei Beamte bei ihnen eingetroffen. »Ich habe unter Tränen erzählt, was passiert war. Und weißt du, was ihre Reaktion war?« Ich schüttelte den Kopf. »Sie haben nach dem Hausherrn gefragt. Also nach meinem Vater. Es sei schließlich seine Aufgabe, dafür zu sorgen, dass sich seine erwachsenen Kinder nicht in die Haare bekommen.«

»Haben sie echt Hausherr gesagt?«, fragte ich nach. Irgendwie stolperte ich über dieses altertümliche Wort.

»Ja, und als mein Vater peinlich nickte, sind sie wieder gefahren. Das war's.« Meine Freundin zuckte mit den Schultern. »Bei der Polizei werde ich sicherlich nie wieder um Hilfe fragen.«

Ich atmete langsam aus und schob dann meinen Stuhl weg, um auf die andere Seite des Tisches zu gehen und Pia fest in den Arm zu nehmen. Plötzlich liefen ihr Tränen übers Gesicht.

»Weißt du, es ist so eine Scheiße: Da traue ich mich endlich, mich zu wehren, und dann fällt die Reaktion der Polizei so beschissen aus?« Sie schluckte laut.

In den letzten Jahren haben Betroffene den Mut gefunden, laut zu werden. Nachdem zahlreiche Schauspielerinnen im Rahmen von #MeToo über ihre Erfahrungen mit sexuellen Übergriffen gesprochen hatten, sickerte es langsam in die Gesamtgesellschaft durch. Betroffene von körperlicher oder psychischer Gewalt begannen sich wie Pia endlich aufzulehnen. Wenn sie dann aber von der Polizei abgewiesen werden, wirft sie das etliche Meter zurück. Dasselbe gilt für Menschen, die rassistischer Gewalt und Diskriminierung seitens der Polizei und der Behörden erleben. Durch die verstärkte »Black Lives

Matter«-Bewegung und auch durch den Anschlag in Hanau haben Betroffene den Mut gefunden, wirklich laut zu werden, über ihre Erfahrungen zu sprechen und sich zu wehren. Wir dürfen nicht zulassen, dass sie abgewiesen und um etliche Meter zurückgeworfen werden. Wenn das passiert, versagen wir weiterhin darin, rassistische und sexuelle Übergriffe, die in Deutschland jeden Tag passieren, rechtskräftig zu verurteilen. Diese Gewalttaten sind nicht immer physisch, sie finden nicht mehr nur im analogen Raum statt. Die Zeiten verändern sich, und damit auch die Formen der Gewalt, der wir uns ausgesetzt sehen. Parallel zu analogen Übergriffen steigt die Zahl der Straftaten, die im digitalen Raum stattfinden.

Das Internet – virtuell, aber trotzdem echt

Mya saß wie ein eingeschüchtertes Tier auf meiner Couch und las mir aus einem Chat vor: »›Du grottige Schlampe‹, ›Wie nennt man es, wenn eine Fotze der anderen zur Seite eilt? Feminismus!‹, ›Du hässliche Muslima, geh zurück in dein Land, ich …‹« Sie brach ab und presste die Lippen zusammen. Dann legte sie ihr Handy zur Seite und schaute mich sprachlos an. Eine Influencerin, die sich online für Frauenrechte einsetzt, hatte auf Instagram in einem Post zusammengefasst, wie sie regelmäßig zur Zielscheibe von sexistischen Hasskommentaren wurde. Mya hatte den Post kommentiert und der Frau ihre Solidarität ausgesprochen. Prompt füllte sich auch ihr Postfach mit Hassnachrichten und Drohungen. »Ich weiß, dass das nur Nachrichten sind«, sagte Mya, »aber es tut so weh, sie zu lesen. Sie machen trotzdem Angst …«

Ich gab vier Löffel Kaffeepulver in den Filter der Kaffeemaschine und goss heißes Wasser darüber. Die braune Brühe schäumte. Dann ging ich zu Mya hinüber und nahm sie in den Arm.

»Ich glaube, ich lösche Instagram erst mal. Den Stress kann ich mir jetzt echt nicht geben«, murmelte sie in meine Armbeuge.

Bei einer Umfrage gaben siebzig Prozent der Mädchen und Frauen in Deutschland an, online bereits bedroht, beleidigt oder diskriminiert worden zu sein. Auch wenn die Gewalt digital stattfindet, hat sie dennoch wie analoge Gewalt weitreichende Konsequenzen. 42 Prozent der Betroffenen weltweit leiden unter psychischen Folgen, 24 Prozent fühlen sich sogar physisch unsicher, und 38 Prozent änderten aufgrund von Onlinebelästigungen ihr Verhalten auf Social Media.[98] Ähnlich wie Mya nutzten sie die Plattformen nach den Übergriffen seltener, sagten weniger häufig ihre Meinung. Einige verließen das jeweilige Netzwerk auch ganz. Genauso wie sich viele Betroffene von Gewalt im analogen Raum in ihrem Alltag einschränken und zum Beispiel bestimmte Straßen zu späten Uhrzeiten nicht mehr allein entlanglaufen, tun viele Betroffene digitaler Gewalt das mittlerweile auch online. Dieses Phänomen betrifft nicht nur Frauen und Minderjährige, sondern alle marginalisierten Gruppen. Man versucht, diese Menschen online kleinzumachen. Und zwar mit allen Mitteln und in einem solchen Ausmaß, dass sie sich tatsächlich winzig und allein fühlen.

»Wir lassen uns davon nicht kleinkriegen, ja? Ich würde sagen, wir machen erst mal von allen Nachrichten einen Screenshot, okay?«, flüsterte ich.

Mya atmete schwer aus. »Kannst du das machen? Das sind so viele, ich will sie gar nicht alle lesen«, sagte sie und schob mir ihr Handy zu. Ich nickte und öffnete Instagram. Schockiert scrollte ich durch die Nachrichten. Es waren etliche. Sie waren widerlich. Hin und wieder verirren sich auch in mein Postfach ein paar einzelne Nachrichten, zum Beispiel wenn jemand einen Artikel von mir gelesen hat und mir anschließend mitteilen will, dass ich »inkompetenter Abfall« sei. Das berührt mich im Normalfall nicht weiter. Myas Postfach hingegen drohte zu explodieren – es war persönlich, und es war bedrohlich. Wenn Frauen online Gewalt angedroht wird, ist sie meist sexueller Art. Es fängt bei Beleidigungen oder übergriffigen Beurteilungen des Körpers an, geht über Vergewaltigungsfantasien bis hin zu Morddrohungen. Das Ziel dieser Nachrichten ist es, die Frauen zum Schweigen zu bringen. Tatpersonen versuchen, Frauen aus dem Netz und damit aus einem demokratischen Diskursraum zu drängen, wie auch eine Expertise für den Dritten Gleichstellungsbericht bestätigt, die sich explizit digitaler Gewalt widmet.[99] Wir wissen mittlerweile aus zahlreichen Untersuchungen, dass es häufiger Männer sind, die im Analogen zu Gewalt neigen – sowohl Frauen als auch anderen Männern gegenüber.[100] Nun droht sich dieser Missstand auch im Digitalen fortzusetzen.

Wir sollten uns fragen, warum Aggressionen und Übergriffe häufiger von Männern ausgehen, und überlegen, was wir ändern können. In Indien gibt es mittlerweile Trainingseinheiten für Studierende. Die Männer lernen zu verstehen, wie sehr und wie lange sexuelle Belästigungen und Anfeindungen jemanden belasten können – egal ob sie sich auf der Straße oder im Internet abspielen. In den Kursen entwickeln die Männer Empathie, um zum Beispiel besser einschätzen zu können, wie sich eine Frau fühlt, die abends allein nach Hause läuft. Den Männern wird beigebracht, die Straßenseite zu wechseln, der Frau Raum zu geben und vielleicht selbst ein lautes Gespräch am Telefon zu führen. Dadurch kann die Frau einerseits einordnen, wie weit der Mann weg ist, wenn er hinter ihr läuft, andererseits signalisiert er damit, dass er kein Interesse an einer Verfolgungsjagd hat und anderweitig beschäftigt ist. In den Kursen lernen Männer auch einzuschreiten, wenn sie ein Fehlverhalten durch andere Personen oder einen Übergriff beobachten. Ähnliche Weiterbildungsmaßnahmen gibt es im Vietnam,[101] in anderen Ländern wie Nairobi werden sie bereits in den Schulunterricht integriert.[102]

In Deutschland hingegen werden als Mittel der Wahl nach wie vor am liebsten Selbstverteidigungskurse für Frauen und Mädchen angeboten. Man bringt uns bei, auf dem Nachhauseweg den Schlüsselbund zwischen unseren Fingern zu tragen. Dabei wären verpflichtende Aufklärungseinheiten für Männer sinnvoller – sowohl für den analogen als auch für den digitalen Raum. Hass und Gewalt im Internet und auf der Straße gründen auf einem Dreiklang von Antisemitismus, Sexismus und Rassismus. Dabei geht es um Macht und die Frage, wer die eigene Meinung sagen darf und was überhaupt als Meinung zählt. Bei Antisemitismus, Sexismus und Rassismus handelt es sich nicht um persönliche Ansichten, sondern um Hetze.

»Bäh!« Ich verzog angewidert mein Gesicht, als ich eine Fotonachricht öffnete und ein entblößter Penis zum Vorschein kam.

»Was ist?«, fragte Mya. Sie stand auf, um noch mehr Wasser auf den Kaffee zu gießen.

»Dick-Pic-Alarm ...«, sagte ich und machte schnell einen Screenshot, bevor das Foto wieder verschwand.

Fast die Hälfte der britischen Frauen zwischen 18 und 36 Jahren haben laut einer Umfrage schon mindestens einmal ein Dick Pic zugeschickt bekommen.[103] Ungefragt und unerwünscht. In Deutschland ist das eine Straftat und kann eine Geldstrafe oder eine Freiheitsstrafe bis zu einem Jahr zur Folge haben. Trotzdem setzen sich die wenigsten Betroffenen tatsächlich zur Wehr und erstatten Anzeige. Dabei geht das eigentlich einfach. Die Plattform Dickstinction hilft dabei, bequem und schnell online eine Anzeige aufzugeben.[104] Genau das tat ich jetzt und lud das Foto direkt hoch.

»Und du meinst, das bringt was?«, fragte mich Mya skeptisch, während sie mir über die Schulter schaute.

»Kein Plan, das werden wir sehen. Aber zumindest taucht dieses Penisbild dann später in der Statistik auf. Das Problem wird sichtbar«, meinte ich und tippte die wenigen erforderlichen Angaben ins Handy.

»Es ist echt cool, dass es diese Plattform gibt. Gleichzeitig ist es aber auch absurd, dass sie von Privatpersonen gegründet wurde«, stellte Mya fest.

»Solche einfachen Onlinemeldeseiten lindern die Hemmschwelle enorm, gegen Belästigung aktiv zu werden. Das ist mega! Gleichzeitig hast du recht: Es ist peinlich, dass die Polizei nicht selbst auf die Idee gekommen ist. Es zeigt, dass digitaler Gewalt, Hatespeech und Übergriffen im Internet noch nicht genügend Beachtung bei der Polizei zukommt oder zumindest nicht dagegen angegangen wird«, sagte ich.

Die Ausmaße digitaler Gewalt blieben lange unerkannt, was dafür sorgte, dass Menschen mit dem Problem allein gelassen wurden. Das ist heute leider immer noch oft so. Sechzig Prozent der von digitaler Gewalt Betroffenen berichten Studien zufolge, dass sie mit Schlafproblemen, Konzentrationsschwierigkeiten, regelmäßigen Panikattacken und Angstzuständen zu kämpfen hätten.[105]

Das soll sich nun ändern: Seit April 2021 soll digitaler Hass in Form von Beleidigung und Bedrohung in Deutschland mit zwei bis drei Jahren Haft bestraft werden. Damit auf das neue Gesetz auch eine tatsächliche Veränderung folgt, müssen spezialisierte Beratungsstellen ausgebaut und Beamt*innen darin geschult werden, digitale Gewalt ernst zu nehmen. Die Zeiten, in denen die Polizei einfach nur den Rat gibt, dass man das Handy ausschalten solle, oder einen damit trösten will, dass das ja alles nicht in echt passiere, müssen vorbei sein. Das Internet ist genauso echt wie alles andere.

Analoge Gewalt wird zu digitaler Gewalt

»Wie hält man Hass im Netz aus?«, fragte mich Mya, und ich schaute von ihrem Handy auf. Meine Freundin war zu einer Zufallszielscheibe geworden, das machte mich wütend. Ein solidarischer Kommentar, der einer bestimmten Gruppe von Menschen nicht gefiel, hatte die Meute auf sie gehetzt.

»Man muss es nicht aushalten. Hass im Internet und digitale Übergriffe müssen schärfer verfolgt werden«, sagte ich und scrollte weiter. »Momentan haben wir nur irgendwie keinen Plan, wie wir das anstellen können. Unser Rechtssystem ist zu langsam, zu bürokratisch ... Bisher haben wir es verpasst, unser System an die Geschwindigkeit der neuen, digitalen Straftaten anzupassen. Es ist aber möglich, das zu verbessern«, meinte ich optimistisch. Dazu müssen Polizei und Justiz digital aufrüsten und attraktiv für clevere Nachwuchs-ITler*innen werden.

Ein Bekannter von mir ist so ein Typ. Er hat irgendwas mit Computern studiert, in seiner Masterarbeit hat er ein Netzwerk für Kinderpornografie aufgedeckt. Die Ergebnisse hat er der Polizei übergeben, die ihm anschließend ein Jobangebot gemacht hat.

»Warum hast du abgelehnt?«, habe ich ihn damals gefragt.

»Polizei ist nicht mein Ding«, sagte er, ein kleiner, schmaler Typ mit vielen Tattoos und Piercings. Leute wie ihn braucht die Polizei aber. Sie werden Medienberichten zufolge sogar verzweifelt gesucht.[106] Solche Leute können einen Unterschied machen und helfen, den Laden voranzubringen. Man muss dafür sorgen, dass die Polizei attraktiver für sie wird.

Gleichzeitig müssen Plattformen wie Instagram, Twitter und Facebook ihre Verantwortung ernster nehmen, wenn es zu Gewalt im digitalen Raum kommt. Radikalisierung, Hassreden und Verschwörungstheorien hätten ohne die digitalen Kanäle nicht die Möglichkeit, sich so schnell zu verbreiten, wie sie es zum Beispiel während der Coronapandemie getan haben. Gerade Facebook geriet deswegen zunehmend unter Druck. Im Juni 2020 verkündeten einige Werbekund*innen im Zuge der »Black Lives Matter«-Bewegung, keine Anzeigen mehr auf der Plattform zu schalten, bis das Problem mit den rassistischen Hasskommentaren gelöst sei.[107] So wurden die Social-Media-Riesen dazu gedrängt, ihre Richtlinien in Bezug auf hasserfüllte Inhalte zu erweitern und strenger gegen diese vorzugehen. Damit sind wir auf einem guten Weg, aber wir müssen ihn noch zügiger weitergehen.

Im nächsten Schritt müssen die Plattformen so optimiert werden, dass »Schleichwerbung« aus der rechten Szene besser erkannt wird. 2020 hat das CORRECTIV.Faktencheck eine umfangreiche Recherche dazu gemacht, wie Rechte Instagram nutzen, um junge Menschen zu rekrutieren.[108] Dabei machen sie sich die Schwachstellen der Plattform gekonnt zugute. Es werden zum Beispiel Bilder von blonden, blauäugigen Kleinkindern gepostet und mit auf den ersten Blick harmlosen Hashtags wie #heimatliebe, #deutsch und #volk versehen. In der Caption steht: »It's great to be white.« Auf einem anderen Bild ist ein unschuldiges Baby in einer Wiege zu sehen, neben dem ein Kuscheltier und ein Holzspielzeug liegen. Erst bei genauerem Hinsehen erkennt man, dass es sich bei dem Holzspielzeug um ein Sonnenrad handelt – eines der bekanntesten rechtsextremen Erkennungssymbole in der deutschen rechten Szene. Rechte tricksen Instagram aus, denn sie wissen genau, dass die Plattform sogenannten Lifestylebildern, auf denen Fashion, Beauty oder eben ein glückliches Familienleben abgebildet werden, zu mehr Reichweite verhilft. Die Plattformen müssen schlauer werden, um rechtsextreme Symbole aus diesen Bildern herauszufiltern und die entsprechenden User*innen zu sperren.

Wer definiert den weiblichen Körper?

»Es ist eigentlich ein Witz, dass diese Plattformen so was noch nicht besser hinbekommen. Es wirkt so, als wäre es für Instagram einfacher, Nippelbilder rauszufiltern als Hakenkreuze«, sagte ich zu Mya.

Sie nickte still und überlegte kurz. »Wo du gerade von Nippelbildern sprichst … Es sind nicht nur die Gewalt und der Umgang damit, die wir aus der analogen Welt mit ins Digitale nehmen, sondern auch die Sicht auf den Körper der Frau«, bemerkte sie. »Auf der Straße wird der Körper der Frau noch immer sexualisiert, dasselbe gilt online: Hotte Bikinibilder werden vom Algorithmus gepusht, aber wehe, beim Stillen eines Babys ist die Brustwarze zu sehen«, stellte Mya fest.

Sie hatte recht, und es ging noch darüber hinaus. Ich erinnerte mich an ein Aufklärungsvideo, das demonstrierte, wie Menstruationstassen funktionierten und wie man sie anwendete. Obwohl das Video ästhetisch und professionell war, wurde es von Instagram gelöscht.[109] »Die einzige Plattform, auf der es nicht gelöscht wurde, war YouPorn«, sagte ich und zog meine Augenbrauen hoch. Wer bestimmt eigentlich über den weiblichen Körper, wer verfügt über ihn?, fragte ich mich im Stillen, während ich mich weiter durch Myas Postfach arbeitete. Wessen Definition zählt, wenn es um persönliche Grenzüberschreitungen geht? Es waren jedenfalls noch nicht wir weiblich gelesenen Menschen, die in Bezug auf diese Themen das Sagen hatten.

Die sozialen Netzwerke könnten gezielt dazu beitragen, dass digitale Gewalt gegen Frauen abnimmt. Der erste Schritt auf diesem Weg wäre, online die Gleichstellung der Geschlechter voranzutreiben. Wenn Brustwarzen von Männern gezeigt werden dürfen, sollten auch Brustwarzen von Frauen nicht von den Plattformen zensiert werden. Genauso sollte Aufklärungsarbeit zum weiblichen Körper nicht abgestraft oder automatisch gelöscht werden. Die Plattformen müssen genauer hinschauen, wenn es darum geht, pornografische Inhalte herauszufiltern, und besser zwischen Nacktheit und sexualisierter Nacktheit unterscheiden. Wenn sie das nicht tun, fördern sie die Sexualisierung von Frauen im digitalen Raum und damit am Ende auch sexualisierte Gewalt in analoger Form.

Die Betreiber*innen der großen Internetplattformen eröffnen uns User*innen bislang Zugang zu einem Gefahrenraum, in dem Gewaltschutz noch keine Priorität hat. Stattdessen zählen Reichweiten: Beiträge und Kommentare, die polarisieren und Angst und Hass fördern, werden durch Algorithmen bevorzugt, weil sie Aufmerksamkeit bringen. Der Deutsche Juristinnenbund sagt, dass durch diese Verzerrungen Echokammern entstünden, in denen Hass und Diskriminierungen immer wieder neu bestätigt würden und sich in einen Nährboden für Gewalt verwandelten.[110] Um diese Entwicklung zu stoppen, bedarf es einer engeren Zusammenarbeit zwischen unserem Rechtssystem und den digitalen Plattformen. Es müssen gezielte Maßnahmen wie zum Beispiel ein Digitales Gewaltschutzgesetz geschaffen und umgesetzt werden. Dadurch kann die Chance entstehen, Gewalt, die im Netz angekündigt wird, aufzuhalten, bevor sie womöglich auf der Straße umgesetzt wird.

Mya lag mittlerweile auf meiner Couch und starrte die Decke an. »Wie ist es eigentlich passiert, dass wir zu solchen Deppen des Internets geworden sind?«, fragte sie mich.

»Was meinst du?«, wollte ich wissen.

»Wir haben das Internet doch erfunden. Warum gelingt es uns dann nicht, es zu einem sicheren Ort zu machen?«, fragte Mya. Ich schaute zuerst sie an und folgte dann ihrem Blick an die Decke. »Das Internet ist noch brutaler und noch gewalttätiger als die analoge Welt, weil sich dort alle verstecken können. Hinter Hass, hinter Hetze, hinter Fake-Profilen, hinter Drohungen und übergriffigen Anmachen. Und dennoch wird so getan, als sei das alles nicht real. Wird ein neues Gesetz, das digitalen Hass unter Strafe stellt, wirklich etwas ändern?«, fragte sie.

Das Missverhältnis von Macht scheint sich in jeder Hinsicht vom Analogen ins Digitale zu übertragen. Die Ungerechtigkeiten zwischen Männern und Frauen, Mehrheiten und Minderheiten, Hass, der auf Rassismus, Antisemitismus und Sexismus aufbaut. Ohnmachtsgefühle halten an, in Therapieräumen rammen sich Betroffene nach wie vor verzweifelt spitze Stachelbälle aus Stahl in die Finger, und der befallene Baum wuchert fröhlich weiter und vergiftet alles um sich herum.

Der entscheidende Unterschied ist allerdings auch, dass es anders als bei analoger Gewalt nicht die Möglichkeit gibt, digitaler Gewalt zu entkommen.

»Ich kann nicht einfach eine Tür zumachen oder wie auf dem abendlichen Nachhauseweg hoffen, dass es vielleicht jemand mitbekommen und mir helfen würde, wenn mir etwas passiert«, sagte Mya. Sie fühlte sich allein mit dem Problem – verständlicherweise. Das Einzige, was sie tun konnte, war, sich online zurückzuziehen.

»Damit würden sie ihr Ziel aber erreichen«, sagte ich vorsichtig.

Als ich endlich damit fertig war, die Nachrichten in Myas Postfach zu screenshotten und die entsprechenden Accounts zu melden, legte ich ihr Handy auf den Tisch und griff zu meiner Kaffeetasse. Die braune Flüssigkeit war mittlerweile kalt geworden. Ich sah meine Freundin an. Es war offensichtlich, wie sehr sie es bereute, sich online eingemischt zu haben.

»Mya, du hast alles richtig gemacht, okay? Du hast dich so-
lidarisch gezeigt. Im Internet hinzugucken und zu helfen, ist
genauso wichtig wie auf der Straße, ja?«, sagte ich und nahm
ihre Hand.

Sie musterte mich nachdenklich. »Du hast recht. Neben all
dem, was Polizei, Justiz und die digitalen Plattformen tun, sind
es doch vor allem wir User*innen, die laut werden können«,
sagte sie und nickte zuversichtlich.

Epilog: Mutig bleiben

Haben dir die letzten Kapitel Angst gemacht, oder bist du vielleicht wütend geworden? Falls ja, dann bin ich zufrieden. Die Frage ist nur, welches Gefühl überwiegt und wie viel Wut nötig ist, damit aus Angst Mut wird. Du erinnerst dich vielleicht an das erste Kapitel, in dem meine Freundin Mya ihren Job verloren hat und ziemlich angefressen war. Wir haben auf dieses Gefühl angestoßen, weil positive Wut das Beste ist, was uns passieren kann, wenn wir etwas verändern wollen. Dabei geht es nicht um Aggressionen – die würden uns nicht weiterbringen. Aber Wut lässt uns laut werden, während Angst uns zum Schweigen bringt. Ich hoffe also, deine Wut ist größer als deine Angst. Ich hoffe, sie lässt dich laut werden.

Das Schlimmste, was uns jetzt passieren kann, ist, dass wir tatsächlich erwachsen werden. Im Kopf, meine ich. Das müssen wir verhindern. Stattdessen müssen wir uns ein Stück weit unsere kindliche Naivität bewahren, damit wir sagen können: »Doch, doch, wir probieren das jetzt mal aus!« Insbesondere dann, wenn uns eine andere Person versichert, unsere Ideen seien Quatsch, weil man das noch nie so gemacht habe. Wir dürfen nicht verlernen, groß und wild zu denken. Keine Forderung, die wir stellen, ist zu riesig. Keine Idee, die wir haben, ist zu absurd.

Die Prophezeiungen, die ich in diesem Buch stelle, müssen so nämlich nicht eintreten. Umstände lassen sich ändern, es gibt nicht nur eine mögliche Realität, in der wir in Zukunft leben. Es muss nicht so sein, dass wir uns weiter von einem befristeten Vertrag zum nächsten hangeln, dass wir keine Altersvorsorge treffen können, dass alte Menschen in Zukunft von ihrer Rente nicht mehr leben können und dass die Mieten und Immobilienkaufpreise immer weiter steigen. Es muss nicht so sein, dass wir uns bei dem Versuch, zwischen Job und Familie einen Spagat zu schlagen, beide Beine brechen. Es ist noch keine beschlossene Sache, dass wir den Klimawandel nicht doch noch aufhalten können, wenn wir auf wirtschaftlicher Ebene endlich die richtigen Maßnahmen ergreifen, und genauso wenig müssen wir Hass, Gewalt und Übergriffe in unserem Alltag dulden. Diese Zukunftsängste sind zwar berechtigt, aber wir müssen sie nicht zulassen, denn unsere Zukunft ist nichts, was uns einfach so passiert, ohne dass wir etwas dagegen tun könnten. Im Gegenteil: Wir haben die Wahl, wütend und mutig zu sein. Wir haben die Wahl, uns einzumischen und dafür zu sorgen, dass man uns endlich zuhört. Wir haben die Wahl, unsere Zukunft mitzugestalten. Und zwar jetzt!

Dank

Zuerst möchte ich mich bei dir bedanken. Dafür, dass du Interesse an meinem Buch gezeigt und es anscheinend bis zum Schluss gelesen hast. Du hast mir deine Zeit geschenkt, meinen Sorgen und denen vieler anderer Menschen aufmerksam zugehört. Hoffentlich kannst du sie jetzt besser nachvollziehen – vielleicht tust du das aber auch nicht. Das Wichtigste ist jedoch, dass du sie nicht verurteilst. Wenn wir die Ängste und Sorgen anderer Menschen verspotten, dann führt das dazu, dass wir nicht mehr über unsere Gefühle sprechen. Noch weniger, als wir das eh schon tun.

In diesem Buch geht es nicht nur um meine Ängste, sondern auch um diejenigen der vielen Personen, die hinter Mya, Pia, Clara und Co stecken. Ich danke euch, dass ihr mir vertraut habt und ich eure Geschichten teilen durfte. Ich werde eure echten Namen an dieser Stelle nicht nennen, aber ihr wisst, dass ihr gemeint seid.

Außerdem danke ich meiner Familie dafür, dass ich in diesem Buch private Gespräche wiedergeben durfte, aus denen nun auch andere Menschen lernen dürfen. Ich liebe euch sehr.

Ich danke dir, F., für den bedingungslosen Rückhalt, den du mir gibst. Vieles in der Zukunft macht mir Angst, aber auf den Part mit dir freue ich mich.

Ein besonderer Dank gilt außerdem Annkristin E., Jasmin C., Josi B., Juli C., Anika P., Mascha S., Theresa v. L., Tim S. und Robin A. Danke fürs Mutmachen, für eure Unterstützung, für eure Liebe.

Ich danke außerdem allen Menschen von Eden Books, die an diesem Buch mitgearbeitet und mir trotzdem so viel Freiraum gegeben haben. Das war ein großer Vertrauensvorschuss, den ich zu schätzen weiß.

Nachweise und Anmerkungen

1 Vgl. Philip Wotschack, Claire Samtleben, Jutta Allmendinger: »Gesetzlich garantierte ›Sabbaticals‹ – ein Modell für Deutschland? Argumente, Befunde und Erfahrungen aus anderen europäischen Ländern«, WZB Discussion Paper, SP I 2017-501, Wissenschaftszentrum Berlin für Sozialforschung (WZB), Juni 2017. https://www.rosalux.de/fileadmin/rls_uploads/ pdfs/Studien/gesetzlich_garantierte_sabbaticals.pdf

2 Vgl. Philip Wotschack, Claire Samtleben, Jutta Allmendinger: »Gesetzlich garantierte ›Sabbaticals‹ – ein Modell für Deutschland? Argumente, Befunde und Erfahrungen aus anderen europäischen Ländern«, WZB Discussion Paper, SP I 2017-501, Wissenschaftszentrum Berlin für Sozialforschung (WZB), Juni 2017. https://www.rosalux.de/fileadmin/rls_uploads/pdfs/Studien/gesetzlich_garantierte_sabbaticals.pdf

3 Vgl. Daiga Kamerāde, Senhu Wang, Brendan Burchell et al.: »A shorter working week for everyone: How much paid work is needed for mental health and well-being?«, *Social Science & Medicine*, Volume 241, Amsterdam: Elsevier, November 2019. https://www.sciencedirect.com/science/article/pii/ S0277953619303284?via%3Dihub

4 Vgl. Susanne Wanger: »Entwicklung von Erwerbstätigkeit, Arbeitszeit und Arbeitsvolumen nach Geschlecht«, IAB-Forschungsbericht, 16|2020, Nürnberg: Institut für Arbeitsmarkt- und Berufsforschung, 14.12.2020. http://doku.iab.de/ forschungsbericht/2020/fb1620.pdf

5 Vgl. »Monatsbericht zum Arbeits- und Ausbildungsmarkt«, *Berichte: Blickpunkt Arbeitsmarkt*, Nürnberg: Bundesagentur für Arbeit, Januar 2021. https://www.arbeitsagentur.de/presse/ 2021-05-der-arbeitsmarkt-im-januar-2021

6 Vgl. Markus M. Grabka, Carsten Braband, Konstantin Göbler: »Beschäftigte in Minijobs sind VerliererInnen der coronabedingten Rezession«, *DIW Wochenbericht*, 45/2020, S. 841–847,

DIW Berlin – Deutsches Institut für Wirtschaftsforschung e.V., 04.11.2020. https://www.diw.de/de/diw_01.c.802083. de/publikationen/wochenberichte/2020_45_1/beschaeftigte_in_minijobs_sind_verliererinnen_der_coronabedingten_rezession.html

7   Vgl. »Studierende am Ende der Geduld: Nothilfefonds-Zuschuss kommt endlich«, bafoeg-rechner.de, 29.06.2020. https://www.bafoeg-rechner.de/Hintergrund/art-2412-zuschuss-fuer-studis-noch-spaeter.php

8   Vgl. »Bevölkerung und Erwerbstätigkeit: Erwerbsbeteiligung der Bevölkerung. Ergebnisse des Mikrozensus zum Arbeitsmarkt«, *wissen.nutzen.*, Fachserie 1 Reihe 4.1, Wiesbaden: Statistisches Bundesamt, 28.08.2019. https://www.destatis.de/DE/Themen/Arbeit/Arbeitsmarkt/Erwerbstaetigkeit/Publikationen/Downloads-Erwerbstaetigkeit/erwerbsbeteiligung-bevoelkung-2010410187004.pdf?__blob=publicationFile

9   Vgl. Jörg Bodanowitz: »Digitalisierung und Homeoffice entlasten Arbeitnehmer in der Corona-Krise«, dak.de, 22.07.2020. https://www.dak.de/dak/bundesthemen/sonderanalyse-2295276.html#/

10   Vgl. Robert Koch-Institut (Hrsg.): »Rückenschmerzen«, *Gesundheitsberichterstattung des Bundes,* Heft 53, Berlin: RKI, 2012. https://www.rki.de/DE/Content/Gesundheitsmonitoring/Gesundheitsberichterstattung/GBEDownloadsT/rueckenschmerzen.pdf?__blob=publicationFile

11   Vgl. Infocenter der R+V Versicherung (Hrsg.): »Die Ängste der Deutschen«, ruv.de, 2020. https://www.ruv.de/presse/aengste-der-deutschen/downloads

12   Vgl. Miriam K. Forbes, Robert F. Krueger: »The great recession and mental health in the United States«, *Clinical Psychological Science,* Volume 7, Issue 5, Thousand Oaks, CA: SAGE Publications, 19.07.2019. https://journals.sagepub.com/doi/abs/10.1177/2167702619859337?journalCode=cpxa&

13   Vgl. »Krankenstand explodiert – vor allem bei Frauen: Deutlich mehr Fälle von Erkältungskrankheiten und psychischen Leiden

in der Corona-Krise«, kkh.de, 03.08.2020. https://www.kkh.
de/presse/pressemeldungen/krankenstand-corona

14 Vgl. Uwe Verthein, Marcus-Sebastian Martens, Sven Buth:
»Ausmaß und Trends der problematischen Medikation von
Benzodiazepinen, Z-Substanzen, Opioid-Analgetika und Antidepressiva bei Kassenpatienten«, Zentrum für Interdisziplinäre
Suchtforschung der Universität Hamburg (ZIS), Universitäts-
klinikum Hamburg, Eppendorf, Klinik für Psychiatrie, 2019.
https://innovationsfonds.g-ba.de/downloads/projekt-doku-
mente/13/2020-06-25_ProMeKa_Ergebnisbericht.pdf

15 Vgl. Miriam K. Forbes, Robert F. Krueger: »The great recession
and mental health in the United States«, Clinical Psychological
Science, Volume 7, Issue 5, Thousand Oaks, CA: SAGE Publications, 19.07.2019. https://journals.sagepub.com/doi/abs/10.1177/
2167702619859337?journalCode=cpxa&

16 Vgl. »Gute Nacht? Davon können viele nur träumen! Tipps
für einen guten Schlaf«, kkh.de, 2017. https://www.kkh.de/
social-media/schlafstoerungen

17 Vgl. »Entschließung des Rates vom 21. November 2008 zu
einer europäischen Strategie für Mehrsprachigkeit«, Amts-
blatt der Europäischen Union, C 320/01, 16.12.2008. https://
eur-lex.europa.eu/LexUriServ/LexUriServ.do?uri=CELEX:
32008G1216(01):DE:HTML

18 Vgl. »Sprachförderung in Kitas: Weniger Kinder wachsen mit
Deutsch auf«, tagesschau.de, 05.09.2020. https://www.tages-
schau.de/inland/kinder-sprache-kita-101.html

19 Vgl. »Zur Situation des Russischunterrichts in der Bundesrepublik Deutschland«, Bericht der Kultusministerkonferenz,
kmk.org, 07.03.2014. https://www.kmk.org/fileadmin/ver-
oeffentlichungen_beschluesse/2014/2014_03_07-Situation_
Russischunterricht.pdf

20 Vgl. https://www.euregio-egrensis.de/tschechisch-unterricht.htm

21 Vgl. »Psychische Auffälligkeiten bei Kindern und Jugendlichen
in Deutschland – Querschnittergebnisse aus KiGGS Welle 2

und Trends«, *Journal of Health Monitoring*, 2018 3(3), Berlin: Robert Koch-Institut, 2018. https://www.rki.de/DE/Content/ Gesundheitsmonitoring/Gesundheitsberichterstattung/GBE-DownloadsJ/FactSheets/JoHM_03_2018_Psychische_Auffa-elligkeiten_KiGGS-Welle2.pdf?__blob=publicationFile

22 Vgl. »Wie schwer ist sozialer Aufstieg in Deutschland? w/ Aladin & Sarah«, *Realitäter*innen*, spotify.com, Dezember 2020. https://open.spotify.com/episode/60Q8H2Pkc3GD5YLg-pqaVKW?si=gawRALJLQc-TLva7eAkxvA

23 Vgl. Bundesministerium für Bildung und Forschung (Hrsg.): *Berufsbildungsbericht 2019*, Bonn, März 2019. https://www. bmbf.de/upload_filestore/pub/Berufsbildungsbericht_2019. pdf

24 Vgl. https://job-futuromat.iab.de/

25 Vgl. »Digitalisierung bringt große Umwälzungen am Arbeitsmarkt«, iab.de, 10.04.2018. https://www.iab.de/de/informationsservice/presse/presseinformationen/kb0918.aspx

26 Vgl. Aniko Maraz, Mark D. Griffiths, Zsolt Demetrovics: »The prevalence of compulsive buying: a meta-analysis«, *Addiction*, März 2016. https://pubmed.ncbi.nlm.nih.gov/26517309/

27 Vgl. Ruth Bushi: »Students sugar dating to make up student loan shortfall«, savethestudent.org, 16.08.2016. https://www. savethestudent.org/news/students-sugar-dating-to-make-up-student-loan-shortfall.html

28 Vgl. Hollie Smith: »›Sugar baby‹ students sell their company to fund studies«, bbc.com, 30.03.2018. https://www.bbc.com/ news/uk-wales-43416627

29 Vgl. Ronja Ebeling: »Ist das schon Prostitution? Mit einem verheirateten ›Sugar Daddy‹ auf der Reise durch die USA«, stern. de, 01.06.2019. https://www.stern.de/neon/herz/liebe-sex/ sugar-daddy--mit-einem-verheirateten-mann-auf-reise-durch-die-usa-8734288.html

30 Vgl. Philipp Schneider: »Deutsche haben 3,7 enge Freunde – Offene Kommunikation und Fürsorge in einer Freundschaft

am wichtig[sten]«, yougov.de, 26.07.2018. https://yougov.de/news/2018/07/26/deutsche-haben-37-enge-freunde-offene-kommunikatio/

31 Vgl. Brian A. Primack, Ariel Shensa, Jaime E. Sidani et al.:»Social Media Use and Perceived Social Isolation Among Young Adults in the U.S«, *American Journal of Preventive Medicine*, Volume 53, Issue 1, 01.03.2017. https://www.researchgate.net/publication/314258481_Social_Media_Use_and_Perceived_Social_Isolation_Among_Young_Adults_in_the_US

32 Vgl.»Eheschließungen, Ehescheidungen und Lebenspartnerschaften – Ehescheidungen und betroffene minderjährige Kinder«, destatis.de, Stand: 15.07.2020. https://www.destatis.de/DE/Themen/Gesellschaft-Umwelt/Bevoelkerung/Eheschliessungen-Ehescheidungen-Lebenspartnerschaften/Tabellen/ehescheidungen-kinder.html

33 Vgl. Eva Illouz: *Warum Liebe endet: Eine Soziologie negativer Beziehungen*, Berlin: Suhrkamp, 2018.

34 Vgl. ebd.

35 Vgl. Gesamtverband der Deutschen Versicherungswirtschaft e.V. (Hrsg.):»Statistisches Taschenbuch der Versicherungswirtschaft 2020«, 02.09.2020. https://www.gdv.de/resource/blob/62142/ac6287aeb67a3a336342e33f55992ffb/statistisches-tb-2020-download-data.pdf

36 Vgl. Deutscher Bundestag (Hrsg.):»Bericht der Bundesregierung über die gesetzliche Rentenversicherung, insbesondere über die Entwicklung der Einnahmen und Ausgaben, der Nachhaltigkeitsrücklage sowie des jeweils erforderlichen Beitragssatzes in den künftigen 15 Kalenderjahren (Rentenversicherungsbericht 2019)«, Drucksache 19/15630, 03.12.2020. https://dip21.bundestag.de/dip21/btd/19/156/1915630.pdf

37 Vgl. MetallRente GmbH (Hrsg.):»Jugend – Vorsorge – Finanzen: Wird das Vertrauen einer Generation verspielt?«, jugendstudie.info, 2019. https://www.jugendstudie.info/fileadmin/docs/documentLibrary/Jugendstudie/Downloads/

Jugendstudie_-_2019/Sonstiges/pre-MET-18230-Jugenstudie-Magazin_20190813.pdf

38 Vgl. ebd.

39 Vgl. Krissy Mockenhaupt, Deutschlandfunk Nova: »Hartz IV: Wenn dein Taschengeld vom Satz deiner Eltern abgezogen wird«, *Grünstreifen*, 12.11.2020. https://www.deutschlandfunknova.de/beitrag/hartz-iv-wenn-dein-taschengeld-vom-satz-deiner-eltern-abgezogen-wird

40 Vgl. MetallRente GmbH (Hrsg.): »Jugend – Vorsorge – Finanzen: Wird das Vertrauen einer Generation verspielt?«, jugendstudie.info, 2019. https://www.jugendstudie.info/fileadmin/docs/documentLibrary/Jugendstudie/Downloads/Jugendstudie_-_2019/Sonstiges/pre-MET-18230-Jugenstudie-Magazin_20190813.pdf

41 Vgl. »Summary of information concerning the ecological and economic impacts of the BP deepwater horizon oil spill disaster«, NRDC Issue Paper, Juni 2015. https://www.nrdc.org/sites/default/files/gulfspill-impacts-summary-IP.pdf

42 Vgl. Max Borowski: »Kleinanleger-Boom in der Krise: Die neuen Corona-Aktionäre«, n-tv.de, 03.01.2021. https://www.n-tv.de/wirtschaft/Die-neuen-Corona-Aktionaere-article22267264.html

43 Vgl. »Comparing public bitcoin adoption rates in 2021 vs 2017«, tokenist.com, 18.01.2021. https://tokenist.com/bitcoin-survey-2017-vs-2020/

44 Vgl. »Dividendenstudie 2020: Im Bann des Virus: Zwischen Ausschüttung und Ausfall«, dividendenadel.de, April 2020. https://www.dividendenadel.de/wp-content/uploads/2020/04/Dividendenstudie-Deutschland-2020.pdf

45 Vgl. Robin Jaspert: »Dividenden und Kurzarbeit in Deutschland. Der Staat springt ein – Shareholder profitieren?«, facing-finance.org, Februar 2021. https://www.facing-finance.org/files/2021/02/Report_Dividenden_und_Kurzarbeit_in_Deutschland_202102.pdf

46 Vgl. »Autobauer in der Coronakrise: Aktionärsschützerin hält BMW-Dividende für zu hoch«, *TAGESSPIEGEL Online*, 13.05.2020. https://www.tagesspiegel.de/politik/autobauer-in-der-coronakrise-aktionaersschuetzerin-haelt-bmw-dividende-fuer-zu-hoch/25825966.html

47 Vgl. »Oxfam-Bericht: Konzerne päppeln Aktionäre, statt in die Zukunft zu investieren«, oxfam.de, 10.09.2020. https://www.oxfam.de/presse/pressemitteilungen/2020-09-10-oxfam-bericht-konzerne-paeppeln-aktionaere-statt-zukunft

48 Vgl. »Die große Geldflut – Wie unser Finanzsystem funktioniert«, *Planet Schule – Politik & Gesellschaft*, SWR Fernsehen, 31.10.2020. https://www.ardmediathek.de/swr/video/planet-schule-politik-und-gesellschaft/die-grosse-geldflut-wie-unser-finanzsystem-funktioniert/swr-fernsehen/Y3JpZDovL3B-sYW5ldC1zY2h1bGUuZGUvQVJEXzEwNjkwX3ZpZGVVv/

49 Vgl. »Preise für Wohnimmobilien im 3. Quartal 2020: +7,8 % zum Vorjahresquartal: Wohnimmobilien verteuern sich trotz Corona-Krise weiterhin«, destatis.de, 28.12.2020. https://www.destatis.de/DE/Presse/Pressemitteilungen/2020/12/PD20_534_61262.html

50 Vgl. Paul Blickle, Elena Erdmann, Ileana Grabitz et al.: »Mietbelastung: Arbeiten nur für die Miete«, *ZEIT ONLINE*, 05.12.2019. https://www.zeit.de/wirtschaft/2019-12/mietbelastung-mietpreise-einkommen-wohnen-deutschland

51 Vgl. Lara Janssen, Jens Tönnesmann, Sascha Venohr: »Mietpreise: Die jährliche Explosion«, *DIE ZEIT*, Nr. 04/2020, 16.01.2020. https://www.zeit.de/2020/04/mietpreise-wohnungsmarkt-einkommen-studie-wohnen-deutschland

52 Vgl. »Aktuelle und künftige Wohnungsleerstände in Deutschland«, empirica-institut.de, 25.09.2020. https://www.empirica-institut.de/nc/nachrichten/details/nachricht/aktuelle-und-kuenftige-wohnungsleerstaende-in-deutschland/

53 Vgl. »Das verdeckte Imperium«, *TAGESSPIEGEL Online*, 31.05.2019. https://interaktiv.tagesspiegel.de/lab/das-verdeckte-imperium/

54 Vgl. »Unbezahlte Sorgearbeit: Gender Care Gap – ein Indikator für die Gleichstellung«, bmfsfj.de, 27.08.2019. https://www. bmfsfj.de/bmfsfj/themen/gleichstellung/gender-care-gap/indikator-fuer-die-gleichstellung/gender-care-gap---ein-indikator-fuer-die-gleichstellung/137294

55 »The good wife's guide«, *Housekeeping Monthly*, 13.05.1955. https://spreadsheetpage.com/good-wife-guide/

56 »Sozialberichterstattung: Armutsgefährdungsquote gemessen am Bundesmedian nach Alter und Geschlecht in Prozent im Zeitvergleich«, destatis.de, Stand: 13.08.2020. https://www.destatis.de/DE/Themen/Gesellschaft-Umwelt/Soziales/Sozialberichterstattung/Tabellen/03agq-zvbm-alter-geschl.html

57 Vgl. »Gender Pay Gap 2020: Frauen verdienten 18 % weniger als Männer«, destatis.de, 09.03.2021. https://www.destatis.de/DE/Presse/Pressemitteilungen/2021/03/PD21_106_621.html;jsessionid=2CB08E91CEC7E12E4CE368E24FCA2FCF.internet722

58 Vgl. Manuela Barišić, Valentina Sara Consiglio: »Frauen auf dem deutschen Arbeitsmarkt: Was es sie kostet, Mutter zu sein«, *Beschäftigung im Wandel*, Gütersloh: Bertelsmann Stiftung, Juni 2020. https://www.bertelsmann-stiftung.de/de/publikationen/publikation/did/frauen-auf-dem-deutschen-arbeitsmarkt-1

59 Vgl. hierzu und im Folgenden Ronja Ebeling: »›Ich hatte meine Zukunft darauf aufgebaut, nur für mich sorgen zu müssen‹«, *DER SPIEGEL* (online), 22.11.2020. https://www.spiegel.de/start/familie-und-beruf-ab-wann-sollte-man-ueber-vereinbarkeit-nachdenken-a-6ab33b21-84c9-4c1e-bb0a-e9b37ea13f6c

60 Vgl. »Scheidungsquoten in Deutschland und der Welt«, fowid.de, 15.12.2016. https://fowid.de/meldung/scheidungsquoten-deutschland-und-welt

61 Vgl. »Schwangerschaft und Kinderwunsch: Hilfe und Unterstützung bei ungewollter Kinderlosigkeit«, bmfsfj.de, 15.03.2021. https://www.bmfsfj.de/bmfsfj/themen/familie/schwangerschaft-und-kinderwunsch/ungewollte-kinderlosigkeit

62 Vgl. »Obesity and overweight«, who.int, 09.06.2021. https://
www.who.int/en/news-room/fact-sheets/detail/obesity-and-
overweight

63 Vgl. »Bevölkerungszahl und ihr Wachstum, Welt (1950–2020)«,
bib.bund.de, o. J. https://www.bib.bund.de/DE/Fakten/Fakt/
W03-Bevoelkerungszahl-Wachstum-Welt-ab-1950.html

64 Vgl. John B. Calhoun: »Population density and social patholo-
gy«, *California Medicine*, Volume 113, Issue 5, S. 54, November
1970. https://pubmed.ncbi.nlm.nih.gov/18730425/

65 Vgl. Xiang Qian Lao, Zilong Zhang, Alexis K H Lau et al.:
»Exposure to ambient fine particulate matter and semen quality
in Taiwan«, *Occupational & Environmental Medicine*, 2018;75,
S. 148–154, 15.01.2018. https://oem.bmj.com/content/75/2/148

66 Vgl. Sandie Ha, Rajeshwari Sundaram, Germaine M. Buck Louis
et al.: »Ambient air pollution and the risk of pregnancy loss: A
prospective cohort study«, *Fertility and Sterility*, Volume 109,
Issue 1, S. 148–153, Amsterdam: Elsevier, 16.11.2017. https://
www.fertstert.org/article/S0015-0282(17)31973-8/fulltext

67 Vgl. Wei Bao, Buyun Liu, Shuang Rong et al.: »Association between
bisphenol a exposure and risk of all-cause and cause-specific mor-
tality in US adults«, *JAMA Network Open, 2020;3(8)*, 17.08.2020.
https://jamanetwork.com/journals/jamanetworkopen/
fullarticle/2769313

68 Vgl. Dieter Lohmann: »Müllkippe Meer: Ein Ökodesaster mit
Langzeitfolgen«, scinexx, 19.03.2010. https://www.scinexx.de/
dossier/muellkippe-meer/

69 Vgl. Umweltbundesamt (Hrsg.) »Bewertung des endokrinen
Potenzials von Bisphenol Alternativstoffen in umweltrelevanten
Verwendungen«, Januar 2020. https://www.umweltbundesamt.
de/publikationen/bewertung-des-endokrinen-potenzials-von-
bisphenol

70 Vgl. https://sgdu-mbh.de/jungensprechstunde/

71 Vgl. Hagai Levine, Niels Jørgensen, Anderson Martino-Andra-
de et al.: »Temporal trends in sperm count: A systematic review

and meta-regression analysis«, *Human Reproduction Update,* Volume 23, Issue 6, S. 646–659, 25.07.2017. https://academic. oup.com/humupd/article/23/6/646/4035689

72 Vgl. R. Rahban, L. Priskorn, A. Senn et al.: »Semen quality of young men in Switzerland: A nationwide cross-sectional population-based study«, *Andrology,* Volume 7, Issue 6, S. 818–826, November 2019. https://onlinelibrary.wiley.com/doi/full/ 10.1111/andr.12645

73 Vgl. Trevor G. Cooper, Elizabeth Noonan, Sigrid von Eckardstein et al.: »World Health Organization reference values for human semen characteristics«, *Human Reproduction Update,* Volume 16, Issue 3, S. 231–245, Mai–Juni 2010. https://www.who. int/reproductivehealth/topics/infertility/cooper_et_al_hru.pdf

74 Vgl. R. Rahban, L. Priskorn, A. Senn et al.:» Semen quality of young men in Switzerland: A nationwide cross-sectional population-based study «, *Andrology,* Volume 7, Issue 6, S. 818–826, November 2019. https://onlinelibrary.wiley.com/ doi/full/10.1111/andr.12645

75 Vgl. Bundesministerium für Familie, Senioren, Frauen und Jugend (Hrsg.): »Ungewollte Kinderlosigkeit: Was Betroffene bewegt – und warum eine professionelle psychosoziale Beratung hilfreich ist und sie unterstützen kann«, 3. Auflage, März 2019. https://www.bmfsfj.de/blob/95424/290e463285294e07a-0057b5849ab0440/ungewollte-kinderlosigkeit-was-betroffe-ne-bewegt-broschuere-psychosoziale-beratung-data.pdf

76 Vgl. Bundesministerium für Familie, Senioren, Frauen und Jugend (Hrsg.):»Ungewollte Kinderlosigkeit 2020: Leiden – Hemmungen – Lösungen«, 2. Auflage, Mai 2021. https://www.bmfsfj.de/resource/ blob/161018/2027ee7422f420d004ebcb026bbb277b/ungewollte-kinderlosigkeit-2020-data.pdf

77 Vgl. Bundesministerium für Familie, Senioren, Frauen und Jugend (Hrsg.): »Ungewollte Kinderlosigkeit: Was Betroffene bewegt – und wie Fachärztinnen und Fachärzte der Reproduktionsmedizin sie unterstützen können«, 1. Auflage,

April 2015. https://www.bmfsfj.de/blob/95426/34b6f185eafb-96cb907f4c15551794eb/ungewollte-kinderlosigkeit-was-betroffene-bewegt-broschuere-reproduktionmedizin-data.pdf

78 Vgl. Statistisches Bundesamt (Destatis) (Hrsg.):»Konsumausgaben von Familien für Kinder: Berechnungen auf der Grundlage der Einkommens- und Verbrauchsstichprobe 2013«, destatis. de, 29.01.2018. https://www.destatis.de/DE/Themen/Gesellschaft-Umwelt/Einkommen-Konsum-Lebensbedingungen/Konsumausgaben-Lebenshaltungskosten/Publikationen/Downloads-Konsumausgaben/konsumausgaben-familienkinder-5632202139004.pdf?__blob=publicationFile

79 Vgl. Deutsche Akademie der Naturforscher Leopoldina e.V. (Hrsg.):»Fortpflanzungsmedizin in Deutschland – für eine zeitgemäße Gesetzgebung«, Halle (Saale), März 2019. https://www.leopoldina.org/uploads/tx_leopublication/2019_Stellungnahme_Fortpflanzungsmedizin_web.pdf

80 Vgl. Deutsches IVF-Register e.V. (D I R)® (Hrsg.): *Journal für Reproduktionsmedizin und Endokrinologie, Jahrbuch 2019*, 17(5), Gablitz: Krause & Pachernegg GmbH, 2020. https://www.deutsches-ivf-register.de/perch/resources/dir-jahrbuch-2019-de.pdf

81 Vgl. Patricia Fauque, Jacques De Mouzon, Aviva Devaux et al.:»Reproductive technologies, female infertility, and the risk of imprinting-related disorders«, *Clinical Epigenetics,* Volume 12, Issue 1, 11.12.2020. https://clinicalepigeneticsjournal.biomedcentral.com/articles/10.1186/s13148-020-00986-3

82 Vgl. Nicole Bromfield, Karen Smith Rotabi:»Global surrogacy, exploitation, human rights and international private law: A pragmatic stance and policy recommendations«, *Global Social Welfare,* Volume 1, Issue 3, S. 123–135, 01.09.2014. https://www.researchgate.net/publication/271911619_Global_Surrogacy_Exploitation_Human_Rights_and_International_Private_Law_A_Pragmatic_Stance_and_Policy_Recommendations

83 Vgl. https://www.mother-surrogate.com/surrogate-mother-hood.html

84 Vgl. »Wie häufig sind Essstörungen?«, bzga-essstoerungen.de. https://www.bzga-essstoerungen.de/habe-ich-eine-essstoe-rung/wie-haeufig-sind-essstoerungen/?L=0, o.J.

85 Vgl. »Durchschnittliche Arbeitszeit und ihre Komponenten in Deutschland«, iab.de, 2020. http://doku.iab.de/arbeitsmarkt-daten/tab-az1902.pdf

86 Wenn du trotzdem noch Lernbedarf hast, ist das hier eine gute Anlaufstelle, um dich weiterzubilden: https://www.umweltbun-desamt.de/themen/klima-energie

87 Vgl. Maxie Bunz, Hans-Guido Mücke: »Klimawandel – physische und psychische Folgen«, *Bundesgesundheitsblatt – Gesundheitsforschung – Gesundheitsschutz*, Band 60, Nr. 6, S. 632–639, Juni 2017. https://link.springer.com/article/10.1007/s00103-017-2548-3

88 Vgl. »Verbraucherumfrage 2018: Was ist den Passagieren beim Fliegen besonders wichtig?«, bdl.aero https://www.bdl.aero/de/publikation/verbraucherumfrage/ o.J.

89 Vgl. Georg Wolf: »#Faktenfuchs: Nicht nur die Zahl junger Fluggäste steigt«, br.de, 22.06.2019. https://www.br.de/nachrichten/deutschland-welt/faktenfuchs-nicht-nur-die-zahl-junger-fluggaeste-steigt,RTws9nB

90 Vgl. Heinrich-Böll-Stiftung (Hrsg.): *Fleischatlas 2021 – Daten und Fakten über Tiere als Nahrungsmittel*, 1. Auflage, Berlin, Januar 2021. https://www.boell.de/de/fleischatlas

91 Vgl. Miriam Suter, Karin A. Wenger: »»Die Einvernahme war für mich so schlimm wie die Vergewaltigung selbst‹«, *REPUBLIK*, 18.06.2020. https://www.republik.ch/2020/06/18/die-einvernahme-war-fuer-mich-so-schlimm-wie-die-vergewalti-gung-selbst

92 Vgl. European Union Agency for Fundamental Rights (Hrsg.): *Violence against women: an EU-wide survey. Main results report*, Luxemburg: Publications Office of the European Union, 2015.

https://fra.europa.eu/en/publication/2014/violence-against-women-eu-wide-survey-main-results-report

93 Vgl. Sebastian Kemnitzer, Lisabell Shewafera:»Straftat Vergewaltigung: Warum werden so wenige Täter verurteilt?«, tagesschau.de, 01.11.2019. https://www.tagesschau.de/investigativ/report-muenchen/verurteilungen-vergewaltigung-101.html

94 Vgl. Maik Baumgärtner, Roman Höfner, Ann-Katrin Müller:»Hasskriminalität:›Meine Familie und ich sind ungeschützt‹«, *DER SPIEGEL* (online), 08.04.2021. https://www.spiegel.de/politik/deutschland/doxing-gegen-comedy-autorin-jasmina-kuhnke-haltdiefresse-a-24fd4a0d-0142-4df9-90a0-22cd0bc44382

95 Vgl. Laila Abdul-Rahman, Hannah Espín Grau, Luise Klaus, Tobias Singelnstein: *Rassismus und Diskriminierungserfahrungen im Kontext polizeilicher Gewaltausübung. Zweiter Zwischenbericht zum Forschungsprojekt»Körperverletzung im Amt durch Polizeibeamt*innen« (KviAPol)*, Ruhr-Universität Bochum, 11.11.2020. https://kviapol.rub.de/index.php/inhalte/zweiter-zwischenbericht

96 Vgl.»Vertrauen in die Polizei – report München«, infratest-dimap. de, August 2020. https://www.infratest-dimap.de/umfragen-analysen/bundesweit/umfragen/aktuell/vertrauen-in-die-polizei/

97 Vgl.»Nachwuchssorgen: Ausbildungsplätze bei der Polizei bleiben unbesetzt«, hessenschau.de, 24.07.2020. https://www.hessenschau.de/gesellschaft/nachwuchssorgen-ausbildungsplaetze-bei-der-polizei-bleiben-unbesetzt,polizei-anwaerter-102.html

98 Vgl. Plan International (Hrsg.): *Free to be online? Girls' and young women's experiences of online harassment*, Woking, 2020. https://www.plan.de/presse/welt-maedchenbericht-2020-zu-digitaler-gewalt-gegen-maedchen-und-frauen.html

99 Vgl. Regina Frey:»Geschlecht und Gewalt im digitalen Raum. Eine qualitative Analyse der Erscheinungsformen, Betroffenheiten und Handlungsmöglichkeiten unter Berücksichtigung intersektionaler Aspekte. Expertise für den Dritten Gleichstellungsbericht

der Bundesregierung«, dritter-gleichstellungsbericht.de, August 2020. https://www.dritter-gleichstellungsbericht.de/de/article/239.geschlecht-und-gewalt-im-digitalen-raum-eine-qualitative-analyse-der-erscheinungsformen-betroffen-heiten-und-handlungsm%C3%B6glichkeiten-unter-ber%C3%BCcksichtigung-intersektionaler-aspekte.html

100 Vgl. Dieter Hermann: »Geschlecht und Gewalt. Eine Frage der Werte«, *RUPERTO CAROLA*, Nr. 10, Heidelberg University Publishing, Juli 2017. https://heiup.uni-heidelberg.de/journals/index.php/rupertocarola/article/view/23675

101 Vgl. Kathryn M. Yount, Tran Hung Minh, Quach Thu Trang et al.: »Preventing Sexual Violence in College Men: A Randomized-Controlled Trial of Global Consent«, *BMC Public Health*, Volume 20, Issue 1, Dezember 2020. https://bmcpublichealth.biomedcentral.com/articles/10.1186/s12889-020-09454-2

102 Vgl. Jennifer Keller, Benjamin O. Mboya, Jake Sinclair et al.: »A 6-Week School Curriculum Improves Boys' Attitudes and Behaviors Related to Gender-Based Violence in Kenya«, *Journal of Interpersonal Violence*, Volume 32, Issue 4, Februar 2017. https://journals.sagepub.com/doi/10.1177/0886260515586367

103 Matthew Smith: »Four in ten female millennials have been sent an unsolicited penis photo«, yougov.co.uk, 16.02.2018. https://yougov.co.uk/topics/politics/articles-reports/2018/02/16/four-ten-female-millennials-been-sent-dick-pic

104 Vgl. https://dickstinction.com/

105 Vgl. »Amnesty reveals alarming impact of online abuse against women«, amnesty.org, 20.11.2017. https://www.amnesty.org/en/latest/news/2017/11/amnesty-reveals-alarming-impact-of-online-abuse-against-women/

106 Vgl. »Cyberkriminalität nimmt zu: Polizei sucht IT-Experten«, sz.de, 20.01.2020. https://www.sueddeutsche.de/panorama/kriminalitaet-mainz-cyberkriminalitaet-nimmt-zu-polizei-sucht-it-experten-dpa.urn-newsml-dpa-com-20090101-200119-99-541508

107 Vgl. Thomas Moßburger: »Wegen Hate Speech: Firmen boykottieren Facebook-Werbung«, br.de, 26.06.2020. https://www.br.de/nachrichten/netzwelt/wegen-hate-speech-firmen-boykottieren-facebook-werbung,S3OTKaG

108 Vgl. Alice Echtermann, Arne Steinberg, Celsa Diaz et al.: »Kein Filter für Rechts: Wie die rechte Szene Instagram benutzt, um junge Menschen zu rekrutieren«, correctiv.org, 09.10.2020. https://correctiv.org/top-stories/2020/10/09/kein-filter-fuer-rechts-instagram-rechtsextremismus-subkulturen-lifestyle-rap-merchandise-geld/

109 Vgl. https://www.instagram.com/p/CCZFWewnWvj/

110 Vgl. Deutscher Juristinnenbund e. V. (Hrsg.): »Mit Recht gegen Hate Speech – Bekämpfung digitaler Gewalt gegen Frauen«, djb.de, 04.11.2019. https://www.djb.de/presse/stellungnahmen/detail/st19-23

Impressum

Ronja Ebeling
Jung, unbesorgt, unabhängig
Eine Generation in der Krise
ISBN: 978-3-95910-334-3

Eden Books
Ein Verlag der Edel Verlagsgruppe
Copyright © 2021 Edel Germany GmbH, Neumühlen 17, 22763 Hamburg
www.edenbooks.de | www.edel.com
1. Auflage 2021

Einige der Personen im Text sind aus Gründen des Persönlichkeitsschutzes
anonymisiert.

Projektkoordination: Juliane Noßack und Julia Gommel-Baharov
Lektorat: Tanja Bertele
Umschlaggestaltung: zero-media.net, München
Layout und Satz: Datagrafix GSP GmbH, Berlin | www.datagrafix.com
Druck und Bindung: GGP Media GmbH, Pößneck

Printed in Germany

Dieses Buch ist auch als E-Book erhältlich.

Partner des Naturparks
Nossentiner / Schwinzer Heide

Eden Books unterstützt bei der Produktion dieses Buches das Projekt »Junge
Riesen für die nächsten 100 Jahre«. Damit wird ein Anteil der unvermeidbaren
CO_2-Emissionen im direkten Umfeld des Produktionsstandortes kompensiert.

MIX
Papier aus verantwortungsvollen Quellen
FSC® C014496